YE BOOK

让思想流动起来

国家哲学社会科学基金重大项目（13&ZD061）阶段性成果

马一浮

论学书信选读

何俊 编著

四川人民出版社

国学新知丛书 序

　　"国学新知"，顾名思义，对象是国学，呈现为新知。然而无论是"国学"，还是"新知"，都是难以界说的。现代中国学术语境中的"国学"，原本就是一个面对全盘西学化而勉强用来指称传统中国学术思想的笼统术语，实在不是一个严格界定的概念；落在今天，无论是在学术意义上，还是大众文化中，其内涵与边界都仍然是不清晰的。只是尽管如此，国学的指向似乎又是确定的，总是传统中国的学术思想与文化。至于"新知"，无论是怎样的新，既由表示陈旧的"国学"中所呈现，则所谓"新知"充其量，似乎最终也难逃旧瓶中装新酒的宿命。换言之，"国学新知"这样的标示，固然表征着某种自我期许，既希望能极大地呈现传统中国学术思想与文化的丰富性，又期待能站在今天的时代对她的丰富性作出新的与面向未来的传达，但是，对象的模糊不清与新旧难以分割的事实性存在，折射出特定的限制，亦即是一种不得已。

举更具体的事实为例，比如传统中国学术思想史上极为重要的由经学转出的理学，以冀对旧学转出新知获得一个亲切的理解，又或能转益于这套"国学新知丛书"的努力。

无论是议题，还是方法，理学无疑摆脱了经学。但是，理学之不得已是在于仍处于尊经的时代，故必使自身重新融入经学。撇开意识形态的因素，理学这样的状态是由于传统知识系统的限制，因此，理学之不得已，又可以说在理学其实并不存在，而只是今人的后视之明而已。既如此，则为何又要点出这一不得已呢？因为理学与经学构成的紧张是一个客观的存在。清醒地看到这层紧张，对理学应该具有更亲切的理解。从孔子开始，价值系统的建立便致力于系统性的知识确立之上，而尊经时代的出现也许并不符合孔子的真精神，理学的根本目标是将价值系统分离或提升于《六经》为代表的旧知识体系，使之寄身于《四书》从而在更具主体性的基础上前行。传统时代的"六经皆史"事实上是从另一维度在致力于同样性质的经典祛魅，希望将价值还原于经验性的知识；只是传统时代的史，本质上与经是一致的，经史为一，因此同样无逃于尊经的不得已。然而，这样的不得已也保证了价值的根源性存在，并使得这种根源性存在成为源头活水，始终滋养培植着中国思想与文化的亘古弥新。理学固然有无逃于尊经的不得已，但终究在创新的同时实现了知识与价值的连续性，《四书》没有与《六经》相割裂，两者联为一体，共同构筑起中华文明的价值系统。

理学的不得已对于今人已荡然无存，今日早已不再是尊经时代，传统的知识系统也已彻底经过了现代知识的格式化。然而，问题却以另一形式彰显出来，即今日中国思想与文化思考的根源性知识与价值基础在哪里？开放性与多源性好像是一个极自然的回答，但事实上并不是那么容易处理的。20世纪的思想潮流与全球化相配合，浩浩荡荡地奔向普世主义(universalism)，然而，物质文明与日常生活的趋同在呈现出同质化的表象同时，文明冲突如影随形而至。在普世主义的潮流中，西方文明作为主流是显见的事实，这并不是谁的意愿问题，而是历史本身；正是在这一主流的席卷下，中国思想与文化出现断裂。文明冲突也并不完全是来自被席卷文明的主观抗争，而是伴随着主流的西方文明的自身变化，以及被席卷文明的自身变化所激荡而起的涌动，同样是历史本身。因此，对于中华文明而言，在根源性的知识与价值源头上，承认开放性与多源性固然是必然的，但挑战却是巨大的。源头已非活水，长河不仅断流，而且改道，20世纪的历史本身也已汇入传统而成为内在的构成。

如此再回看理学之从经学中的转出，似乎反见得其尊经的不得已，恰映衬出今日无经可尊的不得已。整个20世纪至今，不断呈现的重建经典的追求也充分表征了这种焦虑。当然，时代的潮流终是要从当下的逼仄与阻挡中冲越向前，从而彻底荡除这种焦虑的。"旧学商量加邃密，新知培养转深沉"，在这个意义上，理学之从经学中的转出，其所奋进的过程与其展现的丰富性，终究是为今人谋求的"国学新知"提供了有益的启示。一切从时代的问题出发，回看既有的学术思想与文化，以及在生活世界中的展开，从而致力于用今天乃至指向未来的新的知识形态来阐扬具有根源性的价值，激活源头活水，导入今天的生活，引领未来。

四川人民出版社·壹卷工作室策划推出"国学新知丛书"，承蒙信任，邀我协助做些联络工作，忝任丛书主编，兹略述感言，以表达这套丛书所希望努力的方向。

何俊
庚子处暑于仓前

目

一九三九年

编者小引

马一浮（1883—1967）与熊十力（1885—1968）、梁漱溟（1893—1988）并称二十世纪新儒家三圣，而马一浮最醇。论学，虽都出入佛老，融通中西，归宗于儒，但所涉之渊博、义理之精纯，马一浮堪称翘楚；论行，无论大节之出处进退，抑或细事之敬义夹持，马一浮更具气象。然而，马一浮没有熊、梁那样的专题论著，其学行散见于诗文、经释、会语、答问、语录、书信，等等，一如传统儒者那样，虽有一贯的思想，却无形式化的体系。尤其是马一浮以为，义理之极处往往不是寻常语言所能表达，唯有诗尚勉强能意会，而他的诗也确实"文质彬彬，理味交融，较之晦庵，殆有过之而无不及"。（程千帆《读蠲戏斋诗杂记》，收入《马一浮全集》第六册（上），第357页，浙江古籍出版社，2013年。）因此，理解马一浮，诚如孟子所云："颂其诗，读其书，不知其人，可乎？是以论其世也。"（杨伯峻《孟子译注·万章下》，上册，第251页，中华书局，1960年。）知人论世，最直接而亲切的，莫过于读其书信。《马一浮全集》收编《书札》共三卷，分"致亲戚师友"（上、下）与"致学生晚辈"两部分，今选读其中论学部分，按年序札记，以期呈现马一浮儒学思想乃至生命的丰富性。事实上，研读论学书信，不仅是为了理解马一浮，而且也诚如马一浮在一封信中所讲，"晦翁与友朋论学书最多，其言为学功夫、次第、品节、条目，最深切详尽"，实乃进学之门径。当然，马一浮的"论学"，并非今人熟知的一味骛外的知识、理论，抑或思想，而是切于自身的儒家义理之学。

一九〇一_年

:: :: **汤仪**

今当远行，留数语为别。陈之座右，用赖良箴，勿以为老生常谈也。

家道不幸，重遭大故，藐焉孤露，不如无生，所以勉延残息者，以此身受之吾亲，不容汶汶以生，泯泯以没耳。虎视在前，蝇嘬在后。跬步未蹈，荆棘已生。思之痛心，言之哽喉，此为何如时乎！疢疾方深，忧患方剧，未始非磨厉德性、激发智识之资。诵《白圭》之诗，凛冰渊之操，正唯遭际之酷，乃见学养之真。卿不须悲其遇，但植其志耳。有五大要，在所必察。渐旧改良，是在术智。述之如下：

一、持大体。吾家夙禀礼法，内外肃然，阃教以成。体统之谓何？内外大防，不可有毫发渝越。凡处事过激切则生变，过缓顺则生侮。缓顺卿过之，吾但患卿缓顺，不患卿激切。以后须立志改革，坚定不易，随时随处，尽力弥缝。万勿一味委曲将顺，自取荼苦。盖吾在家时，有若许事碍于更张，今则凡事皆卿自为之。积重难返，要当以涮除，此不可失之机也。是为第一要。

一、慎宾祭。宾祭之职，中馈专司。吾去后，宾客当少。但遇祭祀，务须先期陈设（陈祖父母像，并陈父母像于旁），预备供品，碗盏肴馔，必洁必精。父亲几筵，常日供膳，夙兴夜寐，不可有失。既尽妇道，亦安姑母之心。前旨既行，为难自少。万勿置身事外，一任率行，自贻罪疚。是为第二要。

一、敦敬睦。遭命不幸，不得事二亲。二姐既卒，大姐又嫁，谊分之戚，唯有姑母。温清之道行焉，晨兴省问，夕寝视安。居恒谈话，宜随时开陈大义，弥缝间隙。妇言亦居四德之一，苟能委曲详尽，切于事情，亦可儆悟一二，勿徒事墨墨已也。大姐处如遣人来，必详问起居，寄声请候，不可疏忽。如遣人往，务须慎选谆谕，以免谡误。是为第三要。

一、谨服物。无论何物，皆须谨密，以防盗窃。汗衣曝器，尤须审慎。巾簏中物，不但不得遗却，亦不得轻落人眼。盗窃事小，嫌疑事大，万勿忽视，以期缮固堤防。平时衣服，尤宜严整。不可晏起，致蹈疏懒之咎。是为第四要。

一、驭婢妪。卿之待人，恒虑太宽。有极小之事，却有绝大关系，岂可概予优容。以后随事宜稍加辞色，用示体制，而杜弊乱。是为第五要。

一、勤学问。不能识字，比于盲瞽；不能读书，比于冥行。近月以来，略涉书史，于古者女子立身之道，御变之方，当已稍加梗概。以后宜时时翻检，随处体察，事事置身其间，而权衡之，久久自有把握。陈文恭教女遗规，及历史中列女传，并小学古训纂等书，一篇之中，三致意焉。奇女贤妇，皆基于此矣。诗能感发情性，植养伦理，所授各篇，勿可遗忘。其他卷帙，随时縍阅，能解者识之，不能解者悟之，久之亦自能贯通。甘苦之语，勉旃勉旃。是为五要中之总要。

凡此诸要，皆上下、尊卑、长幼、内外、亲疏、贤否、得失之分界，卿之义务，略尽于是。务宜一日三复，奉为标准。能令事事契合，自然应付有余。堕地以来，行年二十，俯仰百感，周旋万难，所望者勉为贤哲，不负父母教育。天降闵凶，孝养不逮，所以仰慰二亲者，唯在斯耳。信能体此旨而行之，则虽不及事吾亲，亦可稍释疚恨。念哉慈训，毋负苦心。倚装匆匆，率书数行。庶几别后，永如晤语。言不尽意，行矣，勉之。

光绪辛丑十月下浣，畊余临行赠言。

再，家存先君手泽三簏，务宜敬谨庋藏，勿令鼠子窜入。若遇非常，他物可弃，此簏必力筹保全，万勿任令散佚，以重不孝。至属切属。畊余濒行再记。

【编者评述】 此是马一浮离家去上海时留给妻子的便笺。初读此笺，或以为非论学信函，但其实是重要的论学书信。儒家读书论学，以涵养躬行为本，此为马一浮终身持守。此信所嘱六条，前五条都是践行，而第六条"勤学问""是为五要中之总要"，足以表证马一浮进学在致知、读书以修身为本的精神。马一浮思想上虽然求新，但对礼教却非常执守，信中所嘱，可谓巨细无遗。这也是晋室南渡以后所形成的江南儒学的一个重要传统，即追求新思想与遵守旧礼教的统一。在第一条"持大体"，马一浮强调"吾但患卿缓顺，不患卿激切"，"万勿一味委曲将顺"，则又可知他对礼法的遵从须基于精神的自主。旧时常以名自称，但此信落款"畊余"则是马一浮的字。马一浮，原名福田，字畊余；后自改名浮，以字行。

一九〇七_年

:: :: **何稚逸**

一
一九〇七年

甥生禀义方，夙嗜文史。弱岁孤露，沦泊江湖，性慕幽遁，肆志玄览，不名一艺。暗于当代之故，未娴人间之节。内自量省，唯当缮命岩谷，韬影丘园，橡栗自充，猨鹤为群。非有鲁连存赵之术，徒怀鲍焦抱木之操。材否异受，飞潜殊限。虽欲远谒，末由自致。

窃唯王迹中迈，九州云扰，群鹿竞逐，黔首愁苦，将欲雍容决策，咄嗟树义。却虎狼于西土，驱狐鼠于中原。使功高泰山，国重九鼎。斯非常之烈、魁桀之事，非介夫素士所能预。若乃贯缀前典，整齐百家，搜访文物，思弘道艺，次献哲之旧闻，俟来者之足征，则中材菲学，可勉而至也。

夫仲尼周流，晚综六艺；伯阳将隐，遂草五千。子长发愤于《史记》，扬雄默守于《太玄》；董生精思于天人，平子推象于灵宪；仲淹崛起于河汾，尧夫高步于百源；司马萃力于涑水，濂洛绍统于尼山。此皆名世之业，甥何敢望焉。若中垒《别录》、昭明《总集》，班、蔡通故考文，符、充抒论正俗，郑樵博洽，端临多识，辨物比类，述者为贤。虽非至道之契，抑亦著作之林也。今礼敝俗窳，邦献隳阙。士行回辟，贱义漓真。睢盱嚣竞，罔克徭道。

甥虽不敏，窃有志于二宗。欲为儒宗，著秦汉以来学术之流派；李二曲欲作《儒鉴》未就，不详所□；万季野撰《儒林宗派》，但举名号；黄梨洲纂《宋元明学案》，全谢山修补二代，断自宋人，偏崇门户，滥收著籍，甥尝病之。念两汉迄唐，通儒大师千载相嬗，阙而未录，岂非学者之憾？因欲纂汉以来汔于近代诸儒学术，考其师承，别其流派，以补黄、全之阙。幸而成书，亦儒林之要典也。为文宗，纪羲画以降文艺之盛衰。文章之道，历世递变，至于今日而敝极矣。斯直治道升降之所系，非细故也。甥尝历览前文，旁征异国，而知文字之运与时消息。因为七序、八史、五表、六论，发挥旨趣，著其得失，以待后之君子择焉。别写《第目》一通附览，伏乞是正。将以汇纳众流，昭苏群惑。悬艺海之北辰，示儒术之总龟，振斯道于陵夷，继危言于将绝。体制草创，篇帙未具，并力缀辑，皓首为期。贮以铁函，藏诸石匮。亦终甘樵苏之弃，未敢希国门之悬耳。在昔长卿乘传，文教敷邑；德裕筹边，经纶焕烁。伏想通山馈饷，斥微屯田，内抚百蛮，辑安诸道。政事之暇，载崇篇翰。岂若微之坐镇，但播声诗，升庵迁徙，世传《滇记》而已哉。泸南春树，照轸连荣，渭北浮云，萦魂痟望。时仁音诲，俾有楷循。

甥所为《文宗》，论撰及半，智短力局，旷乎难成。今辄撮其大要，写为《第目》一通，以备省览，唯斥而正之。

【编者评述】　此信与下一信都是马一浮写给三舅父的，是他最早形成的有关中学与西学的学术构想，当时马一浮已经在上海与谢无量等人做过编译工作，又去了美国、日本回来，并在西湖广化寺饱览了四库全书。在此信中，马一浮"有志于二宗"：一是儒宗，"著秦汉以来学术之流派"；二是文宗，"纪羲画以降文艺之盛衰"。后者已开始草拟，"论撰及半"，但恐"智短力局，旷乎难成"，故"别写《第目》一通附览，伏乞是正"。此信说明马一浮作为现代新儒学的宗师，其治学的路径与规模是基于四部目录之学。

二
一九〇七年

奉六月八日谕，敕甥进所译书，将加抉择，并以甥游学无方，远荷存念。

甥往岁留北美，稍习德意志文字，慕其学术之盛。尝欲西游柏林，因历欧土诸邦，搴其异书，归遗国人。落落絙载，斯愿竟虚。退而行遁江介，守龙蛇之训，毕志文艺，思有所比傅，以适于道，未有获也。见当世为西学者，猎其粗粕，矜尺寸之艺，大抵工师之事，商贩所习，而谓之学。稍贤者，记律令数条，遂自拟萧何；诵章句不敢孺子，已抗颜讲道，哆口议时政。心异其矜炫，而盈国方驰骛以干要路、营世利，甥实未知其可，故宁暗然远引，不欲以言自显。

甥所收彼土论著百余家，略识其流别。大概推本人生之诣，陈上治之要。玄思幽邈，出入道家。其平实者，亦与儒家为近。文章高者拟于周末诸子，下不失《吕览》《淮南》之列。凡此皆国人所弃不道，甥独好之，以为符于圣人之术。知非当世所亟，未敢辄放论，取不知者疑怪。欲综会诸家国别、代次，导源竟委，为《西方学林》，辅吾儒宗，以俟来者。又欲草《西方艺文志》，著其类略，贫不能多得书，病掸绎未广，汔未可就。

时人盛慕欧制，曾不得其为治之迹，惊走相诧，徒以其器耳。上所以为政，下所以为教，谓能一变至道，甥不敢知也。夫上智远察，或乖一时之策，高议违俗，易触人上之忌，由来远矣。今独欲排众忤时，轻有所短长，不亦殆哉。此甥所以默守臧密，不露文章，灭景湛身，憺然遗虑者也。

若夫文学之运，甥以为《诗》流荡为剧曲，《春秋》穷为章回，中土之文至元而尽矣。元以后文章，其在欧洲乎？希腊古歌诗，洒然有《风》《骚》之遗，英法诸家篇什所祖。德最晚起，制作斐备，尔雅深厚，乃在先唐之上。尝欲纂《欧洲文学小史》《诗人传》，皆未竟。国人方睢睢，未遑文艺之事，折芳草以贻佣竖，坐毚幙而进咸池，知其不能入也。然甥卒当就之，用以自娱。

积简凌芜，未能远呈。明问所及，弗敢蔽匿，辄举一二以对，幸不荒辍。及于杀青，当谨写其稿，上之左右。甥愚不自量，妄有删述之志，所业浩博，白首莫殚。性好幽眇闳廓之思，知不为世资，冀垂空文以自见。私其所守而不化，安于困诎而不悔。任重道远，恻恻靡屇，唯舅氏教之。谨因申君还，附数字。临书依恋，不具悉。

【编者评述】　此信接续上一信。马一浮以为清末的西学东渐，"猎其粗粕"，"大抵工师之事，商贩所习"，"稍贤者，记律令数条"，急功近利，未知其可。他进而比较了中西学术，"欲综会诸家国别、代次、导源竟委，为《西方学林》，辅吾儒宗，以俟来者。又欲草《西方艺文志》，著其类略"。综观前后二信，可知马一浮治学甚得传统目录学辨章学术、考镜源流的精神与方法，同时又独立而开放，在中西比较的视野中来立足中学本位，引西学辅吾儒宗。

一九〇八年

:: :: **田程**　君伟

一九〇八年

来教云：古载记后妃、列女，各以类从。总集若《全唐诗》《全唐文》，后妃、闺媛亦异部居。今以"名媛"颜书而录后妃之作，于义为乖。谨按，古者列女之称皆统后妃而言。刘向造《列女传》，自有虞二妃至三代贤后，并与匹妇杂举，写在一简，后世未闻以为非。永乐中，解缙等受诏纂《古今列女传》，亦用向法。班书沿太史公特书例，以高后入《本纪》，元后别为《列传》，自余后妃总为《外戚传》。范书始立《后纪》，而别出《列女传》。然其序曰："如马、邓、梁后别见《前纪》，梁嬺、李姬各附《家传》，若斯之类，并不兼书。"由是观之，则其意侪后妃于列女甚明也。

《诗·墉风·君子偕老》："展如之人兮，邦之媛也。"《诗序》谓刺卫夫人而作。则周之诗人尝称其君夫人曰媛矣。《毛传》："美女为媛。"《郑笺》："媛者，邦人所依倚以为媛助。"《许书》因之。盖"媛"、"援"以叠韵为训，非假借字也。皇甫规《女师箴》曰："唐媛兴妫，文母盛周。"所谓唐媛者，舜之二妃也。然则后妃亦得称媛，于古有之。推魏制有淑媛，后周制有御媛，唐制有昭媛、修媛、充媛，位比于九嫔。名媛之称疑与数名相绳，然媛者，固妇人之美称。总集家有以"名贤""群英"名其书者，今曰"名媛"以别于男子，亦犹"名贤""群英"云尔。名媛者，列女之殊称。列女得该后妃，则名媛亦得该后妃也。

古之总集皆以文为别，挽近变例乃有以人为别者。以人为别，则人为主，文系于人，故人各为类。而一人之文，又各以其文之体制为次，犹之别集也。以文为别，则文为主，人系于文，故文各为类。而一类之文，又以其人之时代流品为次，此一定之例也。萧《选》载帝王之作，不闻与诸文异简。今以后妃之制，与列女同录，似未为过也。凡斯所据，诚知偏漏驳杂，益彰其疏谬。然实未敢轻于畔古，故愿君伟更有以正之。

【编者评述】 1908年马一浮辑《名媛交萃》而录后妃之作，友人田程以为，"古载记后妃、列女，各以类从。总集若《全唐诗》《全唐文》，后妃、闺媛亦异部居。今以'名媛'颜书而录后妃之作，于义为乖"。马一浮答以此信以释之。马一浮先引史传例，说明"古者列女之称皆统后妃"；又考释"媛"字，以为"名媛者，列女之殊称。列女得该后妃，则名媛亦得该后妃也"。最后马一浮指出古之总集皆以文为别，晚近变例有以人为别者，说明编选各有一定之例。马一浮尝于信后自批："删。考据之言，不关义理，可删。"但由此短笺，可窥马一浮论学有据的风格与方法。

一九〇九年

:: :: **邵廉存**

一
一九〇九年

前辱三月二十九日教，知与无量饮酒甚欢，并觏王君育仁。酒间与计当世能文者，齿及鄙陋，猥欲令浮出其撰述，预邮铎之选，且谓浮宜有以应之。承命逡巡，旬日而不报。今复继书督责，浮于是不可以无言矣。浮山泽之人也，非能憭知当世之务。然于古立言之君子，其书存者，未尝不求而读之，择焉而考其所归。取今时人之论与古所谓立言者较之，诧其不类甚矣。

夫今之有报纸，比缀国闻，傅以论议，日刊布以告邦之人，非皆自托于立言者邪？使其纪事核而有体，著论详而能择，明于是非得失之故，本乎学术，稽乎政事，准之于义理，介然不阿，好恶无所蔽，辨民志之所乡，使奸回者惮而弗敢恣其私，君子者确乎知正义之不亡而有所恃，则《诗》《春秋》之遗法而良史之材也，岂不信美哉。十年以来，从事于报者众矣，大都哗然用稗贩相标榜。义例则犹是猥杂，文辞则犹是芜秽。又其甚者，以莠言溺吾民。究其始志，欲以哄流俗人之耳，求市利而已，非真有所不得已也。及其馁败，则相随以籍没于官而斗讼于室。呜呼，立言者固如是邪？是故苟于义利之界辨之未明，是非之察讲之未素，而轻于自任，托舆论以售其欺者，非浮所敢知也。

凡今之为报者，既不入于官，则出于私。于兹有人焉，不肯为一二有力者奔走，毅然思尽力于邦人，呼天以自暓，将曰宣吾民之疾苦，正告以振拔之术，触不测之忌而无所避，此其志足尚矣。是报者出，天下且圜视而起，以谓吾民之气将由是而伸，士论之郁而未发者，皆将于是有所集，以竞纾其旨。民志可得而正，祸乱可得而拨矣。虽以浮之颓然自放于人外，亦曷尝不于诸君子望之？杭州密迩上海，而邮传甚滞。《民呼》之来者视他报独后，试求得数纸读之，峥峥有生气矣。然于所谓核而有体，详而能择者，疑若有未尽焉。浮以为报者，实具编年记注之体而兼表志之职者也。其为论说，当有义类。若能本《春秋》之意，惩诸史之失；据所见之世，考之行事；正褒贬，章大义，刺讥必当于经；显微阐幽，彰往察来，则可以备人伦之纪，示王道之归。所谓属辞比事、推见至隐者，此物此志也，诚不宜污损曲狭，自同于邸报，俯拾于野史。而今所以为报者，则视邸报为已进，跂野史犹未及。痤词俚语，纤碎已极，此浮所以为报馆诸君子惜者也。且今日之祸，不患在朝之多小人，而患在野之无君子；不患上之无政，而患下之无学。祸之灼然切肤一国所共见者，得豪杰之士，犹可弭也。独其中于无形发于隐微之地者，为学术人心之大忧。履霜坚冰，驯致其道，辨之不早辨，则人欲横流，天理将废。呜呼，吾为此惧矣。

夫天理终不可灭，人心终不可亡，此确然可信者。然其间必赖学术以维系之。不然者，几何不相率以渐而入于兽也？今之炫文者去经术，尚口者戾躬行，贪功者矜货利，骛名者贼廉耻，人人皆欲有所凭假以求逞。循此以往，人与人相食，不待异族之噬而吾属尽矣。诸君子果欲以济民物为己任，安可不于此加之意乎？古之君子，其立身有本末，其出言有物有序，夫而后可以行远而信。诸君子信能以道谊自任，其中纯然不杂以功利之私，使浮持三寸弱翰竭其所欲言，助诸君子张目，以尽匹夫之责，亦所固愿。若未然者，未同而言，君子所病。浮宁嘿然自噤于穷山，未能啜嚅忸怩以从诸君子之后。且其所言亦来必有合于诸君子刊报之旨，恐非诸君子所乐闻也。浮读《易》至"有言不信，尚口乃穷"，未尝不废书三叹。益将刊落声华，沈潜味道，不欲以文自显。且恐其学未至，言之不慎，或致害道以疑乱当世，重自绝于圣者之门。以此洗心，退藏于密，非仅守括囊之训也。率复不具。己酉四月十三日。

【编者评述】　邵廉存是马一浮在上海共创翻译会社的至友，曾与谢无量等鼓动马一浮给报纸写稿，马一浮作此回复。马一浮以为十年以来，报业虽兴起，但无论内容、义例、文辞都很差，究其根源，"求市利而已"，自己绝无可能参与其中。马一浮正面提出了他的办报理念与理想，"以为报者，实具编年记注之体而兼表志之职者也"，应当"毅然思尽力于邦人"，"以济民物为己任"。马一浮于此信原有眉批："可删。论报之失虽中时弊，语亦过激。今日观之，真戏论也。必宜删。"马一浮对报业批评或苛刻，所悬理想或高远，不过信中所论："今日之祸，不患在朝之多小人，而患在野之无君子；不患上之无政，而患下之无学。""夫天理终不可灭，人心终不可亡，此确然可信者。然其间必赖学术以维系之。"则反映了他论学的立场与宗旨。

二

一九〇九年六月

辱初四日教，责浮前书所言，"高而不切，不可施之某报"。向作是书，特率意为之，其言至卑浅，无伦脊，不切诚有之，高则未也。至谓欲施之某报，则廉存误解吾意，浮曷尝谓将以"施之某报"邪？固谓廉存勿以示人，而廉存既以语毓仁，又将告之某君，抑若浮之言盖有为而发者，此岂浮之意哉。浮生平不敢薄待天下士，亦不敢轻信天下士。其为说不苟同，亦不强人以同我。知其学之未至，不敢轻有所短长以疑世骇俗。故宁暗然自晦，将以求其所志，何敢妄自矜许以口说求胜于人乎？

　　来书谓其自处太高，眺视一切，尤非愚陋所敢承也。天下将亡，则民有市心。彼夫报者，固以市道为业者也。乃若浮所言，庶几不悖于著述之旨，而与市道舛驰，宜其乖迕不入。特以廉存为知言之君子，故为略论其粗迹，岂谓遽可执今之为报者尽人而与之争乎？《孟子》曰："大匠不为拙工改废绳墨，羿不为拙射变其彀率。"夫浮之志，亦犹是而已。《易》曰："言行者，君子之枢机。可不慎乎？"有文王之德而后可以演《易》，有孔子之志而后可以制《春秋》，有屈原之才而后可以作《离骚》。若夫今之君子，其怵然自许者，亦非浮所敢知也。不能终嘿，复有所云。虽近腐谈，亦足与贤者之意相发，非其性与人异也。己酉五月初六。

　　【编者评述】　　邵廉存针对前信有回复，批评马一浮所言"高而不切，不可施之某报"。马一浮作此回复并声明前信所言，不是针对某一具体报纸，而是就报业谈他的理念与理想。他强调："生平不敢薄待天下士，亦不敢轻信天下士。"不薄待，是以诚相待；不轻信，是学当循理。他又说："其为说不苟同，亦不强人以同我。"不苟同，是学贵自主；不强人以同我，是开明兼容。这两点，是马一浮待人接物与论学的重要立场。

:: :: **田毅侯**

一九〇九年

伏读所为《宋遗民诗序》，有以见删述之义，其忧患深矣。且夫君子之为书，盖不得已而后作，岂若徒以格律、声偶、字句之末，取贵俗嗜者哉。毅侯为是书，将以出国之脆。夫媮人于滓浊而导之清泠之渊，此其志至盛。然必求其无悖《小雅》诗人之旨，则所录疑于少宽。

尝谓，谓唐以后诗不古若者，妄也。词则工而志则荒，虽古无取；苟其志正，虽词之未至，无病焉耳。由《三百》以至于今，凡为诗者，较其词则远矣，乃若其志考之，盖犹有合者焉。宋之遗民，其人大都憔悴悲思，呻吟痛苦，呼天以自舒，虽欲弗怨，其可得乎？后之人诵之，有以见亡国之酷如是，而知所以发愤自拔。此诚作者及今日撰述之微旨所寓。若必于字句焉察之，则泥矣。然而词之过激者，可以无废；其害义者，不可不去也。

统览集中，郑思肖诗收录特多。思肖为诗颇近怪怒，若《大宋地理图歌》云："悖理汤武暂救时，谋篡莽操大生逆。"以汤、武下与莽、操比称，斯言实害义之尤。虽曰愤激所出，别有寄托，然足贼矣。浮以为必宜刊之。又《续洗兵马》云："当知孔明呆卿辈，巍然三代古君子。吕尚磻溪钓文王，乃是汉唐人才耳。"呆卿与孔明人物不同，未可比论；以太公望为出孔明、呆卿下，即孔明、呆卿能安之乎？即曰寄托，其词亦甚病。又赵必王象《赠黄槐谷》一首，若以怼天为词，亦近违道之言。斯三诗者，愿毅侯削而去之。夫诗不以词害志。浮之为是，殆同高叟之固，然愚者之察，弗敢弗告，非欲诋訾古人也。他若俞德邻《游杭口号》末首："倘有圣贤吾欲中"；方夔《清明》："洒向南方扬后灰"；郑思肖《德祐元年岁旦歌》："不变不变不不变"；周友德《钱唐怀古》："人死海中沈玉玺"，皆于文为不词，然不过语病，不容绳之过严，则虽存之可也。

又唐玉潜亦与于冬青之役，程敏政《宋遗民录》载其《清明日》诗，其言婉以思，似可入录。今收林霁山而遗玉潜，窃所未安。收骨事不宜专属霁山，已别笺册中。又鄂州梁栋隆吉，虽其祖父曾仕金，栋固身食宋禄，入元不仕，与其弟柱隐茅山以终。《遗民录》有其诗二十首、词二首，鲍廷博刊本复辑补诗三首。亦颇见黍离之哀，非《月洞》《梅岩》比。今集中亦遗之，窃谓宜加选补。又忆邓牧心亦有诗，然大都放言，不甚哀怨，想所不取。又周草窗宜亦可选。外此郡县诸志中，宜若尚有可增辑者。异日更为续编以广之，则尤美矣。

集中间有讹字，已为卤莽校理，笺于册中，然惧其妄也。属为弁言，盖非敢僭，且于古一书不二序，谨避，为《书后》一篇。言词疏浅，不能赞于万一，心知其不当，惧虚明教。窃谓论遗民者，如是乃可以显其志。若必断断于一姓之故，独尊其节，犹之隘也。狂夫之见，幸贤者正其谬失。

【编者评述】 毅侯是田程之兄，辑《宋遗民诗》，请马一浮作序。马一浮回信指出，诗以言志为贵。如果以词害志，则应删；如词不害义，则虽"于文为不词，然不过语病，不容绳之过严，则虽存之可也"。二者皆举例说明。因此，马一浮强调，论遗民诗，重在"显其志"。"若必断断于一姓之故，独尊其节，犹之隘也"。马一浮于美国期间，其政治思想已超越帝制，故对"断断于一姓"，不以为然。

∷∷ **许丹** 季上

一九〇九年五月四日

接书，知奉太夫人居金陵，甚善。金陵才士所萃，且与杨居士为邻，宜益富讲论之乐。季上年甚少，才甚高，艺甚博，浮所仰望。自天下之为道者多歧，世用异论相胜，而道益以晦。学者往往忽于下学之旨，矜口说而不务躬行。斯世所由纷纷，惑于义理之正，不得尽其性，以日趋于槁亡，此人道之忧也。窃愿季上有以采群言之赜而必衷于儒，以圣人之道为归，斯诚今日吾党之任，岂独浮之私心所跂于季上者哉！他非所及。三月望日。

【编者评述】 许丹是马一浮友人，主张由儒入佛。此信马一浮强调学者最容易忽略下学工夫。儒家所谓下学，就是于日常生活中的实践。如果忽略下学，便往往"矜口说而不务躬行"。同时，马一浮希望许丹能够"采群言之赜而必衷于儒"，这固然是对许丹的希望，也是马一浮自己论学立场的表证。这个立场也可以说是论学宗旨。"必衷于儒"，又"务躬行"，才足以在纷纷攘攘的时代，不受困惑，持守"义理之正"，"得尽其性"。马一浮论学博采而持守，开放而独立，由此可见一斑。

一九一〇年

:: :: **谢无量** 无量　啬庵

一九一〇年十一月六日

　　窃闻无量新立精舍于成都，学者麇会，两汉之风复见。今日吾道安可久堙？是以天畀无量光缵斯文，浮之仰望夫岂有极？昨过沪上，有告以希安将袭浮屠之服者，初闻绝诫异，退而念之，有以知其不然也。夫佛之为教，古之圣人未尝得闻，希安诵其言而悦之，为其能仁也。至于去人伦以为道，是岂仁者之心乎？矧希安以无量为之兄，宁得有是？浮即愚骏，良不敢信告者之言以疑无量兄弟。虽然，人言曷为至于斯？是不可以不察也。圣往时剥，礼废不修，民志不能定于一，天下所以多患。诡服夷言，唯俗所适；髡首辫发，亦何以异？然求仁之方，其不系于是也明矣。浮诚拘瞽，域于所闻，幸贤兄弟昭其区区。伏候教敕，不宣。十月五日。

【编者评述】 马一浮的总角之交，交谊达六十余年。此信系闻知友人皈依佛门而写。马一浮以为，友人能够皈依佛门，固然是因其仁心而悦之，但是"去人伦以为道，是岂仁者之心乎"？晚清民初，正处抛弃传统转向西学之时，人往往难避时俗，因此有人皈依佛门，也不足为怪。但是，马一浮强调"求仁之方，其不系于是也明矣"。

∷ ∷ **许丹** 季上

一九一〇年四月二十八日

季上足下：

　　枉书辞旨甚美。夫术之难齐，自古然矣。道之出于自然而不息者，不可以方，体无弗在也。言语所不载，文字所不形，思虑所不介，则其朕绝矣。水之行于地也，随所注而成川；道之散于百家也，因所见而为名。故百川之于水，如其量而止；百家之于道，如其术而止。《易》曰"天下何思何虑"，其斯之谓欤？吾儒之于二氏，其相非久矣。要贵度之吾心而确乎有以自得，斯可以无辨。浮之守其一曲而不化，亦犹足下之不返也。胡君书已别裁答，时仡音教，不宣。庚戌三月十九日。

【编者评述】　此信论儒佛之辨唯求证于自得。马一浮指出，"术之难齐，自古然矣"；百家"因所见而为名"。"吾儒之于二氏，其相非久矣。要贵度之吾心而确乎有以自得，斯可以无辨"。换言之，道术之分，基于预设，唯于自己精神上有所体认，否则争辩只是徒劳而已。马一浮论学多正面阐发，亦是其特征。

∷∷　**洪允祥**　巢林

一九一〇年

辱书以方造《天铎》，征祝颂之词，猥及于浮。夫史失然后报兴，报也者，史家之流也。《传》曰："《诗》亡然后《春秋》作。"使巢林之为报，能本诗人之旨，秉《春秋》之训，文远而义章，明乎是否得失之故，自足以风动天下。美称之归，犹水之赴壑，何有于野人之言。且未闻颂而可征者也。今之报必有祝，其为用乃近于上梁文、寿诗，至怪偃非体，岂特浮所不能为，亦宜巢林所弗取尔。若比太冲取重于士安，则浮固非其人，矧祝词者又非序之伦耶？诚固陋，未能曲徇足下之意，然甚望巢林之报有以殊异乎俗。嗟乎，巢林勉之矣，非巢林吾何敢道！唯日进醇酒，吐辞如春，自致百世之业。

【编者评述】 洪允祥是年长于马一浮的诗友，因任《天铎》报主笔，向马一浮"征祝颂之词"，马一浮回信谢绝。马一浮讲："今之报必有祝，其为用乃近于上梁文、寿诗，至怪俚非体，岂特浮所不能为，亦宜巢林所弗取尔。"马一浮指出，"夫史失然后报兴，报也者，史家之流也"。因此他希望友人"能本诗人之旨，秉《春秋》之训，文远而义章"，以成绩赢取世人称颂。马一浮待人接物常异于流俗，而背后自有他的理据。

∷ ∷ **王钟麒** 毓仁 无生

一

一九一〇年

获扬州来教，喟然有意乎古者为己之学。忘其固陋，欲引与讲习，见虚己下问之盛。夫以毓仁之才之美，归而求之，将见圣贤可学而至。如浮焉者，安能有所增益于毓仁乎哉？

儒家之言，至二程而极其醇，至晦庵而极其密，此百世之师也。学道不师程朱，是谓出不由户。遗书具在，世人忽焉不之读。读者或又挟其成心以测之，蔽惑所以日深。道之不明，岂非不善学之过与？天下无邦，民弃厥天，则日怵迫于利，以竞其生，不夺不餍。此孟子所谓"仁义充塞，率兽食人"之时至矣。吾党今日唯当反身修德，致命遂志，尽其在己，存天理，去人欲，而后患难夷狄之纷乘乃有以自主而不为所动。此非细事，所愿与毓仁共勉之者也。

《二程全书》奉去一部。《易传》最宜详玩。吉凶消长之理，进退存亡之道，伊川说之最切。"君子居则观其象而玩其辞"，伊川盖深有得于此者。尹和靖曰："伊川之学求之是书足矣。"非过言也。来示欿然有求识门径之说，此固执谦之过。然窃谓欲求门径，莫如先读《朱子文集》。晦翁与友朋论学书最多，其言为学功夫、次第、品节、条目，最深切详尽。于学者之弊，亦摘发无遗。但虚心平气以读之，自能时见己之病痛所在，因而用力。无以急迫之心求之，自有循循之效。此浮年来读朱子书所亲历之言。徒以质本昏懦，未能有得。若以毓仁之明而优柔餍饫于此，必斐然有成矣。今日求所以告毓仁者，似亦无逾于此，千万留意省察，斯道之幸也。

细玩来书，谓人生易尽，不可不早求安身立命之所。此言仍与彼教以"生死事大，无常迅速"而后学者相近，恐犹是旧时学佛病痛。儒者穷理尽性之学，须是于斯道认得端的，粹然循乎天性之自然，非有迫而为之也。孟子曰"尽其心者知其性"者也。圣人，人伦之至，不过能尽其性，不曾于性上加得毫末。所谓性者，亦非有浑然一物可以把捉，但随时体认，不令此心走作向外，则得之矣。程子教学者"涵养须用敬，进学在致知"，此言最为切要，不可忽也。卖文自给，似亦无伤，须令收敛枝叶，返诸义理。是非之间，慎以出之。此亦敬肆之别。凡此之言，鲜不谓腐。感毓仁好问之切，不敢不少尽其愚。病起不能多作字，草草奉此。时望教敕，不宣。

【编者评述】 王钟麒是南社主要作家，尝学佛，当时正卖文自给而又患病，去信马一浮，"有意乎古者为己之学"，由佛返儒。马一浮回信谈为学次第及紧要工夫，实乃重要的论学书信。马一浮示知，儒学"至二程而极其醇，至晦庵而极其密"；"学道不师程朱，是谓出不由户"。所谓"醇"，就是纯正；所谓"密"，就是细致。由程朱入儒门，既正又实。马一浮同时送去一部《二程全书》，强调其中的《程氏易传》"最宜详玩。吉凶消长之理，进退存亡之道，伊川说之最切"。显然是针对着王钟麒的当下困境。关于进学门径，"莫如先读《朱子文集》"，尤其是其中"与友朋论学书最多，其言为学功夫、次第、品节、条目，最深切详尽"。马一浮告知，要"虚心平气以读之，自能时见己之病痛所在，因而用力"，强调读书以涵养自己为本；"无以急近之心求之，自有循循之效"，强调工夫的渐进与绵密。最后马一浮指出，王钟麒因身体不好，体会到"生死事大，无常迅速"，因而想在儒学中寻求安身立命之所，这是"旧时学佛病痛"，即缘于外力所至，出于对生死的恐惧；而"儒者穷理尽性之学，须是于斯道认得端的，粹然循乎天性之自然，非有迫而为之也"。儒者只是孟子讲的"尽心而知性知天"，"所谓性者，亦非有浑然一物可以把捉，但随时体认，不令此心走作向外，则得之矣"。换言之，儒学就是使自己与生俱来的生命在现世中充分展开，不以外在的得失而喜而惧。马一浮又举王钟麒"卖文自给"为例而言，以为"此亦无伤"，关键在把握"敬肆之别"。这就为生命的充分展开，作了极好的界定。

二

一九一〇年

得初四日教，知尊恙比已向安，私心庆慰何极。燕居休养，慎保有术，当日益清佳。焦山据江心水中，残暑环蒸，非秋爽未宜居。又饮食须过江取办，似不若就家为适也。读先儒书随时札记，亦是蓄聚之功。

见示欲用意编纂月刊一册，志在流布。然此恐易入于急遽据拾之弊，而少优柔餍饫之思，于人己皆未必有深益。区区窃愿尊兄爱惜心力、深自敛养，俟涵泳既久而后沛然出之，未为晚也。八子丛书，取类既有未安，称名亦觉未当。若以著学术流变，则当上起两汉，下际近代，虽约举亦未可卒尽。若欲示学者宗归，则百温与濂溪殊涂；陆王与程朱异撰。并资讲明固学者所有事，若合为一冶比而同之，则非笃论矣。刻书，须先聚善本而后议刻。即刻一家之书，先后校勘考订，所待讨论者已多。观朱子刻二程遗书，是何等勘酌。近人刻书日趋苟且，于此亦见人心之漓薄。君辈刻书不可不鉴此失。较近刻书，非浮慕虚名，即私图市利。间有贤智之士，恝然有忧世之心，发愤著述，思易天下。然其有诸己者，未有居安资深之乐；其发乎言者，不胜偏陂掎撦之病。见理未莹，而主张太过，其流失亦非细，大抵皆好胜欲速之念有以误之。此足为深戒。现以自警，亦弗敢弗告也。泰州学术之病，观黎洲所记已见大概。《心斋语录》未见全书，其见龙之说、安心之说，皆甚害学者。山农、心隐之徒，至今余风犹煽。此种气习，其所由来甚远，亦非面究，莫悉一也。

【编者评述】　此书讲编刊物与编丛书的理念，顺及刻书。马一浮以为，编刊物"易入于急遽掫拾之弊，而少优柔餍饫之思，于人己皆未必有深益"。加之王钟麒身体不好，故力劝阻之。编丛书，则需取类合理，名实相当。如注重学术流变，虽简约也需完备；如注重学术宗旨，则不能混而统之。刻书，应先聚善本，进而校勘考订，然后刊刻，马一浮举朱子刻《二程遗书》为例，以为楷模。马一浮强调为学应该"涵泳既久而后沛然出之"，否则实有"偏陂掎撦之病"，"大抵皆好胜欲速之念有以误之"。信中又言及"泰州学术之病……至今余风犹煽。此种气习，其所由来甚远"。此信开头又有"焦山据江心水中，残暑环蒸，非秋爽未宜居。又饮食须过江取办，似不若就家为适也。读先儒书随时札记，亦是蓄聚之功"数语，可知马一浮日常起居以循理、简便为原则，而读书以涵养为功。

一九一二年

:: :: **王钟麒** 毓仁 无生

一
一九一二年

被教，知疾疢未安，深为县（编者注：通"悬"）
情。辛釿曰："养神为上，养形为下。"伊川先生自言受
气甚薄，三十而始盛，四十、五十而始完。尊兄虽清羸，
年方壮盛，善自摄卫，可期日强，无事郁郁销损其气也。

时人议论称引，不出异域皮革之书，此灭学之征也。
昔之论职官者，犹知考《周礼》；讲刑法者，犹知准《唐
律》。今则抱日本法规以议百世之制度，执西方名学以御
天下之事理。动色相矜，以为管、葛所不能窥，董、贾所
不能谕。及察其研核是非，敷陈得失，则徒连犴缴绕，非

真有幽妙闳阔之思、确乎不拔之理也。以此论道经邦，日以滋乱。

吾侪当世所名为腐儒，使不自量而为之敷经术，陈古训，违众迕时，轻有所短长，不亦殆哉？报之为文，贵其有益于时，下匡民志而上以讽示有位，仆诚不足以与于此。哀群言之芜秽，无术以易之，则宁嘿然以没世耳。穷而至于卖文，则苟而已矣。是以思之累日，不得其当，更无矜慎之可言。欲为《求野录》一书，推习俗之所由失，而稍稍傅之于《礼》，就根于人心之不可没者以为说，冀略存坊民正俗之意，庶几恍然于乱名改作之非。才得十余条，须略可成卷，当以写上。子桓极喻于享帚，亭林表质于采铜，亦非所贵也。

数年前曾为《西方艺文志要略》及《欧罗巴诗人传》《文艺复兴论》，并译述未竟，束置累载，今当稍稍出之。恨摆字多讹舛，思倩人缮清本，然后以寄也。

【编者评述】 此信先谈养生。马一浮对医学颇有研究，这是他的学术中很重要的一部分。他先引老子门人辛鈃所言，"养神为上，养形为下"，强调精神对于养生的重要；再举程颐的例子，强调先天不足，后天宜"善自摄卫"。吃是后天养生的根本，但吃不注意，则伤身。摄卫，便是摄取与保护要兼顾。马一浮尤其强调"无事郁郁销损其气"，强调精神愉悦。然后是因来信而批评当时风气，以为"今则抱日本法规以议百世之制度，执西方名学以御天下之事理"，不仅下视古人，而且对西学也是得其皮毛。马一浮谈到他想写《求野录》，取"礼失救诸野"之意，希望能起到唤醒人心的作用；同时又谈到数年前曾译述《西方艺文志要略》《欧罗巴诗人传》《文艺复兴论》，可知他对西学既有系统的梳理，又有重点的关注。

二

一九一二年

手教谨至，承欲造《独立周报》，获睹简章。某君邃于法理，足下长于史事，相与出其论议，必能折衷至当。末流有此，直道所由存矣。嘤鸣之求，下逮鄙拙，亦何敢过于自匿？特念今日欲移风易俗，盖非从容论古所能取效。仆既于当世之务未尝究心，强欲有言，无异对庙堂之士饷以黄冠，坐行阵之间忽陈俎豆。见之者非唯笑鄙说为不伦，亦将讥大报以无择。于简章所标帜志，所谓最新之学理者，不几显然相背耶？

西方艺文之属，鄙意以为辽东之豕白头，无足多异。译文凌乱，颇不耐整理。或适以导民志于非僻，意良不欲出之。至旧时文字，关于考古者亦非今报所取。盖报之职志不在是，羼入此类乃觉其芜而非体。诗则久不作，亦病未有以应也。无量五言力追大谢，近体亦逼少陵。今风雅荡然，出之可以振起颓俗。其存在仆处者，当举以见饷。闻无量且来沪，别后造述必更弘多，求其相助必能增大报之光焰。仆则志焚笔砚已久，今欲以代赁舂、牧豕，强所不能，虽犹幸未随厨俊之后尘，已觉稍失邯郸之故步。

每览顾宁人与潘次耕书云：自今以往，当思中才而涉末流之戒。孝标策事，无俟博闻；明远为文，常多累句。务令声名渐减，物缘渐疏，庶几可免。于今之世，未尝不叹其言之深切。《诗》曰："不醉不臧，不醉反耻。"又曰："民之讹言，亦莫之惩。"今足下之为是报，独立不倚，用心甚盛。虽谤伤之来，可置不问，而月旦之间裁量品核，必慎以出之。凤鸣于朝阳而枭音自戢，桐生于高岗则蚍蜉不上，于足下之报深望之矣。

【编者评述】　此信因王钟麒欲办《独立周报》邀马一浮参加而回复。信中马一浮以"特念今日欲移风易俗，盖非从容论古所能取效"，表达了他自己的学术关注，同时以他"于当世之务未尝究心"为由作了谢绝。信中讲"西方艺文之属，鄙意以为辽东之豕白头，无足多异"，这是对前信所及的这些早年文字，作自谦之评。同时对谢无量作了"五言力追大谢，近体亦逼少陵"的称誉。最后引顾宁人（炎武）、刘孝标（峻）、鲍明远（照）的话与事，表示"务令声名渐减，物缘渐疏"，庶几免于俗流，期望王钟麒"凤鸣于朝阳而枭音自戢，桐生于高岗则蚍蜉不上"。实亦自期矣。

一九一六年

:: :: **陶吉生**

一九一六年

向者足下任通志局征访，搜扬耆献，及于寒宗。承教哀集先世事状以备采录，既重之以面命，复申之以手书。反复丁宁，爱厚甚至，而下怀犹疑，累月不报。揆之恒情，能无诧怪？然私衷所存，亦自有故。今当稍白其愚，以释贤者之惑。夫为人子孙不能记述先德，使之湮没不闻于后，此君子之所哀也。浮虽不肖，其敢忽焉？窃以尊亲之道，始于修身；令名之贻，贵其不辱。义苟少有所疑，诚不敢以轻出耳。

先世自明初以来，被服儒素，世有行谊。九世祖仲霖，天启间以明经任国子监博士，见几隐遁。明亡，子孙三世不仕。及嘉庆间，世曾王父始通籍于蕺山刘子之学，能有所明。先王父辱在下位，见危授命。世父纯孝，抗贼以殉。先考继志述事，以吏才见称。孝友醇备，潜德弗耀。强仕投簪，履道安素。忠能尽恕，介能尽和。生顺没宁，庶几有焉。推其志行，不欲以声称耀俗。

浮幼禀庭训，不愿乎外。将求学而至于圣贤之道，以缵先人之绪。虽悖史不书其名，典录不详其事，盖无憾焉，非敢隐也。每谓非皇甫士安不可以作《高士传》，非朱子不可以作《伊洛渊源录》。何也？非其人也。故王通之名不见于《隋书》而不为病，以其人自有足传也；马迁之叙自著于《史记》而不为嫌，以其文可信于后也。后之史家为人立传，乃有逞爱憎为抑扬、责钱米为去取者，其诬秽甚矣。

若夫方志之才，亦须如常璩、贺场，乃堪秉笔。近世修志之举，多由长吏假以安置游士，博好文之名，故其成书可观者鲜。今亦岂能有异？志局诸贤虽不尽识，其中数人亦尝与有一日之雅。观其标榜有余，而所托靡择，衡以古人之义，不知其可，心实非之。且始议之日，当事者谬采虚声，尝以浮名侪之分纂。浮不自意亦被游士之目，力辞而免。己身则不欲入，而于祖、父之名乃以得邀编录为重，是于义为乖。故不敢终徇足下之教，而守其硁硁之鄙也。

足下身任征访，恐其或遗。勤事爱人，道固应尔。然载笔之人，未能若是诚也。虽复缀进，犹当见削，故区区以为不如其已。此或非所当言，特念足下夙见爱重，其告之之意甚诚，不可以不答，又不当匿其情，故遂直言之。幸有以察其愚而恕其肆，并不堪为时人道也。霜寒，唯道履贞吉，不宣。

【编者评述】 陶吉生是马一浮早期友人，担任通志局征访时，请马一浮"衰集马氏先世事状以备采录"。马一浮以为"近世修志之举，多由长吏假以安置游士，博好文之名，故其成书可观者鲜"，予以谢绝。其实这是编修谱牒，甚至方志中常有的问题，研究者引用时是需要分辨的。不过，信中马一浮也略述了马氏自明初以来的世系简况，概之以"被服儒素，世有行谊"。

一九一七 _年

:: :: **谢无量**　无量　啬庵

一九一七年九月

经时不通音问，都无可言。昨荷惠书寄示英译《康德论衡》，甚厚甚厚！平居虽多暇日，而艰于涉览，深恐负此佳书，未知何日乃能卒窥其旨也。宗伯华见过，为说叔本华唯意论，多可喜。闻将取希维格及鲍生书，撰次《欧洲哲学史》，得吾子之鸿笔，资宗生之善悟，必成完书。吾生多幸，将假熏习之力，沃其愚心，庶其犹有闻乎？向见所出《中国哲学史》及《佛学大纲》，理无不融，事无不摄。刘氏之叙九流，魏生之志释老，方之为陋。并世言学者，莫之能先也。

辱问何所致力，实惭无以对。虽尝有志于六艺，而疏于讲习。不敢幸其所乍获，而忽其所未闻。方将深之以玩索，通之以博喻，恒苦心智薄劣。义理无穷，俟之者艾或能略得其统类，故当就问君子，以释所疑，今犹未敢言耳。

慧法师何乃无归意？属营草庵，谋之经年，犹不得当。饮峰故址，与山僧往复甚久而不肯署券，今姑置之。永福寺禅房，粗为涂茸，凿通户牖，安置几榻，聊可憩止。户外有老梅数株，方华。窗对岖嵚，松竹交映。虽颇荒陋，差有幽邈之致。时往登览，辄复兴怀。从者亦能一来视之否？赤霞在吴江，乃欲以其学施之于事，殊无意来杭州。彭逊之近在此，好以消息说爻象，亦时有自得之义。近复撰一书曰《观象稽年》，以万有一千五百二十，当天地始终之数，以成周之盛，当乾卦，以孔子生当午会，今已在酉中。其术与邵子绝异，亦似谶纬之流裔也。方春时育，唯体道不息，常枉言教。临书不胜依驰。

【编者评述】　此信因谢无量寄英译《康德论衡》而回信，对之评价甚高，亦可知马一浮此时仍与谢无量、宗白华（宗伯华）等论及西学。但是他讲"虽尝有志于六艺，而疏于讲习"，则知他早已由西学而返中学，并已在建构他的"六艺论"，力求"深之以玩索，通之以博喻"，达到圆融的程度。此外，信中提及的释慧明（慧法师）、曹赤霞、彭逊之等，都是马一浮的好友，这些人呈现了民国学术思想的丰富性。

:: :: **叶左文** 渭清 娛庵

一九一七年一月三十日

秋初詹君允明来，辱手示，承以深衣之制，先儒考之未详，难可遵用。愧未能博证，以释所疑，因之久而未答。自违讲习，于今四年。虽不敢忘戒惧之意，每叹义理无穷，用力有间，体之于日用之间而知其所失多也。曩者惠书颇有轻许之词，读之实增悚汗。后此深望时加警策，乃为爱之。比日春还，伏维堂上起居多福，所以承顺亲心者，其道益得，和乐之效，必可臻至。尊兄求仁之事，岂复有切于此者乎？林君乐圃敦悦于学，远见诹访，甚愧无以益之。

今日所谓科学，大都艺成而下之事。求之异国，既勤苦难成，欲归而施之实用，又于道鲜适。即以英文言之，昔者浮亦尝问之鞮氏。知欲考其文章流别泊乎学术之变，非多蓄书而历年久殆不可得。且若不以经术为柢，则心无权衡、流于非僻者有之。

窃谓林君始冠之年，似不必以居夷留学为亟，且当研求义理，修之于家。矧与尊兄近在肺腑，相从诐受，其益无方，可以不愿乎其外也。质之林君，以为何如？允明见示，嘱求书目。近年省中坊肆，故书益乏，除局本外，皆颇不易觏。其曹元弼《礼经校释》一种，当托夷初为觅之都市耳。今因詹君还，聊奉游褥一具，纏袜二量，不敢进之老人，或可以颁近侍。詹君行促，率尔书此，不能宣尽。愿体道安仁，孝乎唯孝。临书曷胜怀仰。丁巳十二月十八。

【编者评述】 叶左文是马一浮老友，此信似因叶介绍林乐圃来求学而回复。信中言及马一浮对科学的看法，以为"艺成而下之事"，于道鲜适。又以为英文的学习实基于对西方学术流变的理解，需长时间才可能，否则也将"流于非僻"，因此不建议林乐圃急于出国留学。可知马一浮的兴趣已基本转到义理之学。

:: :: **蔡元培** 子民 鹤卿

一九一七年一月十七日

承欲以浮备讲太学，窃揽手书申喻之笃，良不敢以虚词逊谢。其所以不至者，盖为平日所学，颇与时贤异撰。今学官所立，昭在令甲。师儒之守，当务适时，不贵遗世之德、虚玄之辩。若浮者，固不宜取焉。甚愧不能徇教，孤远伫之勤。幸值自由之世，人皆获求其志。委巷穷居，或免刑戮。亦将罄其愚虑，幽赞微言，稽之群伦，敬俟来哲。研悦方始，统类犹乏，以云博喻，实病未能。若使敷席而讲，则不及终篇而诟诤至矣。谢无量淹贯众学，理无不融，浮不能及。先生若为诸生择师，此其人也。化民成俗，固将望诸师友；穷理尽性，亦当救之在躬。道并行而不悖，以先生之弘达，悦不疾其固邪？方春时育，唯慎徽令典，多士向风，克隆肇新之化。不具。浮再拜。丙辰十二月二十四日。

【编者评述】 蔡元培任北大校长，延请马一浮，马一浮回复此信婉拒。前此蔡元培出任民国教育总长，马一浮曾出任其秘书长，因理念不同，马一浮辞返。马一浮谢绝进入体制内教育，原因是他认为"今学官所立，昭在令甲。师儒之守，当务适时，不贵遗世之德、虚玄之辨。若浮者，固不宜取焉"。即教育唯行政所令，无私学可言；又趋时为重，抛弃传统。马一浮讲他自甘于"委巷穷居"，"研悦方始，统类犹乏"，表明此时正致力于他的"六艺论"思想的建构中。

一九一七年一月二十九日

去秋累辱惠问，并见示与刘子通论学书。经时不报，固由惰慢之失，亦以来书辨章诸教，其义甚博，非固陋所敢议，故惭而不能答也。子通原书，亦蒙见寄，不能不服其志愿之弘，然至今无以答之。窃谓学以穷理尽性为归，务在反躬自得，然后前圣立教之旨可以默契，不必以喻人为急，尤不可以相绌为高。子通勇于化物而机感未至，足下贵于明道而执碍随生。是皆未免于贤智之过。《易传》曰："君子学以聚之，问以辨之，宽以居之，仁以行之。"天下何思何虑？今且当从容玩索，尽求仁之方，未可遽饰成德之言，坐致诤论，于人己皆似无所益也。夙荷谬信，故僭妄及之。子通近在何处？若与通问，亦幸为浮道其阙怀。无量去年频返芜湖，想必见之。其论学详而有条，融而无滞，士友之间莫之能先也。承欲得浮书补壁，谨为书《太极图说》《西铭》各一通以奉。方春，唯德门多祜，辉光日新，不远及。丁巳人日。

【编者评述】　沈上道是马一浮早年论学友人，他将自己与刘子通论学书寄马一浮以请评析。马一浮以为"学以穷理尽性为归，务在反躬自得，然后前圣立教之旨可以默契，不必以喻人为急，尤不可以相绌为高"。他指出刘子通"勇以化物而机感未至"，沈上道"贵于明道而执碍随生"，都是"贤智之过"，即平常所谓太过聪明。马一浮引《易传》"学以聚之，问以辨之，宽以居之，仁以行之"，强调学问要博学而切问，落实在自己生活的体会中，"从容玩索，尽求仁之方，未可遽饰成德之言"，否则徒招争论，于己于人皆无益。

:: :: **曹赤霞** 子起

一

一九一七年二月八日

来教推论天地始终之数，极于万物各有定命，其旨深博，诚有非鄙陋所能卒窥者。浮愚，以为命者盖圣人所罕言。凡经籍中"命"字，有纯以理言者，有但以气数言者，有兼理与气数合言者，其分齐良不易析。邵子曰："主宰者理，对待者数，流行者气。"命之义盖包是三者，偏言之则不备。

来教以《诗》"有物有则"当今科学所谓公例，意亦甚善。此诗下句曰："民之秉彝，好是懿德。"似纯以理言。当仍是以理为主而气、数在其中。然窃窥贤者耽玩所存，每流于气、数之著，而稍略于义理之微。循是以说，恐后之学者不明其用心，遂将执气、数为理。乃悟孔子罕言之旨意或在是。

窃疑"乾道变化，各正性命"，所言命者，乾道变化以后之事。唯形于变，乃有气、数之可言；当其未形，理固常在；及其既变，理亦不息。今谓气、数之有定者，乃正其变化之率耳。以是而语其变则可，以是而语其不变似尚非极至之论也。愚安之见，未知贤者以为何如？

彭君所为《易象稽年》一书，亦是一时兴到之作，不可为典要。浮特谓此亦纬候之遗耳。邵子之书体大，彭君之书道小，二者固不可同年而语。彭君亦自谓此书无当于经，以足下故好谈纬，聊举以相告。浮亲见其著此书，未尝具草。立例推算，随即笔之，不过旬日而毕。其人之敏，诚有不可及者。今以其书奉寄左右，亦直一览。此君所长不在此，其人天性好《易》，初无多书，而致思发义迥不犹人。五年前，浮见而异之。寻以兵乱别去，流离穷困，无暇读书。去冬始复来此，其困弥甚而所见转进于前。时人无好者，虽与素识亦不知重也。浮虽未能学《易》，闻其说消息与爻之情，盖时有自得之义，实由玩索先天圆图而来。持以通之卦爻诸辞，无复滞碍，疑亦或有可补先儒之阙者，意颇善之。彭君言其治《易》有"八要"：一曰材；二曰位；三曰德；四曰时；五曰情；（《传》曰："变动以利言，吉凶以情迁。是故爱恶相攻而吉凶生，远近相取而悔吝生，情伪相感而利害生。"即情之谓也。）六曰象；七曰变；八曰消息。又观其不以饥渴害志而著书不辍，亦时人之所难。善《易》者既未得遇，士友之间亦鲜有论及此者，故以告足下。意或乐见其人，可引与讲论，因而辅成其学，然亦初无期必之心。盖虽相见，持论亦恐不尽合也。彼旧尝注《易》未成而遭乱，今以前书所见为小，因复别撰。自今年正月起，日课一卦，今已得二十余卦，自云二月尽可以成书。其书但直径写出，未尝具草，故文词颇少修饰。今以其所注乾、坤、屯、蒙四卦奉寄，治事之暇，试一览之。如有可与商订之处，可别纸书示。此彭君之所甚望。彼固持此就商于浮，浮不足以知其得失，愧无以助之也。览后望仍挂号寄还。逆计足下若以春深来杭，当可睹其全书矣。此君自信于经义能有所明，颇欲以其书印行于世。浮无资力，不能为之助。彼有致浮书一通，即言此事，今亦以附览。凡人自信所学则恐其遂湮，此亦人之情也。足下若以其书为尚可观，亦能言之于士友间，容有好事者乐为印行，亦君子成人之美也。以凤相爱厚，无所不言，故遂及之。此亦泛爱之事，不可期必，待缘而成者也。

慧和尚草庵尚未得其地。今所营者，特就故寺中禅房略为葺治，所费无多。无量寄资，用之尚未及半，故不需多赍也。昔郗嘉宾为支道林买山营立馆宇，当世美之。今足下所处，未能如郗生之丰而有其愿。此其用心之厚，非郗生好名者所能及也。左文尚无来讯，俟其至，当驰书相告。无量近亦与通信否？近看得《通书》《正蒙》皆宗

《易》与《中庸》而作，《西铭》宗《孝经》而作，此儒家宗经论中之大者。《易》《中庸》为圆教，《孝经》亦为圆教。俟足下之至，当略举其说以就正也。余不远及，时盼教示。浮顿首。丁巳正月十七。

【编者评述】 曹赤霞好《易》气数之学，以此推极万物定命，马一浮作此信回复。马一浮以为，"命者盖圣人所罕言"。经籍中的"命"字，或纯指理，或只指气数，或兼指理与气数，难以界说。他引邵雍的说法，"主宰者理，对待者数，流行者气"，认为"命"涵三者，不可偏言。又针对来信对《诗》"有物有则"的科学化解释，马一浮以为虽然也不错，但不宜流于气数，而忽略理，他主张"以理为主而气、数在其中"，不可"执气、数为理"。马一浮指出，"乾道变化，各正性命"，这个命，是乾道变化以后之事，即事物成形以后的变化才有气、数可言。"当其未形，理固常在；及其既变，理亦不息"。概言之，马一浮主张的是理为本，而气数依傍着理行，为理的呈现。此信后半部分主要是向曹赤霞介绍彭逊之的《易象稽年》以及最新研究。彭逊之也喜欢象数言易，马一浮希望曹赤霞可以与之相切磋。马一浮自己更主张义理言易，对象数易学似少关注。最后马一浮言及自己新近的研究心得，以为"《通书》《正蒙》皆宗《易》与《中庸》而作，《西铭》宗《孝经》而作，此儒家宗经论中之在者"。马一浮以六艺该摄一切学问，分类论学而统之是他的基本方法。故他于信中接着讲："《易》《中庸》为圆教，《孝经》亦为圆教。"

二

一九一七年十二月二日

比以人事频至富春，每一往复，恒历月涉旬，故久不致问。顷还杭州，读今月四日惠书，书至已逾旬日，始得见之，非敢稽于答也。来书诱进甚殷，勤恳之意溢于行墨，浮何幸得闻是言！乃复欿然自引，谓前者示教，有近于夸，益浮之惑。此实未然。足下尊信师说，以道自任。浮既钦其勇，又服其诚。但以言绝筌蹄，智穷思绎，故于来书称述之旨有所未喻耳，曷尝拟君子于骄吝，析大道为支离哉？若夫亲师取友，固其益无方，穷理尽性，亦为仁由己。成己成物，本非二事，闻知见知，其至则一。详来书，似乎圣贤之道，必假外求；经籍之文，无资淑艾。此浮所以仰重仞而咨嗟，望中衢而却步者也。至若宪老乞言，其敢忘于古训？朋友讲习，尤中心之所愿。人事间之，予行久沮，乖负凫期，深滋歉仄。亦思相从朝夕，冀遂请益之私。兹复乡间小警，戈甲竟道，不可以行。倪衡泌无虞，庶几卒岁，比及初春，会当相即。达人齐千载于旦暮，通万里于接席。然则言晤虽远，不碍神交。但惧昏惰自安，所望时加警策。辅仁不倦，是贤者弘道之怀；服膺勿失，亦愚心求勉之志。书不宣意，更迟来诲。丁巳十月十八日。

【编者评述】 此信与曹赤霞讨论进学的方法。马一浮以为，向师友请益，唯道是从，并无固定的对象与方法，而穷理尽性，亦须依靠自己。成就自我与做成事情是同一件事情的两面，闻知与见知就其知识的获得是一样的。

：：　**彭俞**　逊之　安忍　安仁

一

一九一七年二月二十日

昨荷见枉，闻教实多，坐忘夜寒，未能沾饮，良歉于怀。顷得手书，以《易注》不传为虑，读之喟然。消息之蕴，先儒之所未详，吾子奋于千载之下，独发其奥，天固以是任之贤者，岂复终听堙郁？方今经籍道熄，好之者鲜，此亦无伤。扬子云草《太玄》时，人莫之识，独桓君山叹为绝世未有。今吾子之书即未见重于世，浮虽不敏，犹欲窃比君山，当退就北面，亲受其义。自忘其陋，以为犹能知子。若乃刊行之事，虽于力则乏，而亦不敢忘。就令谋之士友未可期必，节衣缩食，犹当图之。不唯朋友之私其义应尔，亦冀以明圣人之道，用贻后之学者。推君子之用心，固亦以经义不明为惜，而非以为一身计也。至写副之资，或当易谋，否则敬为手写，亦堪自任，幸无过忧。君子身为《易》道所寄，用能成此不朽之作，浮方庆之无穷，而来书惜其一时未传，谓当相吊，此或吾子之戏言。孔言忘忧，颜称不改，困而不失其所亨，贤者体道安仁，又何怨焉？

元儒以黄楚望为最醇，其门人东山赵汸为撰行状曰："先生慎重其学，未尝轻与人言，以为其人学不足以明圣人之心志，不以六经明晦为己任，虽与之言终日，无益也。或谓先生，幸经道已明于己，而又闷于人如此，岂无不传之惧乎？先生曰：'圣经兴废，上关天运，子以为区区人力所致乎？'德化令楚望故居九江王子翼请刊先生所为《六经补注》藏于家，非其人不授荐。经寇乱，书竟亡佚。汸谓先生宁使其学不传于后世，终不宜自枉以授诸人，故能以数十年之勤，尽究诸经于阙塞之余，而不能使圣人之心大明于天下。盖其道若是也，岂非天乎？"以今论之，楚望虽穷困，有人请刻其书，所遭似为胜矣，而卒犹不传。固知道之明于己者，可得而勉，其传于人者，不可得而必也。

浮区区愿足下但以明之者任之于己，而以传之者俟于天，斯其可乎？恨无以相慰，故聊述斯言，以广贤者之意。蒙示《易注》稿本，诚愧荒惰。久留几案，犹未能尽心玩索，今谨先以首二册赍还，其中义指固已无所不悦，岂能有异？唯一、二处文字小有未安者，妄以私意签之。唯惧其无当，然重以申喻之笃，不容匿其鄙浅，其实无关体要也。其中说义尤精处，辄加圈识，当不斥其僭否？余俟卒读，敬当躬致不尽之怀，迟之奉手，不悉。浮顿首。逊之先生足下。丁巳正月廿九夕。

【编者评述】 此年因彭逊之研究《易》而往复论学。这封是对彭的研究予以鼓励，表示会尽心谋及士友帮助刊刻，以及愿意亲自手写等等。彭处境不顺而心生忧怨，马一浮劝他："孔言忘忧，颜称不改，因而不失其所亨，贤者体道安仁，又何怨焉？"马一浮更引元儒黄泽（楚望）的著述经寇乱而亡佚的故事，说明"道之明于己者，可得而勉，其传于人者，不可得而必也"，"但以明之者任之于己，而以传之者俟之于天"。凡此，实亦马一浮夫子自道。

二
一九一七年二月三日

来示谓《姤》卦四、五两爻象词难晓。依先天圆图，《姤》息为大过，上九阳当消而不言凶。于尊注消息之义为不可通，因欲以《稽年》之说附之。浮愚，窃以为未可。义有未得，当从容致思，求之过急，必至强经就我。此前人说经所以不免有武断之过。今日所见为无当者，无令后之视今亦犹今之视昔也。浮于尊注，诚期之以千载之业，故谓不可不慎。

此卦以虞仲翔义说之，似亦可通。远民之民，指初六甚明，不须更求异义。九五一爻，虞义谓巽木为杞，乾圜称瓜。四变体巽，故以杞苞瓜。五欲使初、四易位，以阴含阳，已得乘之，故曰含章。初之四，体兑口，故称含。四阴之初，初上承五，故有陨自天。巽为命，欲初之四承己，故象词言"志不舍命"。按《象传》，柔遇刚，指初二；刚遇中正，即指初、四易位。当姤之时，初、二相比，不正。五阳之中，唯九五之德宜为姤主。初、四易位，则遇得正矣。以爻之情与变言之，似有此义。未知贤者之意以为尚可采否？若以志为周公之志，疑稍枝蔓矣。上九无咎，虞氏谓动而得正，其义未安。以阳当消言之，诚不能强为之说。如此之类，似暂可阙疑。若必遽傅以《稽年》之说，此书宜在纬候，不可与经相乱。惧非说经之体，有失洁净精微之旨。

谬承下问，不敢以阿顺为美也。《易林》刻本，坊间不乏，求之甚易。独其取象之法，盖未见有专书明其义者，留为贤者他日致思之地，必有豁然之一日耳。率答不具。浮顿首。逊之先生足下。二月三日亥初。

【编者评述】 此信因彭逊之注《姤》卦四、五爻问题而论经学方法。马一浮强调："义有未得，当从容致思，求之过急，必至强经就我。此前人说经所以不免有武断之过。今日所见为无当者，无令后之视今亦犹今之视昔也。"具体到《姤》卦解释，马一浮以为虞翻的解释可通，但"上九无咎，虞氏谓动而得正，其义未安。以阳当消言之，诚不能强为之说。如此之类，似暂可阙疑"。

三
一九一七年二月二十八日

书来，知致思之苦，亦以见得解之乐。虞仲翔言消息本与先天之学不同。其说六爻，发挥旁通、升降上下，亦自有其义例，知足下固无取尔。《稽年》推孔子生当鼎初，此固当存之纬候。今以说爻词"得妾以其子"，谓象中有此义则可，若遂以叔梁纥、徵在之事实之，窃所未安。《家语·本姓解》具载其事，今以检奉。求婚之文、合葬之礼，其非妾甚明。今乃被以妾号，闻者或致骇异。就令《家语》不足信，足下之言为不可易，然先圣之母，终不当轻议其名分也。《稽年》谨先奉还，《明义》四册尚未卒读，容当面奉，不宣。浮顿首。逊之先生足下。二月初七日。

自"国人"至"蛊"，今日草草读一过，并以奉上。

【**编者评述**】　此信仍因解《易》而答。彭逊之依据纬书来解《易》，推说孔子的父亲"得妾以其子"。马一浮讲："谓象中有此义则可，若遂以叔梁纥、徵在之事实之，窃所未安。"并引《家语》说明"非妾甚明"。马一浮进而指出：

"就令《家语》不足信，足下之言为不可易，然先圣之母，终不当轻议其名分也。"当时新文化运动尚未兴起，但反传统之风已呼之即来。以所谓的科学实证方法去推翻古史，表面上是科学的昌盛，背后却是要消解附于古史上的传统价值。于此可见马一浮与时流的间隔。

四

一九一七年三月十六日

初晴，极思趋晤而未果。大注至今未能卒读，怠惰无以自解。《下经》才读至《夬》卦，今并《上经》二册先以赍还。自《临》卦以后，皆不复妄加圈识。以注义精审，草草读过，圈之不能尽，且恐未能得贤者之意，故敬俟足下自加，免致有遗义也。所签出处，仅文字之末小须商榷者，于大旨无关。至于消息之义，夫何间然？特愚浅疑其说。爱恶相攻之情，微似务于求尽，或未免小小失之黏实。圣人本隐以至显，意其或者于阴阳之慝，未欲如是显言之。朱子曰，"洁静精微"是不犯手，不惹着事说《易》。初未有物，圣人只见得个自然底道理耳。因画出来，天下无穷无尽之事理都包罗得在内。程子亦言，若一爻做一事，则三百八十四爻，只做得三百八十四事用也。朱子谓程子此说甚好，然其作《易传》，依旧是只做得三百八十四事用，此见说《易》之难。愚意说六爻之旨，虽不得不托事以表之，言语宜以浑融为妙。若克定此为何人、此为何事，似不免稍沾滞也。高明以为何如？僭妄及此，甚觉皇悚，然固深服尊注之精。唯其推服之至，故不敢有隐耳。草草代面，不具。浮顿首。逊之先生左右。二月廿三日。

【编者评述】 此信仍因解《易》而答。马一浮引朱子对《易》教"洁静精微"的解释，"是不犯手，不惹着事说《易》"，进一步说明："初未有物，圣人只见得个自然底道理耳。因画出来，天下无穷无尽之事理都包罗得在内。"强调解《易》应该尽量脱离具体的史事，在抽象的层面阐明义理。马一浮讲："六爻之旨，虽不得不托事以表之，言语宜以浑融为妙。若克定此为何人、此为何事，似不免稍沾滞也。"

五
一九一七年四月一日

曩夕之饮，有违濡首之诫，过不独在贤者，浮以碍于主人兴豪，不能止之以节，亦当负咎也。此虽细故，终累大德，后此各宜谨之。金叟处既寄诗自白，或可望其释然。浮昨亦有书为足下先容，深自引愆，俟其见答，然后往谢，不亦可乎？唯诗中推誉及浮，实不克当。后半仍作豪语，词虽洒落，未尽敛抑。诗不必工，事亦既往，此皆不足深病，特足下既负高明之资，遂若微有贤智之过，

发义出言，或失则易。谓宜从涵养主敬上吃紧用力，无幸
其所已至，而忽其所未闻。言常谨其有余，知常求其不
足。务有之于己，不亟以喻人；务虚己以受众，无执一以
疑万。然后日新可几，道德可弘也。高明柔克，幸不以言
之卑迩而遗之。《记》曰："其志殷以深，其气宽以柔，
其色俭而不谄，其礼先人，其言后人，见其所不足，曰日
益者也；如临人以色，高人以气，贤人以言，防其不足，
伐其所能，曰日损者也。"敬肆之别，损益之效，由此
可睹矣。故曰：醉之以酒，以观其恭，恭而无失，乃见其
养。足下平日奉手耆艾，曷尝不尽礼？而一旦被酒，不能
无失。虽曰酒之为害，疑若养之未纯。失在一时，其事则
小；养在平日，其事则大。以明道之贤，犹复见猎而喜。
此见心习所成，伏除难尽，君子恐惧，修省不容或间。窃
谓后此亦宜稍远杯酌，亦敬慎威仪之道也。辱齿交游之
末，愧无以相辅于仁，虽知其言之赘，亦不敢不尽其诚。
足下或不以为牾邪？浮再拜。逊之先生足下。闰月十日。

【编者评述】 此信因相聚饮酒过甚失礼而言修身。马一
浮首先表示过饮之过，不仅在彭，也因自己"碍于主人兴豪，
不能止之以节"。并表示，"此虽细故，终累大德，后此各自
谨之"。然后又因友人们的诗酬而言及修身。马一浮强调"宜
从涵养主敬上吃紧用力"，平常小事不注意，一旦成习，则
"心习所成，伏除难尽"，故"修省不容或间"。

一九一七年十二月三日

比游富春，淹泊甚久，昨始返杭。足下书来，逾旬乃得见之。承力学好问，励志进修，甚善甚善！至以求道之切，乃于浮有见师之意，此非鄙陋所敢任也。《学记》曰："君子知至学之难易而知其美恶，然后能博喻。能博喻，然后能为师。"《论语》曰："温故而知新，可以为师矣。"二者浮皆不能有之。平日于记问之学，犹有所不及，曷敢抗颜而为足下之师乎？且师者非徒以多闻博识而已，必其道德已立，言行皆仪法，然后学者心悦诚服，严事而不倍焉。如浮者何足以拟于是？苟如来书之言，不唯遗浮以近妄之失，亦使足下蒙不择之嫌，故期期不敢奉命。

若夫先圣之教，备在经籍；德性之本，具于一心。为仁由己，不假外求；读书穷理，实有余师。乐取于人，咸资淑艾。深之以思绎，益之以讲贯，谨之于微隐，笃之于践履，其日进于道也夫孰御之？如浮焉者，岂能有所增益于足下乎哉？

别示所识方外友某君欲以山居之事见商，甚愧未能为谋。武林山中禅房，故为万慧师所借。向以慧师未返，室中悉未严饰，尚不可居。又其地荒僻，一狂僧守之，无左右给侍，炊爨薪汲皆须自力，于事良多不便，恐非所以处某君也。详来书云，某君拟三年后归省父母，今其父母尚未知其出家，并踪迹亦不以告。斯言也，窃闻之而不安。某君既舍从军而出家，此亦大事，须告之父母。即父母不欲而某君志不可夺，亦须善为慰解以安其亲，何以出家日久，犹不欲令父母知之？三年而后归省，不亦已缓而伤父母之心乎？足下既与之游，宜以是劝之。无论世间法、出世间法，皆以是为根本也。僭妄及此，想不为过，此亦学问之事也。率答不具。丁巳十月十九日。

　　【编者评述】　宗白华来信欲执弟子礼，以及为方外友人商求山居事，马一浮回此信。马一浮以为，师者应当多闻博识，且"必其道德已立，言行皆仪法"，而自己两方面皆不足以为师，予以婉拒。但马一浮指出："先圣之教，备在经籍；德性之本，具于一心。"只要虚心向学，躬身践行，则"乐取于人，感资淑艾"。商求山居事，马一浮据实以告，难以办到。更因来信知晓宗白华的友人出家而瞒着父母，强调这是极不可以的，指出"无论世间法、出世间法，皆以是（孝）为根本也"，而且指出这点，"此亦学问之事也"。

一九一八 ^年

∷ ∷ **叶左文** 渭清 竢庵

一九一八年六月一日

向者允明至，辱书及所遗砚。君子之言，炳乎若白日之照幽谷也。离索日久，过不自省，所学不纯，以为朋友之忧。何幸犹得曲被明诲，其敢不敬拜？诚日兢兢，恐遂违远圣道，自绝于儒者之门。反之于心，求之于圣人之遗言，良不敢溺其所已习而忽其所未闻。每叹至道无方，研几不力，将谓归致是同，因忘涂虑之杂，耽虚玄而好名理，吾实有惭焉。若夫游履隐怪，滞情固必，虽不知择志，将谨之，放辟之患，犹或可止。不有吾子，孰救其失哉！

旧于释氏书不废涉览，以为此亦穷理之事。程子所谓大乱真者，庶由此可求而得之。及缭绎稍广，乃知先儒所辟，或有似乎一往之谈，盖实有考之未晰者。彼其论心性之要，微妙玄通，校之濂洛诸师，所持未始有异，所不同者，化仪之迹耳。庄、列之书，特其近似者，未可比而齐之。要其本原，则《易》与礼乐之流裔也。此义埋郁，欲粗为敷陈，非一时可尽。又虑非尊兄今日所乐闻，故不敢以进。

尊兄壹志三《礼》，恪守程朱。虽终身不窥释氏书，何所欠缺？若浮者亦既读之而略闻其义，虽以尊兄好我之深，吾平日信尊兄之笃诚，恨未能仰徇来旨，一朝而屏之。且其可得而扃闭者，卷帙而已。其义之流衍于性道、冥符于六艺者，日接于心，又恶得而置诸？不敢自欺以欺尊兄，避其名而居其实，自陷于不诚之域，故坦然直酬，以俟异日之得间而毕其说。非敢巧自文饰，吝于改过，甘为君子之弃也。

藿食止是庶人之常。昔者朱子豆饭藜羹与学者共，非必比于饮酒不乐之训，意其或者未至甚乖于礼邪？至于礼经名数，诚概乎未究，异日若得相从，必当退就北面，请受其义。此志未尝一日去心。

今天下之患乃在功利，不在禅学。居恒与游者，良有一二翱翔方外之士，谓其犹能外息驰求，内安寂泊，视彼汲汲于利欲者，不犹愈乎？尊兄忧吾容接之广，吾方恨其人难遭耳。承属六圃远来相谘，自愧所学甚杂，不足为之导。以师则不敢居，以友则不敢外，姑出先儒雅言，聊共诵习。优而柔之，使自得之。若平日讲论所及，或有滥入于释氏者，如水既入海，其味无别。浮殊不能自知，是在六囿之善择，并须尊兄之勘验，亦不可以匿而不告也。

今因允明还里，托其携奉近刻《尚书单疏》一部，并果子糖四瓯，聊佐饴蜜之奉。盛夏唯和愉尽道，顺时养长，以间复承教敕。浮再拜。戊午五月廿三。

【编者评述】 老友叶左文"壹志三《礼》，恪守程朱"，对马一浮研读佛书及与方外人士交往提出批评，马一浮回信说明。而这在马一浮论学书信中，也是首次正面谈及佛教。马一浮坦承"旧于释氏书不废涉览，以为此亦穷理之事"。起初希望由中发现"程子所谓大乱真者"，后来觉得先儒对佛教的批评有商榷之处。马一浮强调："彼其论心性之要，微妙玄通，校之濂洛诸师，所持未始有异，所不同者，化仪之迹耳。庄、列之书，特其近似者，未可比而齐之。要其本原，则《易》与礼乐之流裔也。"因此，马一浮表示，即使在形式上摒弃佛教，不读佛书，但佛学关于性道的阐述而与儒学暗合者，仍然难以排除在外。可知马一浮学术思想中儒佛相混，以佛释儒的倾向是明显而自觉的。此外，马一浮以为，"今天下之患乃在功利，不在禅学"，此不仅有益于对马一浮援佛入儒的外缘因素的理解，而且可以观照民国初年士人皈依佛门的世相。

:: :: **曹赤霞** 子起

一
一九一八年二月六日

仲冬旬日之聚，数年以来未有此乐。别后得书，谓将挈眷还青阳，故未致问。及奉苏州来教，乃知归尚需时。比日春还，想和神养气，为道益晬，曷胜怀仰。开岁过沪，能偕无量更践重来之约，尤所旦夕忻望者也。刘君仁航先有书至，约于腊月二十左右来杭取经，即时具答，已整齐卷帙，敬俟辇取，而至今未来。或者行化正忙，尚未暇及耳。法轮和尚记忆宿命之说，系闻之李君叔同。前曾亲往叩之，但云故乡历历，恍若有省，亦不肯明言。浮以此事盖不必深问，亦遂置之。刘君仁以为己任，可谓能发大心。若以佛法言之，一切有为功德虽不可坏，当知自性不生，亦不可取我人众生等相。若生心取境，便成有漏。自儒者言之，则虽圣神功化之极，不过日用常行之理。故曰："巍巍乎！舜禹之有天下而不与焉。"老子曰："善行无辙迹，善言无瑕谪。"今刘君盖欲多所施设，而词气之间不免抑扬少过。其来书附览。如曰"不见有发大悲心者"，及"权摄方便化生之位""奋发弘法护国大任"等语，似不能无病。疑若于实际理地微有未莹。虽然，得见善人者斯可矣。若刘君者，岂不诚善人哉。吾诚爱之重之。今此所云，亦犹向日与吾子共论"由仁义行，非行仁义""不住于相"之意，绝非有所不足于刘君也。

前者来教，有伊尹、柳下惠、伯夷三子之比，读之深觉悚然不安。此虽前言之戏，然言固不可若是其易。君子之心，无时不敬。愿共相警惕，切而后发，不以其细而忽之，斯亦切偲之道也。因暇更望箴诲，不悉。丁巳十二月二十五日。

【编者评述】 此信中言及法轮和尚记忆宿命之说，原听李叔同说起，马一浮亲往叩之，和尚不肯明言，"浮以此事盖不必深问，亦遂置之"。马一浮虽然深研佛学，但对于神秘之事似不作深究。又因"刘君仁以为己任"，马一浮引佛儒而发议论，以为有此志向是好，但"刘君盖欲多所施设，而词气之间不免抑扬少过"。核心是在于不能刻意为之，而应该是仁心的自然外溢。用儒家的话，"由仁义行，非行仁义"；用佛家的话，"不住于相"。

二

一九一八年四月二十五日

来问乃是以轮回心生轮回见，疑寂灭为断无，执缘起为实有，双堕外道断常二过。请熟读《圆觉》，当有省发处，则所疑自释矣。尊兄熏习大乘教义在吾之先，又常亲近善知识，何意尚有此疑？不可被人换却眼睛，闻之良为慼叹。

万物一体，本肇公之说。然肇公则是，兄则不是。盖兄只认得识神边事。兄所说之唯心，正是幻垢，何可认贼为子？前来数书犹是泛泛寻求之说，难讨入处。今捉得吾兄的实病根，正要顶门一札。望急急救取自己，不是等闲。清净心中都无如许生死苦乐、人我众生等见，非公境界。如公所谓生死是幻，苦乐本空，只是硬差排，不曾相应。命根不断，人我未空，心意识炽然，如何便能离一切受？且道现前苦乐还空得也无？现前实是见有生死，不过强说是幻，不可便道已是悟也。实是太远在。望猛著精采，勿可便休，非是细事。

向来叨辱交厚，且曾蒙贻以教典，浮常因此得缘熏之力。不敢以今日兄在海陵门下，与吾所学不同，坐视良友堕坑落堑。故言之不觉剀切，亦所以仰酬昔日之高谊也。前寄二诗，想已得达。今复奉一篇，具答来问之意，勿作世间文字会。言多去道转远，若缘务稍闲，幸默自体究。大乘经论、古德机语，时时玩复，冷灰当有爆时。切勿建立知见，更增系缚，到头只成自谩也。此语乃是真实相为。凤信兄笃挚，能受直言，故敢倾吐愚诚，无少回隐，幸垂察焉。诗录后。戊午三月望日。

【编者评述】 此信批评曹赤霞"以轮回心生轮回见，疑寂灭为断无，执缘起为实有，双堕外道断常二过"。所谓断常，断指固执身心断灭之见，常指固执身心常住之见。曹赤霞深陷于执念，非此即彼，马一浮引佛学作开解。马一浮以为他的"实病根"，就是"所谓生死是幻，苦乐本空，只是硬差排，不曾相应"。指出"现前实是见有生死，不过强说是幻，不可便道已是悟也"。马一浮点明曹赤霞实陷于泰州学派，固执知见，"到头只成自谩"。此信可以表证马一浮只是将佛学作为理解与阐扬儒学的精神资源，他的立场仍是儒家无疑。

∷∷ **彭俞** 逊之　安忍　安仁

一

一九一八年三月二十九日

得书甚感相为之切，但于见示所悟之理，实恨未能契合。从上祖师言句，大都解黏去缚，随机逗引，不可强生知见，致成逐块。宗门直指人心，见性成佛。若如来书所言，是直指人身见命成佛也。瞎堂远公四句偈，即以义解求之，上二句不过破斥心意识相，下二句乃明本体不动耳。偈云："拗折秤锤，掀翻露布；突出机先，鸦飞不度。"日中三足乌之喻，乃是从前训释易象余习。儒生说经，往往类此。若在宗门，实一毫用不得也。中夜起坐，遮止睡眠，是修不放逸行，此亦沙门本分，何尝不善？但不可傅会入《慧命经》一类见解。执此便为成佛秘要，不二法门，遂谓自余一切皆非佛法，此则恐堕谤法过。经言："文殊忽起佛见法见，便贬向二铁围山。"今仁者我法二执如此坚固，纵饶智慧如文殊，犹恐不免遭谴，慎之慎之！一入魔宫，动经尘劫。不可背先佛之诚言，信时师之误说。此非小失也。奉劝仁者亟须读诵大乘，深明义解，虚心参学，亲近善友。务使二执俱尽，方可顿悟无生，速成佛道。若如来书之言，正《楞严》所谓譬如蒸沙终不成饭，甚为仁者惧之。浮与仁者夙生有缘，故不惮苦口以逆耳之言进。此事须直心直说，无诸委曲相。虽遭瞋喝，亦所甘受。幸垂察焉。戊午二月十七日。

【编者评述】　由信似知彭逊之对佛学的理解偏重于文字，马一浮指出"从上祖师言句，大都解黏去缚，随机逗引，不可强生知见，致成逐块。宗门直指人心，见性成佛"。并引慧远四句偈，举例说明。同时，马一浮又反对传统说经胡乱比喻，以及个别经验的神秘化。要之，"务使（我法）二执俱尽，方可顿悟无生，速成佛道"。

二

一九一八年五月二十四日

仁者仗佛力冥加，发心猛利，欲遂掩室，专修观行，非宿植深因，何以及此？详诸经观法，开立多途，行者就其根性乐欲，任择一门，如实而修，满足方便，皆能取证。但从初发心所宜先辨者，即不可"以生灭心为本修因"是也。因地不真，果招纡曲。前与仁者往复料拣，实遵诸佛诚言。今喜旧见蠲除，自云已悟人空，而犹病瞋习难断，乃有誓求速证，令外绝轻毁，内断余瞋之言。窃恐此语正是生灭根本。菩萨修一切观行，皆以菩提心为本因，不求世间恭敬。伏断烦恼，全在自心，不依缘境。妄心若歇，岂复更有敬慢诸境？须知诸境界相，全由自心妄现，计我我所，执取而有，当体本空，真如性中本无人我等法，亦无凡圣之相，孰能为智愚，孰能施敬慢邪？取境即是取心，除心不待除境。妄心顿歇，真性自显。如是观行，决定相应。若带惑而修，恐招魔业，切更审谛，不可放过。从上古德修习观行者，莫不先资于教，深明义相，岩净毗尼，勤行忏悔。凡此皆以助发观行，令速得相应。窃愿仁者于兹数事勿生高下想，掩室习观之时，兼而行之，必得速证。譬如仁者向时治《易》，观象玩辞决不偏废。令欲习观，加持密咒而废教典，可乎？夫教观一也。蕅益云：

"观非教不正，教非观不传；有教无观则罔，有观无教则殆。"经咒亦一也。经是显说之咒，咒是密印之经。拟之于《易》，咒是卦、爻，经则彖、象、文言也。李居士见示蕅益《占察经义疏》，上卷明占察法，下卷明习观法。浮以仁者夙好占筮；可试准此法行之。如苦疏文繁重，但阅经文，一粥饭时可毕矣。又蕅益《法海观澜》二册，纂录精要，亦甚简易易览，幸乞一经目。又托李居士奉去《天亲菩萨发菩提心论》一册，《删定止观》一册，《教观纲宗》一册，《楞严忏法》《大悲心咒行法》各一册，亦俱乞浏览。《楞严文句》寺中有之，幸乞浏览一过，勿苦其繁。其中《发菩提心论》一种，最宜详味。依此起修，乃为正修行法。诸忏法则可择而行之。本欲与李居士同谐，适以人事不果，尘中真无自由分。诸所欲言，李居士能道之。草此代面，不复一一。俟寺中水陆事毕，再当相候耳。浮和南。安忍师座下。四月十五日。

【编者评述】 此信与彭逊之谈习观。马一浮讲："诸经观法，开立多途，行者就其根性乐欲，任择一门，如实而修，满足方便，皆能取证。"但是，"生灭心"是初习佛学者最应注意的。指出，一切烦恼的生灭，"全在自心，不依缘境"，因此不可简单通过除灭境相而修法，而是"妄心顿歇，真性自显"。同时，马一浮又以彭逊之治《易》"观象玩辞决不偏废"的经验，指出习观也应"兼而行之"。马一浮讲："从上古德修习观行者，莫不先资于教，深明义相，岩净毗尼，勤行忏悔。"希望彭逊之"于兹数事勿生高下想"，并具体推荐了一些佛教书，以及浏览法。

:: :: **蒋再唐**

一九一八年三月

蒋君撰《华严札记》见示，意主和会儒佛，多取《中庸》《大学》以证《华严》之理，并准贤首《义海百门》，一一比傅。其豁然处亦若可喜，微憾教相未晰，条理不举。故粗述愚计，聊与商榷。但取解颐，不可为典要也。戊午春二月，浮记。

详所综会，并臻玄解。齐收五味，直剖衣珠。可以羽翼深经，扶扬大教，前此所未闻也。良由宿因熏发，遇缘而现，浮也何幸，得睹斯篇。

原夫圣教所兴，同依性具。但以化仪异应，声句殊施，故六艺之文显于此土，三藏之奥演自彼天。法界一如，心源无二，推其宗极，岂不冥符？果情执已亡，则儒佛俱泯。然诠表所寄，义相实繁。苟欲一一比而合之，二教广略靡定，隐显时别，分齐有所难析，涂虑患其不周。故忘筌之旨既得，则拂迹之谈可舍。察乎此者，交参互入，并行不碍。前贤以异端屏释，古德以外道判儒，遂若体物有遗，广大不备，其犹考之未尽密耶？

尝以西来众典，义启多门；邹鲁所乘，道唯一贯。彼则一乘是实，此乃易道至神。今欲观其会通，要在求其统类。若定以儒摄佛，亦听以佛摄儒。须以本迹二门辨其同异。盖迹异故缘起有殊，本同故归致是一。就迹则不夺二宗，依本则不害一味。若迹同者，二俱不成。若本异者，一亦不立。今双立儒佛，正以同本异迹。故存迹以明非即，举本以明非离，则不失于二，不违于一。是以儒佛得并成也。二家互摄，彼依五教，则圆及终、顿为近；义学诸师判教不同，贤首后出为胜，故今用之。简去前二者，以小乘不了法源，始教但明空义，偏权非实，体用未彰，不与儒相应，故不得摄此也。法相宗立真如，不许随缘，有成佛，有不成佛，但为接引一类之机。慈恩判为中道了义，未可依准。此与无相宗校之儒理，皆为阙而不具。此依六艺，则易与礼、乐为如。六艺俱得摄彼。但《诗》《书》《春秋》多表事，为迹异；《易》《礼》、《乐》，多显理，为本同。举本而言，该理则尽。前义以俟彼教之哲，后义则是君子今日之志也。使广为辨释，穷劫犹病。但标举大义，亦可得而略言。

如《诗》次《风》《雅》《颂》，正变得失各系其德。自彼教言之，即是彰依正之胜劣也。郑氏《诗谱序》明此义最详。《书》叙帝、王、霸，虞、夏、商、周各以其人。自彼教言之，即是示行位之分圆也。如峻德为天子、九德为三公、六德为诸侯、三德为大夫；帝者天称、王者美称之类，即是其义。汉师多明之。《春秋》实兼《诗》《书》二教，推见至隐，拨乱反正，因行事加王心。自彼教言之，即是摄末归本，破邪显正，即俗明真，举事成理也。终、顿之义亦可略摄于此。然此是迹异门。迹中有本，本同故可摄。唯以其迹，则不见有摄义也。若《易》与《礼》《乐》则是本同门，本中亦有迹，本同故迹泯。唯以其本，故不见有不摄义也。《乐记》曰："知礼乐之情者能作，识礼乐之文者能述。"情谓其本，文谓其迹。乐之声律，礼之名物，皆迹也。今主略迹明本，故不取侈陈三五之异。略举其例。如乐主和同，即是平等一心；礼主别异，即是差别万行。万行不出一心，一心不违万行，故有礼不可无乐，有乐不可无礼。礼乐皆得，谓之有德。此即摄圆教义。孔子假杞、宋以求征，寄《韶》《武》以发叹，明礼乐之至，存乎其人。彼教叹大褒圆，何以异是。乐由中出故静，不动真常湛寂之本也。礼自外作故文，不坏功德业用之相也。乐者天地之和，礼者天地之序。和，故百物皆化，刹土尘毛，身悉充遍，无量世界海，佛身悉充遍。所谓化也。序，故群物皆别，行布圆融，重重无尽，一尘一毛端，各各现刹土。所谓别也。此皆圆教义也。《大学》明德、新民、止于至善，先后有序，是礼教义；依性说相，即性之相也。《中庸》大本、达道，一于至诚，天人合言，是乐教义；会相归性，即相之性也。《大学》摄终，《中庸》兼顿，合即成圆。故先儒双提二篇以显圣道也。

乐由天作，礼以地制。明于天地，然后能兴礼乐。天地者，法象之本。乾知大始，即表心真如，所谓一大总相法门体也。坤作成物，即表心生灭，出生一切法，能摄一切法也。乾元即真如门，真如；坤元即生灭门，觉义。《乐记》云："乐者敦和，率神而从天；礼者别宜，居鬼而从地。故圣人作乐以应天，制礼以配地。礼乐明备，天地官矣。"又曰："乐著大始而礼居成物。著不息者，天也；著不动者，地也；一动一静者，天地之间也。故圣人曰礼乐云。"是知礼乐之义本诸乾坤矣。终、顿、圆三教并用此义。乾坤成列而《易》行乎其中，性相交融而觉周于无际。体用一源，显微无间。故圣道可得而立，佛法由是而现。天道、地道、人道一也，苦身、法身、烦恼、般若、结业、解脱一也。彼教谓之"翻三染成三德"。此圆教义也。《礼》《乐》统于《易》，犹终、顿该于圆。《礼》《乐》以人道合天地之道，犹以一心开二门。终、顿准之。背尘合觉是终，离幻即觉是顿。克己复礼是礼，天下归仁是乐。《易》以天地之道冒人道，犹以一法界总收一切法。圆改准之。"范围天地之化而不过，曲成万物而不遗"；"无不从此法界流，无不还归此法界"。"仁者见之谓之仁，智者见之谓之智，百姓日用而不知"，所谓众生身中悉有如来智慧也。"继之者善，成之者性"，所谓"十住初心便成正觉"也。"继之者善"，是有修有证；"成之者性"，是无修无证。《易》无方无体，无思无为，而盛德大业，开物成务，原始反终，穷神知化，寂而常感，感而常寂，以言乎远则不御，以言乎迩则静而正。孔子叹《易》之德曰：非天下之至精至变至神，其孰能与于此！此犹《华严》之称大方广矣。精言其不杂，是体大；变言其不穷，是相大；神言其不测，是用大。《通书》立诚、神、几。诚即至精，几即至变。故谓圆融具德，缘起无碍，无尽法界，相即相入。如来不思议境界者，正是《易》教所摄也。

愚计所及，略见于斯。未尽两端，何论一谛？窃谓欲融摄二宗，须令教相历然，义无捆滥，如量而说，称法而止。唯当依义，无取随文，庶浄难可消，醍醐不失。否则易堕相违，旋成戏论。程子致诚于乱真，清凉取譬于盗牛。二教之师，由来交让，欲使一朝涣然，诚未可期也。以上所陈，大抵撝彼教之卮言，证儒家之孤义。粗为比傅，虑不中伦。如其条理，以俟智者。戊午春二月。

【编者评述】　此信因蒋再唐寄所撰《华严札记》而详论儒佛异同，是马一浮论儒佛的一篇纲要性文字。马一浮首先指出，蒋再唐"意主和会儒佛，多取《中庸》《大学》以证《华严》之理，并准贤首《义海百门》，一一比傅。其豁然处亦若可喜，微憾教相未晰，条理不举"。"教相未晰，条理不举"的原因，是因为儒佛虽然都是基于共同的人性，都却是对不同历史境遇的回应，因此"诠表所寄，义相实繁"，一一比傅是有问题的，正确的方法应该是明白其宗旨，不纠缠于形迹。

马一浮接着正面进行儒佛比较。他认为，佛教"义启多门"，而儒家是"道唯一贯"。"今欲观其会通，要在求其统类"，如果确定"以儒摄佛"，那么也要体会"以佛摄儒"。儒佛同本异迹，故二者并成而不相害。马一浮强调，如依佛教的五教而论，小乘教、大乘始教"不与儒相应"，而圆教以及终教、顿教与儒学相近；如依儒家的六艺讲，

"《诗》《书》《春秋》多表事，为迹异；《易》《礼》《乐》，多显理，为本同"。然后，马一浮具体展开，先以《诗》《书》《春秋》以见儒佛之异迹，再着重以《易》《礼》《乐》表证儒佛的本同。

此信马一浮于同年春别抄为《与蒋再唐论儒佛义》寄谢无量，虽谦称"戏论"，而抄寄本身即表证他甚重此函。

∷ ∷ **某某**

一九一八年九月十二日

某君汲汲功利，或以心性为空谈，至少亦当谓迂阔而远于事情。庄生云："天下皆得一察焉以自好，人皆为其所欲以自为方。"此无足异也。戊午八月八日。

【编者评述】 "某君汲汲功利"，"以心性为空谈"，或以为"迂阔而远于事情"，马一浮引庄生语而言之，以为"无足异也"。虽"无足异"，但显然是马一浮不认可的。只是他隐去姓名，而留此短笺，可见他强调理而爱惜人，此亦马一浮待人接物的方式。

:: :: **彭味辛** 去疾　及弟月卿

一

一九一八年二月二十五日

味辛、月卿两世兄同览：

去腊得来书并附致尊翁禀函，即已转致。顷尊翁嘱为代寄一函，特以附奉。新年想百凡安顺为颂。

尊翁以世事不复可为，立志皈依佛门。仆屡相劝慰，以为研究佛法不必一定出家，而尊翁意甚坚决。且谓推之命理，必须剃度，乃可免于忧患。仆于命理茫然不知，不能再下转语。默察尊翁此志已不可挽。窃念佛法本极精微，尊翁秉资高明，使舍身修行，将来成佛作祖亦是自然之理。谚云："一子成佛，七祖升天。"世界一切功名富贵，皆是转眼空华。若得成佛果，功德难量，胜过人天福报多矣。非有大智大勇不能及此。仆于尊翁辱在友朋之列，对于此事，实深赞叹！世兄辈善体亲心，似不须苦加谏阻，但当劝慰尊慈，勿致忧烦，乃所以承顺尊翁之志愿，而安其身心之道也。至尊翁书中有"不如一齐出家"之说，是乃一时快意之言，亦不可以从令为孝。

尊翁既独行其志，专求佛道，以报祖德，世兄辈则当力学事母，以守宗祀，乃为两全。今世兄辈尚在就学之年，不能遽谋力养，此在宗族朋友，皆当量力资助。但使菽水之供安于菲约，尚非难筹。俟数年之后，世兄辈学业有成，斯无忧矣。两世兄今尚在高等小学几年级？约何时可以毕业，及毕业之后志愿欲入何种学校？请详细开示。他日苟有可以赞助之处，仆唯力是视。至若尊翁出家之后，目前府中所需日用，但愿时世不致扰乱，总可设法维持，按月汇寄。幸告尊慈，勿以为忧。此亦朋友之责，无所用其不安也。

以尊翁书词简略，故特附致数行，代达其意。即颂侍安百益。马一浮顿首。正月十五日。

【编者评述】　老友彭逊之决意出家，长子来信并请马一浮转函于父亲，马一浮回复此函。马一浮不主张率意出家，"以为研究佛法不必一定出家"，但又极为尊重个人意志，并且以为"世界一切功名富贵，皆是转眼空华。若得成佛果，功德难量，胜过人天福报多矣"。在出家的问题上，是多存犹豫的。结合其它材料综合言之，马一浮以儒学为宗，出家决非首选，但他对当时社会风尚又不满，故对出家也不反对，甚至以为于己于世也不失为益。

信中言及劝阻彭逊之出家时，彭"谓推之命理，必须剃度，乃可免于忧患。仆于命理茫然不知，不能再下转语"。马一浮虽然对命理不研究，但他似乎也不否定。

此信最有意味者在于马一浮教喻彭味辛兄弟如何对待父亲

出家一事。一是"善体亲心，似不须苦加谏阻"，同时劝慰母亲，不要忧烦，从而使父亲既得从愿，又能安心。但是，对父亲"不如一齐出家"的"快意之言，亦不可以从令为孝"。二是"当力学事母，以守宗祀"。

信中马一浮又问及彭家兄弟情况，并表示将按月寄汇生活费，以尽友人之责。

二
一九一八年

世兄此来甚善，尊翁方卧疾，留侍左右，亦可少尽人子之职。教无儒、佛，皆以孝为本也。须念尊翁已从佛制，割爱出家，世兄辈势不能常在亲侧，今此之日，甚为可珍。务竭其力，有以慰之，令忘所苦，则于道为得矣。寺中一切非所习，有当问者，可禀之李先生。必俟尊翁病愈，乃可出也。

寄宿舍已为觅得，在城内吴山。其地寂静，适于读书，所费亦省。同舍数人，中多谨饬之士。有林六圙开化人者，尝从仆问学，诚笃可与交。世兄方少，而出门游学，居处交游，不可不慎。吾为世兄择此，庶乎其可也。

世兄此来本为省父，其次则以就学之事相谘。吾于世兄忝居父执，无所容其谦逊。令同学徐生，昨与同看寄宿舍，询其所业，亦尚未毕，欲求试而转学，实虑成绩不能及格。世兄轻与俱来，实于徐生无益。徐生亦自料恐不及格，意欲仍还溧阳，仆甚韪之。世兄若留与共处，殊非爱之之道。且同入一学校，其事必不能行。工校前承林君同庄先生力任，为言于校长，或于世兄可勉为录取，然焉得人人而属托之？且徐生处境与世兄不同，不俟毕业而汲汲转学，何为者？亟归犹可告于父母，世兄勿更误之，至嘱至嘱！尊翁方病，世兄亦无暇与同学久谈。徐生既来，一面便可促其还至仆处就饭，因寺中留饭亦不便也。余语徐生面能言之，不一一。父执马一浮手启。味辛世兄览。十二日晨。

【编者评述】　此信教导彭味辛居处交游与待人接物。一则为彭择工校就读，备虑环境、费用，以及同舍中人，告知"出门游学，居处交游，不可不慎"。再则批评轻与徐生一起来，不仅不是"爱之之道"，而且"同入一学校，其事必不能行"，不知谋事之难。学问不离日用，于此可见。

一九二〇年

:: :: **叶左文** 渭清 竣庵

一

一九二〇年四月

向辱惠教，深执谦冲。爱人之德，熏然遝被。自非渊契笃久，何缘得附同声？徒以贞期愧于上贤，微言隔于愤悱，蕴叹辍笔，日月遂迁，窃望略其旷失而照其诚素也。先公葬日且届，义当夙造，请比执事。而揆诸宜俗，未有助相之效，转益宾客之累，便欲径已，又恶其近夷。赠赗之归，复在所却。念时人多尚挽词，盖本用之于葬。虽不当礼，犹比于野，敢以是进，疑亦可乎？拙存亦以不吊为嫌，辄具一联，属为转奉，皆别付邮。

伏念祥禫以后，未忍遽出，俯循礼意，根发至情，其敢有拂？然推广孝之义，又以振民育德乃为成亲，童蒙之求，非甚不可。是亦足弘先公教泽，不违孝思。况闻疮疡为苦，须从浴治。此于山居非适，杭医稍似易疗，往者伯敬已试之。若忧悴忘疾，惧非爱慎之道。故于畴昔之要，弥望其能早集也。拙存数来商榷，以今俗事师，咸先通尺束名为关书，不知其所自起。此事似不可施于大贤，义当执贽往拜，无间千里。然既先许相就，而乃亟修远谒，亦嫌其非诚。愚谓恭敬者币之未将，斯义或可通准，近文无实，不如其已。俟从者之至，洁己以进，然后行束脩之敬焉，犹似不失于僭。其在君子，本以游履所止，宜有假馆，因而垂接，亦无往教之嫌。若定不居师名，则贵邑小学生徒皆尝名师矣，他少年出于兄门者，亦颇有之。有教无类，似不可存别异也。诸凡委曲，当俟面析，今不更申尽。乃若愚心所蕴，略欲倾吐者，则以平生学道之契如兄，实为罕觏，既幸不疑其所学之异，而浮亦谬冀竭此尘露，归元海岳，庶几符应同然。事非常奉酬对，无由互通其志。每惧独守一往之谈，将或遗其本实，欲得亲承抉择，推见至隐，以尽穷理之效，非不可往从请益，而以兄之见就为同赴感应机。恒望先圣冥加，俾令俯提弱丧。故仰伫之情，如幽待日。所耿耿者，吾得日近善友，而使贵邑诸生旷于承事，斯实未能无疚。然讲肆不定一时，示教不局一处，将使覆荫遍天下，濡泽尽未来。回施之功，夫岂有极？亦愿同教诸君能相委悉，无以睽远为憾也。

　　承已游意大乘，探妙圆宗，日烁云开，信其在迩。此事如牟尼珠随方现色，如天帝释有百千名号，亦若"皇""王""后""辟"并是"君"之异称，"初""哉""首""基"俱为"始"之同诂。达其一义，斯于殊名无惑；了其一性，则尽异相该收。故必得意于言象之表，乃可与陈教典之博。

先儒之时，人根犹胜，随宜逗引，易契道真。故且久秘斯要，不务速说。今时惑障转深，非假称理极谈，无由破其情执。若论性本，古今不曾移易丝毫；若约教迹，兄弟不能同一形貌。故所欲与兄共由者，譬之行路，欲令廓然无壅，各得相见耳。岂敢辄倍先轨，别凿幽径以赚人哉。今滔滔之议，亦是暂时歧路。旧日知交，陷溺不少，然亦无往不复，触处会须有寤。所忧者乃在己惑未尽而欲为人解蔽去缚，无有是处。故且欲以般若互熏，发明心要，却来真实行履，然后逢缘遇境，自能得主有常，舍此更有何事邪？

六圃顷来，获闻余绪，犹憾未能尽举。念疮患犹剧，又方负土，仍未辍讲，心实忧其过劳。幸宜量力自爱，乃所以安先公，岂唯朋友之私区区所不能已？伯敬当能服劳。事有先于读书者，诵数乃在所缓，亦勿克定其日课也。葬后余哀未毕，不敢即望作答。可令伯敬为之，略慰忧悬。若仍遣相从，自可侍膝同来，无使先发。彼于行旅非习，滋令人可念耳。未叙之前，伏愿珍重，不一一。庚申三月既望。

【编者评述】 信中先叙友人之父殁，行吊唁之事，又劝友人节哀，继志述事，以及收弟子事，皆日用之事，而见马一浮待人接物之修养。

叶左文告知"已游意大乘，探妙圆宗"，马一浮以为，一种圆融的思想常常通过不同的言辞加以表达，而一旦对要义有所探悟，则各种表达就能融汇贯通，"达其一义，斯于殊名无惑；了其一性，则尽异相该收"。反之，思想的要义也必须通过言辞而获得，而明白这一点，又可广引言辞以博喻，即所谓"必得意于言象之表，乃可与陈教典之博"。马一浮进而指出，就人性的根本而言，古今不二；只是古人质胜，更契道真，今人文胜，反成障碍。但是，"今时惑障转深，非假称理极谈，无由破其情执"，即今人终究仍须通过言语的辨析来获得思想的要义。

二
一九二〇年六月

伯敬来，辱书，兼拜诸贶。君子之惠，服之无斁。承俯纳微诚，许其远应，扬帆顺水，今正是时。倾迟晖采，有逾饥渴，拙存怀仰之切，亦同斯情。披云睹日，当不在远，能无喜乎！犹望发棹之先，预班一信，俾可悬计水程，候于江涘。此间兰若随宜可憩，凭湖带郭，唯所择焉。六圌、伯敬止地藏庵，院宇闲敞，亦可税驾。别有西方禅院，近浮之舍。虽景物微逊湖堧，亦无牛鸣之扰。方欲往洒扫，俟从者之至，若弗厌其陋，便可挈二子同居也。又承研几《易》义，《易》之为书，信六艺之原，大哉至矣！窃尝诵习，如仰蝉喙而饮溟渤。拟而后言，私以《华严》为稍近之，非圆宗极证，末由可测。蓄疑思问，罕遇其人。今幸旦晚可以奉对，当令玄旨朗然，鄙蕴顿豁。此之为望，尤非世情所能喻耳。方暑，唯善为道路。临书不胜翘跂。庚申五月十八日。

【编者评述】 马一浮完全认同《艺文志》以《易》为六艺之原的观点。并进而以为佛教圆教可以援以阐扬易道，"私以《华严》为稍近之，非圆宗极证，末由可测"。

∷∷ **曹赤霞** 子起

一九二〇年四月二十五日

累承惠问，经时不报。固由惰废，致斯旷阙；亦以来论深旨，难为酬对。故令韬翰结舌，遂忘日月之久。夫唯亡受而后能尽惑，尽惑而后能证智。智证非言思之境，惑尽空执取之相。故圣谛应于旋湛，凡情蔽于有立。若谓至道可以形名得，法性可以数量知，斯愚心所未喻也。

今滔滔之议，张皇筹度，如泥入胶。此皆遍计所摄，用惑为本，不谓仁者而亦示同斯过。"道在迩而求诸远"，此言或是正为今设耳。每憾所怀不获宣究，冀以微言相感，聊复寄之咏歌。词虽陋拙，略尽鄙蕴，聊闻举似，亦可解颐。比及豁然，直须唠弃，将安用此碗鸣声邪？无量居沪，优游如昔。左文期以初夏至杭，近亦深慕圆宗，不存封畛。玄言之契，兹实罕觏。言念吾子，维以永叹。缘会不常，合并难必，云如之何。庚申三月七日。

【编者评述】　马一浮虽然以为思想的把握不能脱离语言的辨析，但他又以为这是一种不得已的借入，而此借入的根本目的正在于破除个人的执见。曹赤霞的来信，也许正相反，全部的陈述都是在进一步固化执见，故让马一浮"难为酬对"，"韬翰结舌"。马一浮从根本上不认同，"至道可以形名得，法性可以数量知"。他以为，"至道""法性"往往不是概念性质的名词可以充分陈述的，"每憾所怀不获宣究，冀以微言相感，聊复寄之咏歌"，哲学义理有时更适宜诗性语言加以表达。

一九二一_年

:: :: **曹赤霞** 子起

一九二一年三月十七日

屡辱来书，久而未报。实缘高问难酬，故令愚资杜口。亦且欲以嘿然为答，徐俟仁者自得之耳。然竟废笔札，诚恐有负虚衷。今不辞话堕，聊复葛藤一上。

此事决定在己，不从人得。古来达者应机垂示，早已太煞分明。只为情识未亡，被他舌头瞒过。寻常拾得一言半句，蕴在八识田中，逢人拈出，将谓为得。不知总是上他闲机境，学他闲说话，出一窠窟，入一窠窟，忽遇明眼人前，直是丝毫用不着也。今不与兄说禅说道，且举儒门旧话。昔陈贵一问伊川曰：据某甲所见，盈天地皆我之性，更不复知我身之为我。伊川笑曰：他人食饱，公无馁乎？兄前来诸书所说许多道理，莫出得贵一此言否？且道贵一之言为是为不是？若不是，何处不与教理相合？若是，伊川何故笑之？可知兄之悟处，急须拈过始得。夫说证说悟，皆是分外之言。若据本分，元自不迷，何待于悟？一切现成，谁则非证？情存有悟，转以增迷。更若问他取证，彼此递相钝置，总属人我见收，了无交涉。然本分事须是还他本分人始得，不成作得一个性躁汉便休。卤莽承当，全无理会。教家唤作执性废修，依旧打入鬼窟里去也。若要理会，且须理会自己，莫要管他别人。曹子起只是一个曹子起，更无第二人。今置却自身不问，更向他人觅一子起，将从何处讨也？

浮虽不曾证悟，却稍识好恶，不可脱空杜撰，妄将实法茶糊系缚人，自取罪过，孤负良友。若教浮说，即此便已尽情说了。更若添得些子，便不是也。但有一事不可不尽规。兄旧时尝喜留意谶纬、术数、仙道、神通一切杂学，此皆妄想安立。丝毫余习留滞胸中，终成过患。务令廓然荡尽，始有相应分，却依古人本分拈提著实体究。肇公云："道远乎哉？触事而真；圣远乎哉？体之即神。"此言决不相赚也。辛酉二月八日。

【编者评述】 马一浮与人论学，亦是因病施药。曹赤霞执以名相，马一浮曾告知义理往往不是言语所能尽，劝他破执于此。但如果"竟废笔札，诚恐有负虚衷"，故又有此信。

信中马一浮强调，一切言语都须自己理会，否则"只为情识未亡，被他舌头瞒过"，充其量是"出一窠窟，入一窠窟"。由于马一浮这样的分析近于禅学，故马一浮特举陈贵一与程颐的"儒门旧话"来说明。陈贵一的问题不在他的话本身，而在这话是"据某甲所见"，不是他亲身的体会。仿佛别人吃饱了，自然不知自己的身体，而贵一你饿着，又岂不感知自己身体的存在？马一浮期望曹赤霞要从自身上体认，并特别强调"兄旧时尝喜留意谶纬、术数、仙道、神通一切杂学，此皆妄想安立。丝毫余习留滞胸中，终成过患。务令廓然荡尽，始有相应分，却依古人本分拈提著实体究"。这个"古人本分"，便是自己日常生活中的循理践礼。

:: :: **金蓉镜** 潜庐　香严

一九二一年三月十二日

示所论撰，伏详仁抱，将以混融夷夏，纳诸轨物。事义宏达，非小智所窥。虽复《易》尚随时，佛言顺俗，诚恐上哲雅训未堪被此劣机耳。夫民治盖贵公之余谈，科学特艺成之曲事。殊方累译，义每失伦。滔滔者匪唯求璞得鼠，亦乃以矛陷盾。名实无当，展转增惑。学校虽设道德之科，犹不得比梵诵。议会虽托民选之制，孰则不由货取？即今欧美谈者，风动一世。考其持说，乍称去尊，又以尚势。方陈均富，复羡货殖。樊然杂出，罔有攸准。稷下逊其迂怪，六师无其矫乱。至若本之恻怛，傅于经术，盖或有之，憾未得见。先生独欲示以周官之典，进以明堂之教，令大隆三本，肃共群神。言则信美，岂彼聋俗之任哉。《记》曰："礼仪三百，威仪三千，待其人而后行。"若被猩猩以冕服，责鹦鹉以昭事，亦明神所不享，昊天所弗眷也。窃谓道不为尧桀而存亡，性不以圣凡而增损。一期治乱，固彼业幻所成；百家异论，亦由情识所计。平怀观之，泯然俱尽。笃恭唯在乎一心，神化不竭于来际。任群物之自虚，不宰执以求应。如是则榷履三界，无适而非逍遥矣。辛酉二月初三日。

【编者评述】 金蓉镜年长马一浮近三十，光绪进士，后辞官归隐，以诗画名。他持论中西汇通，欲以《周礼》与西方宪政相结合。马一浮以为中西汇通，虽然动机美好，但"匪唯求璞得鼠，亦乃以矛陷盾。名实无当，展转增惑"。马一浮早年赴美，万里来寻独立碑，但民国以降的政治已使他失望。他以为，"议会虽托民选之制，孰则不由货取"？民主政治只是交易的结果。"考其持说，乍称去尊，又以尚势。方陈均富，复美货殖。樊然杂出，罔有攸准。"与中国传统政治的理想是不吻合的。

一九二四年

:: :: **金蓉镜** 潜庐 香严

一
一九二四年一月

前诵来教，言为物轨，方勤赞仰，何有异同。以夙闻将以东坡生日重集湖上，念可从容奉对，更毕余诲。既情存瞻望，遂成旷答。惠问继至，懥然以惕。重荷提激，敢不敬承？但智谢启予，学惭非助。欲穷真际则辞丧虑亡，仰叩玄微则云兴瓶泻。斯实拟议之所不及，倡酬之所难尽者也。先生快说禅病，勘辨已详，何须复加料简。顺逆之喻，尤见深心。良以逆有工夫，顺无欛柄。防非塞滥，无逾斯言。从来达道者，皆由真实行履，久久精纯，一旦廓落，习惑都尽。故能坐断千差，于法自在。此与守文字、滞见闻固了无干涉；尤非鼓动业识、作弄精魂，只成野狐见解者所能依托。金鎞之判，毫厘之隔，自非洞澈，岂免聱讹。浮虽尝游意斯宗，实不敢冒作家居士之目。若云有禅可会，真乃杂毒入心，无绳自缚。先生玄鉴迈俗，自性宗通，岂复尚有余疑，俯劳商榷。今之曲示，盖是隐其极则而显其对治者耳。

窃以儒佛禅教等是闲名，古圣为人，唯有指归自己一路是真血脉。虽其门庭施设，各应机宜，达者知归，元无多子。人法已尽，取舍自忘。不假分疏，自然冥契。只因诸见繁兴，故有抑扬立破。话不辞堕，意不求伸，皆是曲顺来机，夺彼粗识。从缘发证，唯在当人。是知毗邪杜口，实是伎俩无多；曹溪话月，大似无风起浪。一千七百尽是葛藤窠，江西湖南皆为瘫语汉。然拂迹迹生，转复成碍；旋扶旋夺，无有了期。克实而谈，并违本分。是以诸圣不得已而垂言，终乃寄之于默也。濂洛诸儒澈骨勘透，知自性元无欠少。非但佛祖西来，不能增得些子，即尧舜禹汤不生中土，亦不曾减得毫发。故我行我法，绝无依倚。先或借路经过，从门而入。卒乃反求诸己，周匝无余。其贬剥禅教，皆是教人求己，不从他得，非是以矛陷盾，有一毫胜心存乎其间也。若非实到此地，则徒增人我，翻成碍塞。达磨一宗亦只有这个消息。大抵立教之初，言皆简要朴质。法久弊生，后来旋添得如许闲络索。非特先生不喜，彼宗亦自少之。此性不落迷悟，无有高下。故执悟者成迷，好高者见下，说禅者是俗，真见道者一切平常，不惊不怖。初无奇特玄妙可言，岂有索隐行怪而可以为道者乎？杜撰禅和，妄逞机锋，胡喝乱棒者，如稻麻竹苇，愿且倚阁，不足多留神虑也。诚感示教之切，不可以虚言相酬，故不觉僭易至此。癸亥十二月。

【编者评述】 金蓉镜来信"快说禅病"，猜想是不认同马一浮援佛阐儒，马一浮回函商榷。马一浮强调："从来达道者，皆由真实行履，久久精纯，一旦廓落，习惑都尽。故能坐断千差，于法自在。此与守文字、滞见闻固了无干涉；尤非鼓动业识，作弄精魂、只成野狐见解者所能依托。"以此表证自己的履道路径。

马一浮进而阐明诸教。他以为，儒佛禅教都是"闲名"，即是用来区别的名称，而"古圣为人，唯有指归自己一路是真血脉"，各种识见论说，只不过是"各应机宜"的方便。但是，方便终成累赘，结果"拂迹迹生，转复成碍；旋扶旋夺，无有了期。克实而谈，并违本分。是以诸圣不得已而垂言，终乃寄之于默也"。最后，马一浮指出，宋儒明白这些，所以出入于佛学，援佛阐儒，"先或借路经过，从门而入。卒乃反求诸己，周匝无余。其贬剥禅教，皆是教人求己，不从他得，非是以矛陷盾，有一毫胜心存乎其间也"。并强调，"达磨一宗亦只有这个消息"。以此自辩。

二

一九二四年三月

睽违日久，学无所进。疾病忧患，纷然并乘。讲习既疏，候问亦阙。辱书犹荷存录，但有愧悚。高论亹亹，是真法语，肃容起诵，疢苦都忘。譬犹杂毒盈前，忽逢上药；伊兰遍野，乍植旃檀：喜可知也。浮平居不慎，寝疾两月，始能出户。形神羸顿，遂逊昔时。感幻质之易衰，惧朝闻之不逮。益仰松柏之姿，实由天笃，非后生所及也。示谕直内方外、先行后言之旨，固是千圣同符，万世一轨。然知言之哲，自古难之。今时嚣口沓，每涉隐怪，但可以欺下劣，不足以诱中人。得一法吏，便可遏绝，不必待名世而后息也。君子之忧，乃不在聋俗之诬，而在士习之陋。人之契理，因藉其习。心习未化，理智不冥，往往执吝所知，自以为极。情存有立，则封蔀随生。从来诸家异计所以浾浾不已者，见病累之也。若夫日月合明，天德无首，其必涤除玄览，廓尔忘身。乃知穷理尽性，实本分之事；加民及远，皆自然之符。非有矜得之心、期豫之计，然后能观其会通，以行其典礼矣。见大忘小，则万境本齐；虚中无我，则有感斯应。此乃先儒雅言，非同衲僧伎俩。先生为时坊表，耳顺无余，岂假虚谈，仰酬神解。所以不匿蒙滞，亦是摭其剩义耳。参承尚隔，怀仰弥勤，何日莅杭，重得奉手？盛夏唯充养深密，道履淳和，不宣。甲子二月。

【编者评述】　金蓉镜来信讲直内方外、先行后言的儒学精神，马一浮回信论儒释道三教本一。马一浮一方面表示完全认同金蓉镜对儒学的坚持，但同时申言"知言"甚难，以为"今时噂口沓，每涉隐怪"。不过，对于这种"可以欺下劣，不足以诱中人"的时见，"得一法吏，便可遏绝"，而"君子之忧，乃不在聋俗之诬，而在士习之陋"。马一浮强调，"从来诸家异计所以汦汦不已者，见病累之也"。只有如道家所言"涤除玄览，廓尔忘身"，才可能达到"日月合明，天德无首"；也因此才能体会到儒家讲的"穷理尽性，实本分之事，加民及远，皆自然之符"。这些都是与佛教破除顽冥不化的心习是一致的。

∷∷ **彭味辛**　去疾　及弟月卿

一九二四年十二月二十五日

味辛世兄足下：

　　去腊足下来别，适有客，未暇款语；因更思一面，有所申尽，次日天晓即遣人相招，则已行矣。除夕得来书，知已抵家，承侍奉曼福，为慰。然曾否到昆山谒见尊翁？

书中殊无一语及之，何其略也。察来书语气、字迹，便知方寸中殊未宁帖。平时所以期望告语之意，知其感发尚少。日月不再，幸勿放过，徒汩没于区区升斗间也。

贤从田君游久，田君之遇贤为何如，无待于仆言。田君故重尊翁，又以贤为可与语于学。有女年十五，谓其才慧相埒，意欲以妻贤，蓄之久而未发，亦欲俟贤之学浸进、年浸壮，然后言之，今尚未暇及是耳。仆念贤归觐不易，今宜乘是时告于父母，若亲意以为可者，此良缘也。古者婚娶，男子三十，女子二十，不以为过时。程子言：择妇须求世之有行谊者。田君家世行谊，向固与贤言之，仆亦愿见贤为田君之婿，谓可相得而益彰。今少年喜言婚姻自由，斯实夷狄之道，不欲贤更蹈此失，宜一禀父母之命。

贤者、令弟何日相将至沪？若能同来杭一面，殊佳，亦欲觇其志趣。虽时有书问，终不若晤对为能得其情也。再至昆山时，尊翁前为仆道意。虽持论相异，吾不能一日忘之。专颂侍祉。诸俟面尽，不一一。浮手启。甲子上九。

【编者评述】　彭味辛来信未告知是否去昆山谒见已出家的父亲，马一浮略加批评。同时，"察来书语气、字迹，便知方寸中殊未宁帖"，期望他不要"徒汩没于区区升斗间"，能涵养用敬。彭逊之出家，马一浮代行父责，此信为彭味辛提亲，引程子"择妇须求世之有行谊者"之语，强调女方"家世行谊"；同时指出"今少年喜言婚姻自由，斯实夷狄之道，不欲贤更蹈此失，宜一禀父母之命"。

一九二五年

::　:: **王育春**　植坤

一九二五年

　　远承寄示尊撰《周易周义》，千里之外，如亲音诲，何幸今日尚有此事！所以久而未报者，书苑同人虽以未能代任剞劂之役为愧，犹欲录副，传之士友，相与赞仰著述之勤。亦思疏记所疑，贡其愚浅，窃附讲论之末。会遭时多虞，州里之间，时有寇警。同人多不遑宁处，往往开卷未终，辍翰兴叹。乃知横经讲道之业，固未可期之兵革之世也。原稿不敢复留，惧或者有一散失于同人之手，其为疚滋大，今谨以付邮奉还左右。书至之日，切望赐复，以慰悬系。既不获从容研讨，因略举所疑数端，用答足下求友之意。

　　一、标题"周义"，自以直接文周，盖谓汉、宋诸儒无所取裁，疑于自任太过。汉自京、孟迄于虞、荀，虽拘于象数，皆有所明，各有所通。自王辅嗣创忘象之说，后儒或讥其流入老氏。然专主义理，实由王氏启之。故后之说《易》者，虽流派万殊，不越义理、象数二家，而宋之程、邵实为其宗。窃谓过此以往，虽有作者，不能废已。朱子虽主卜筮，其言象数实本邵氏，义理则祖伊川。今谓诸儒皆于四圣之旨一无所当，虽以毛奇龄、惠栋之博，固犹有所不敢。夫《易》道广大，学者天下之公，非一代一人之私也。自来汉、宋分流，已陷"同人于宗"之吝。今欲以一废百，无乃不可乎？且"周"虽断代为名，实具"普遍"之义。此康成旧说之可从者。窃谓贤者宜取其后义，而勿断断于三《易》之称。虽复当仁不让，未可遂绌汉、宋以申己说。凡著书立言，不可存纤毫胜心。注经尤宜致谨。若抑扬太过，就使立义无失，亦非所以为教也。

一、画卦缘起，《系辞》中"包牺氏之王天下也"至"于是始作八卦"一节，其文甚备，所取非止一端明矣。今乃专取以男女之交为说，其词近媟。即谓近取诸身，事义亦广，夫岂如斯而已哉。又以鸟兽之文属之牝牡，则未审于天文、人文又名何等？窃谓此类断宜刊落，望必有以易之。不然，恐深为全书之累。

一、图书之说，向来聚讼。然诸儒不用图书者，特不信刘牧所传之图耳，非并其数而不信之也。其数固明载《系辞传》"大衍之数"一节。自郑康成、虞仲翔皆为之说，扬子云作《太玄》，刘子骏说《洪范》五行，亦皆本之，不待陈抟、阮逸也。即谓古无是图，图之传实由方外，然既本数而作，其理无违，虽晚出，何害？窃谓《顾命》之东序河图，与《易》《论语》所云"河出图"者，本系两事。黄梨洲谓河图为九丘之类，此以说《顾命》之河图则可，以说《易》《论语》之河图则不可。今贤者之说，视梨洲又过之。谓文王居羑，河洛诸侯竞献其版图以归之，上书请文王为天子。是乃以河图为职方之名，洛书为劝进之表。其事不特无征于古史，抑且难信于稗官。无乃与东坡对策所云"瞽瞍杀人，皋陶曰杀之三，舜曰宥之三"者相类耶？此皆愚陋所不敢苟同。仰荷不鄙之盛怀，亦不敢有匿于君子。故不避僭易而妄言之。至若覃思所得，深有明于寒暑变易之理，而务以行其典礼为归。此固百世可俟之义，足裨先儒阙遗，岂独同人所共叹仰？序言中深非时制，尤见贤者忧患之远。然康成以汉制说经，后儒犹或议之。妄谓有关时制之言，不妨别存文集，不必系之《易》序。盖注经自有体例，其立言初不为一时而发也。读卷后世德记，深敬贤者一门行谊之美。然附之经注，古来罕见其例。窃谓此卷亦宜别行。凡此之言，直抒胸臆。所见虽浅，诚以足下以道自处，故不敢失之。如曰未当，则各从所好。昔伊川作《易传》，六十后始下笔，自谓"逐旋修改，期以七十其书可出"，盖其慎重如此。又尝语学者曰，某于《易》亦只道得七成耳。黄楚望，元之醇儒也。于六经皆行补注，未尝轻与人言。以为其人学不足以明圣人之心志，不以六经明晦为己任者，虽与之言终日无益也。或谓之曰："先生幸经道已明于己，而又阏之于人，岂无不传之惧乎？"楚望曰："圣经兴废，上关天运，子以为区区人力所致邪？"后经寇乱，其书亦竟散阙。晚得赵东山，始传其《春秋》之学，于《易》则仅存《易学滥觞》一卷而已。同人区区所望于贤者，愿以伊川、楚望之志事为法，不患其书之不传，而忧其说之容有未至。度士友之间，或未有以此言进者。唯其爱重足下，不胜拳拳，故不敢不尽其诚，非谓其言之足采也。裁答稽迟，幸勿为罪。时方蹇难，伏维履道贞吉，不宣。

【编者评述】 因退还王育春《周易周义》书稿，而提出商榷，或针对书稿本身，或涉及注经方法与态度。王稿自标"周义"，全然抹去汉宋诸儒，马一浮以为"自任太过"，并略阐明自己关于易学史的认识。对于"周"字，马一浮强调应该接受郑玄的观点，"虽断代为名，实具'普遍'之义"。关于画卦缘起，马一浮批评作者"专取以男女之交为说，其词近媟"，"断宜刊落"。图书问题，马一浮指出，易学史上"诸儒不用图书者"，甚至数也不信。但是，数为《系辞传》明载，图即便古经没有，传自方外，"然既本数而作，其理无违，虽晚出，何害"？显然，马一浮对于河图洛书问题重在易学精神上作理解。最后因王稿序言"深非时制"，又有"卷后世德记"，马一浮指出均不合适，宜别存文集，不应放在注经著作中。"盖注经自有体例，其立言初不为一时而发也"，这点尤为重要。马一浮更举程颐作《易传》以及黄泽（楚望）、赵汸（东山）故事，强调注经当"慎重"。

一九二六年

∷ ∷ **洪允祥** 巢林

一

一九二六年八月二十三日

　　来书引喻失义，非所施于老友。道无异同，亦无先后。以真谛言，公固不得异于我；以俗谛言，吾岂又得先于公乎？今夏奇热，此方之人，莫不病暑。乃知金石流、土山焦而不热，徒为诞语。然镬汤炉炭亦正生忍初门，于中正好用力。来教云："日日忧旱，得雨而喜。"此是诗人本怀。固知忧喜雨旸本非二物，此浮所谓诗以感为体也。人心有私系则失于感通，若虚中廓然，何所不格？雨旸寒暑即是变化云为，在《易》谓之贞，在禅谓之普。故曰"天下何思何虑"，言无私也。异由计起，涂虑万殊；贞乃本然，归致冥一。公能会此，则即诗见道，体物不遗，然后物我顿忘，言象可泯，何事区区与古人较短长乎？残暑犹虐，诸维珍重，不宣。丙寅七月十六日。

【编者评述】 此下所选数函，皆系与老友洪巢林谈诗论禅。信中马一浮讲："诗以感为体也。"人的感受似乎应该是个人性的，但马一浮以为这只是普遍性的理呈现于个体，而不应理解为一己之私，恰恰相反，"人心有私系则失于感通"。正是基于此，故马一浮以为儒佛本一，"在《易》谓之贞，在禅谓之普"。"贞乃本然"，破除一己之情识，本乎天然，就能"即诗见道，体物不遗，然后物我顿忘，言象可泯"。马一浮尝以为他的诗便是他的哲学，根原在此。

二

一九二六年十月九日

累书未报，良由事缘所间，亦是懒漫，欲省言语之繁，此世法所不许。然据公疑处，只在文字边，如试官发策问，不关要眇。若是真正学道人，必无如许闲络索。大凡文士学佛，不能越教家圈缋，所谓虾蟆跳不出斗也。十年前若与公往复，亦当下笔不能自休。今日视之，只是秀才家活计，直须掷向他方世界始得。顷作得一短偈，奉酬如下："文殊须按剑，弥勒只求名。寄语洪居士，胡为止化城？圣贤如电拂，渊默是雷声。明镜非疲照，枯椿不可行。”只此四十字，答来问已竟。直不敢孤负殷勤，非避繁就简，故作如是狡狯也。若公契此，乃可以本分相见。欲从义路入，熟看肇公《维摩注》尽佳。王弼、郭象有此玄言，无此正眼。

尚有一语答公：释迦、老子、文殊、普贤、观音、弥勒只是一群闲汉。公且理会洪巢林是有是无，是寓言，是表法？象山谓朱济道曰："识得朱济道，便是文王。"此语是好个入处。今语公只须识得自己，更不用理会诸佛，此语决不相诳。教家亦云，如来智相之身非同色身，迭相见义。此非情识思量分别境界，待公自证。自然一见一切见，成则总成，坏则总坏，了无可疑也。亦无五阴可破，亦无五位可成。公到此时节，方信此言谛实。今日与公饶舌无益也。

来书云："以躁竞意涉希静之途，苦其难入。"此正情识隔碍，故见有静躁二境，取著转深。法离二边，中亦无住，何有躁静，用人作么？公若契此语，亦是小歇场也。近月以家姊有疾，日读方书，故成阁笔。今稍宁帖，重出公书读之，伸纸率答，纸尽便止，亦无容心。若复有疑，更盼来教，不宣。丙寅九月三日。

【编者评述】 此信谈学佛以及由躁入静的障碍。马一浮讲："大凡文士学佛，不能越教家圈缋，所谓虾蟆跳不出斗也。""教家圈缋"，近于佛教义学因名相辨析而陷于其中，丧失本心。"王弼、郭象有此玄言，无此正眼"，亦是此理。洪巢林也坐此病，故马一浮讲："释迦、老子、文殊、普贤、观音、弥勒只是一群闲汉。公且理会洪巢林是有是无，是寓言，是表法？"并引陆象山故事以印证。马一浮讲："教家亦云，如来智相之身非同色身，迭相见义。"即"如来智相身"虽与"色身"不同，但彼此相迭，学佛者正要于"色身"中见到"如来智相身"。难以见到的原因，表面上是陷于名相，实质上还是一己之私的"情识隔碍"。学佛的难处在此，由躁入静的障碍也在此。

三
一九二六年十月十五日

来书目愚论为拨教，虑其为王、何之续。巢林真吾净友也。然千钧之弩不为鼷鼠发机，吾自为公说，亦是一期药病之言，不可为典要，岂以尽语途人哉。

夫教本心法，禅亦名言。心既不生，言何由立？心言既绝，则禅教双非。举心即差，言发成过。唯其有不生之生，是以有无说之说，此禅教之原也。今示有言，何谓拨教？但欲公悟即言玄契之教，不欲公学依他作解之禅。今乃距鱼兔而守筌蹄，仰化城而疑宝所，揆之教意，夫岂云然？

贤首云："微言滞于心首，转为缘虑之场。实际居于目前，翻成名相之境。"执教之弊，斯言尽之。公既宗贤首，何为不信其言？五教特立顿教，以收达磨一宗。公今欲外曹溪，此岂贤首之旨耶？智者据《法华》立实教，从南岳亲证三昧，得旋陀罗尼。《法华玄义》一书，真同天地日月，从来无敢致疑。公乃有取于妄人龚自珍删订《法华》之说，直欲废其本经，则天台一宗根本扫地。又引近人悠谬奇诞之言，至疑马鸣、龙树为无其人。此乃真拨教耳。愿公速忏，无堕谤般若过。至以时人不悦学为忧，欲导之以教乘，此是正念。然世间有一等鄙夫，以妄想希求为本，亦谬袭学佛法之名。此如博徒掷枭，牙郎货绢，佛法虽弊不到此。人若此下劣，彼虽有目，不睹教乘。纵令仁者垂慈，亦不奈伊何。使吾遇之，但有合掌杜口而已。

来书云："观世易空，观心尚窒。"浮愚，实所未喻。即曰权示偏小，亦殊未有斯义。夫所言世者，盖谓三世迁流之相耳。此是自心流注所现，离心岂有世邪？公既重义学，所言空、窒，宜有楷定。将何谓空，何故名窒？详公之意，似以无碍当空，碍故言窒。准斯以谈，世若空者，心已无碍；若心有碍，世岂得空？愿公先空其心，自亡世碍。今云心窒，知世故未遽空也。盖流注想断，心即常住，不迁之体，乃得现前。克实言之，于诸迁流相恒见不迁，故谓之空，非拨之令空，决非莽莽荡荡脱空漫语可得而托也。

公谓读书作诗，正须用情识，此实不然。读书到怡然理顺、涣然冰释时，作诗到"文章本天成，妙手偶得之"时，已非情识境界。此事用力到极处，亦须智讫情枯忽然转身始得，直与参禅无异。否则爱憎取舍，终身劳扰，读书必失之穿凿，作诗亦堕入艰涩，岂有洒落自在分耶？公今日尚未到此田地，无怪处处打成两截。如谓诗与禅必不可合，只缘公胸中有此两物为碍，若双融互夺，二境俱忘，自觉此语为剩。徐俟数年后，公见处又自当别，今且存而不论可也。今日登高，却无诗兴，归来信笔书此，不敢湖上数刻之谈。知得此书时，亦如酒味之薄，不堪一醉。然甚望报以佳诗，消此禅病耳。丙寅九月九日。

【编者评述】　此信仍谈禅与诗。洪巢林批评马一浮好玄言，为王弼、何晏之续，马一浮强调他是针对洪巢林溺于名相之病而施药，希望洪巢林能领悟，如果本心不生，终是依他作解，徒陷名相之境。马一浮尤其批评近人"悠谬奇诞之言"，并举"妄人龚自珍删订《法华》"，以及"疑马鸣、龙树为无其人"为例，涉及近代佛教的流变。

马一浮又据来信讲"观世易空，观心尚窒"，指出义学首重概念的"楷定"，而洪巢林界定不明，实质上是识见不清，"世若空者，心已无碍；若心有碍，世岂得空"？

最后谈及诗与禅的关系。洪巢林以为"读书作诗，正须用情识"，故与破除情识的禅教有别。马一浮讲："读书到怡然理顺，涣然冰释时，作诗到'文章本天成，妙手偶得之'时，已非情识境界。……直与参禅无异。"洪巢林的误见，"只缘公胸中有此两物为碍"。

四

一九二六年十月二十五日

前日答公书，总为剩语。触忤高贤，罪过罪过！公今日尚未堪受此钳锤，是以大呼屈棒。今请痛筑三拳，亦足为公雪屈。所谓"诬人之罪，以罪加之"，老夫合吃此棒。此亦绝好科诨，公闻之当为破颜满引一杯否？若道湛翁学禅，真乃以儒为戏。吾禅久已掷向他方世界。"禅"之一字是甚干矢橛？决不肯以此系缚公也。

谈禅已竟，今当说诗。"诗是吾家物"，少陵此语不是自私其祖，人人有分，故作湛翁亦得，作巢林亦得。同坑无异土，何事张乖？教家引经，每举"无二无二分，无别无断故"二语。《大般若经》偈也。从前读此十字，真如西天人不会唐言，直得五年分疏不下，今日重拈，不觉哑然。若问仁者作么生会？答云：依旧分疏不下。《法华》偈云："佛子住此地，即是佛三昧。经行及坐卧，常在于其中。"来书坐禅与修止观之问，请诵此语为答。总之，言谈辩说，悉皆无益。据公此言，即见公只说到禅与止观之义解，未尝一日实修其事也。若公已修是事，虽未得三昧，即见作诗、上讲堂、吃酒、闲话，总是止观，总是禅，"无二无二分，无别无断故"也。巢林莫道者老汉又囊语，此教之所由衰也。姑置是事。

今有五言二篇，别纸录呈，奉求属和。其一法度稳密，其一深得比兴之旨，皆非苟作。公此事是当家，莫以此语为过否？以公恶闻禅语，故以是进，亦羯鼓解秽之道也。群儿方戏，未足败吾清兴。然公不肯和吾诗，何其吝也？临书辗然。丙寅九月十九日。

【编者评述】　此信中，马一浮申明他的儒家立场："若道湛翁学禅，真乃以儒为戏。吾禅久已掷向他方世界。"转而说诗，却因从杜甫"诗是吾家物"说起，又谈禅。马一浮强调凡事不可强作分别解，他针对洪巢林来信所提"坐禅与修止观之问"，指出洪巢林"只说到禅与止观之义解，未尝一日实修其事也。若公已修是事，虽未得三昧，即见作诗、上讲堂、吃酒、闲话，总是止观"。诗也是如此，放下一己情识，便能观物而起兴。

五
一九二六年十一月十八日

来书未会鄙意，因知公于教意皆影响之谈也。将谓仁者善能分疏，此语最毒。今不欲与公逞机锋，实告公，愈分疏愈不是。盖公有如许见解，蕴在胸中，皆足为病，何时得廓然去？昔人有问赵州谂："至道无难，唯嫌拣择，是时人窠窟否？"谂云："曾有人问我，直得五年分疏不下。"公若会得我语，则赵州语、如来语，一时顿彻，安用费此闲气力？亟亟分疏，转见败阙。此语明知触忤不少，然吾不敢孤负公，所谓答在问处，亦是因公致得，吾未尝有言也。

解黏去缚，亦是家常，何足惊怖？公乃以李卓吾相诧，不知卓吾之病，正坐邪见炽然。不用求真，唯须息见。卓吾邪见若息，元是圣人。公之圣见不忘，亦骂卓吾不得。公学《华严》，岂不闻李长者云"见在即凡，情忘即佛"邪？吾诚不忍公坠在见网，故复不辞话堕，叨忒一上，犯手伤锋，乃非得已。公若不契，一任疑着，吾唯拱手谢过，岂有隐哉。濂洛诸贤莫不参悟，归而求之六经，其辟禅辟佛，乃是大机大用。龙象蹴踏，非驴所堪。公情见未忘，儒佛皆成过患，禅教并是疮疣。以药病喻，正乃大承气汤证候，固非尽人可与。

浮非开堂秉拂之人，亦无聚徒讲学之事，岂暇导人以禅？此公不须为我忧者。即或有人见问，亦且教伊先看《语》《孟》。此一事乃差与公同。前数年有答秀水金旬丞先生一书，颇足与公今日之意相发。因录一通附览。供状具在，请勘验便知。

又有一闲事须料简者，来书见称以师，吾与巢林友也。礼：朋友相字。师之称安可滥施？有之，唯俗士尊沙门曰师。自晋以来，习此不察，忘其为如来十号之一。无其德者，滥膺是称，直类土龙刍狗耳。巢林而师我，岂欲沙门我邪？见者疑其为谴，世间名字不可矫乱，须令顺理。浮于巢林，以年则相后，以学则相等夷，何师之有？

愿后此勿复以是见施，此亦蠲除戏论之一端也。霜寒，珍重，不宣。丙寅十月十四日。

【编者评述】　此信仍谈禅，但涉及对宋明诸儒的点示。马一浮反复强调："愈分疏愈不是。"这并非是他不重视思想的分疏，而是针对洪巢林执于言语作分别的毛病所发。因来信将马一浮比作李贽，马一浮指出，"卓吾之病，正坐邪见炽然"。希望洪巢林不要"坠在见纲"，否则"亦骂卓吾不得"。马一浮又进而讲："濂洛诸贤莫不参悟，归而求之六经，其辟禅辟佛，乃是大机大用。"同时申明："浮非开堂秉拂之人，亦无聚徒讲学之事，岂暇导人以禅？……即或有人见问，亦且教伊先看《语》《孟》。"最后谢辞洪巢林执弟子礼，坚持为朋友交。传统五伦本无师生一伦，师生即朋友，只是志同道合，较寻常朋友更近一步。马一浮讲："唯俗士尊沙门曰师。自晋以来，习此不察，忘其为如来十号之一。"

六

一九二六年十一月

向答一书，其言直遂，有似不逊。经旬未得继教，巢林岂愠邪？切切偲偲，亦犹行古之道，非是葱岭带来。如其不契，亦望以直声报之。朋友道衰久矣，何幸得一巢林，吾言安敢不尽？禅是闲名，大可束阁；性是实德，必须亲证。来书多裁量他人之言，而少向内体究之意，此是功利之余习，亦非义学之家珍。欲断见惑，莫先于此。又不好伊洛诸贤，亦是任情取舍，曾不一考其言。浮愚，以为公于禅教二门涉猎已久，泛泛寻求，终无把鼻。曷若归而求之六经，取法宋贤，约而易入。欲请先看《二程遗书》，平心玩味，则旧来诸见渐可消融。如晋人闻乐彦辅谈义，自觉言语之烦矣。此是承气汤之后改进四君子，公莫谓彼自无疮，勿伤之邪？昨游西溪得一诗，气韵衰飒而格调未弱。聊复写奉，以博一粲。或邀俯和，亦足慰寂漠也。霜寒，珍重，不宣。丙寅十月。

【编者评述】　此信未标具体日子，但与前信同为十一月，前信为十八日，此信有"经旬未得继教"，当在月末。马一浮讲，自己的直言"犹行古之道，非是葱岭带来"，是儒不是禅；并强调，"禅是闲名，大可束阁；性是实德，必须亲证"。洪巢林的问题就在于"多裁量他人之言，而少向内体究之意，此是功利余习，亦非义学之家珍"。马一浮切望洪巢林能摆脱此惑。又以为他涉猎禅学与义学甚久，却又未能把握要领，建议他"归而求之六经，取法宋贤，约而易入"，并"请先看《二程遗书》，平心玩味"。马一浮以中医治病为喻，断灭见惑用"承气汤"，是救阴泻热的猛药，而后平心玩味儒学，改用益气健脾的"四君子"。

:: :: **沈敬仲** 无倦

一九二六年四月十一日

去年属题包慎伯书《白真真留仙亭题壁》诗卷，爱其文藻，曾过录一本藏之。今年遇吾乡词人陈子韶，因出以示之。子韶大喜，立成《水龙吟》一阕。其论颇与浮同趣，定为慎伯寄托之词。然浮颇不喜安吴之学，因为子韶言之：

嘉、道以来，士流好谈经济，包慎伯、龚定庵、魏默深实为之魁。皆才士好夸，并心外营，哆口横议。负不遇之戚，饰哗众之言，欲以希用当世耳。百余年来，此风弥煽，遂使人怀刀笔，家荣冠剑，国政决于屠贩，清议操于童蒙，皆此曹有以导之。近人浅陋，盖可无讥。数子并号显学，文采照耀，岂知尸祝之业，正于两观之诛，人不闻道，亦其不幸。安吴此卷，亦是慧黠过人，虽托意微波，无伤风雅，然义非贞素，情见乎词。谬云礼坊自持，特藉以解嘲耳。君词虽佳，但惜其不遇，未足令安吴俯首。

子韶颇然鄙言，遂又成《长亭怨慢》一阕。微婉讽切，雅近风人之旨。浮因怂恿子韶写出，以示左右，今遂以附寄。如不以安吴得一诤友为嫌，大可附之卷后，一任后人评泊，如何？

无量想时相见，得此持以往示，亦可一抚掌也。春寒，诸唯珍重，不宣。浮顿首。敬仲足下。丙寅二月晦日。

【编者评述】 因题包世臣（慎伯）诗卷，而论晚清学风，迥异于人。马一浮坦承自己"颇不喜（包氏）安吴之学"，他怂恿陈子韶将他的评说写出，并请沈敬仲附之所题诗卷后，"一任后人评泊"，可见他对自己此一评论的看重。清代学术嘉庆、道光以降求变而为新，马一浮对此极贬，以为"皆才士好夸，并心外营，哆口横议"，"使人怀刀笔，家荣冠剑，国政决于屠贩，清议操于童蒙"。这种"士流好谈经济"之风，"包慎伯（世臣）、龚定庵（自珍）、魏默深（源）实为之魁"。马一浮讲："数子并号显学，文采照耀，岂知尸祝之业，正于两观之诛，人不闻道，亦其不幸。"引孔子诛少正卯故事，点明包、龚、魏虽富才学，却并不真知治国之道；清季以降风气却因此而败坏。

一九二七年

:: :: **金蓉镜** 潜庐 香严

一九二七年七月

每忆范蔚宗语云："事苦则矜全之意薄，生厚故安存之虑深。"先生所谓省事之效，至今日而弥验。然滔滔者方恒是而舛驰，齐冠带于毛伦，同寒暑于一疟。乃叹颜李之说，实为滥觞；东原导欲，尤启夷行。

先生不喜陆王，深非禅学。浮愚，窃谓今世本无是学，亦无是人。若其有之，或当在得见斯可之例。来教重重料简，自是药狂起废之言。末法乱统，实有斯弊。若以格量古德，窃疑未可同科。古德于遍参之前，多周历讲肆，广习经论，必俟三学赅练，密行成就，始能发悟。未有不明义学，不净毗尼，而可卤莽承当者。其有言下神解，不历闻修，自非久植德本，乘愿再来，不能与于此数。后人不从因地考之，乃徒诧举悟缘，侈陈机辩，遂致承虚接响，渐即支离，起模画样，益增系缚。如实言之，岂特悟不足矜，行亦了无足异。本分事上，无悟可立，即无禅可名。六度万行皆日用寻常，不容赞叹。程子言：尧舜事业如一点浮云过太虚。朱子释《易传》"行其典礼"，谓典礼犹言常事。如尧舜揖让、汤武征诛，皆家常茶饭，即典礼是也。教立多门，实皆顺此劣机，驯其粗识。凡夫每堕转计，故立破纷然。《中论》"八不"，破外道情计略尽。如今欧罗巴人言哲学，或主心物二元，或主心物一元，皆计异不得，转而计一。余若常断等转计，今日尤盛。乃知凡夫情计，总不出此二途。菩萨闻法不惊，故息言冥契。棒喝临机，亦非得已。棒喝令乃直下截断葛藤，所谓"千斤之弩不为鼹鼠发机"。陈君言为广场说法辨淆讹者，恐未明棒喝下事。

且自天童密云悟后，三百年来，亦无人更行此令。今时沙门乃是师子身中虫，何足与议？譬彼射侯既彻，弓矢斯藏。士夫之间，亦少深入，直无所用其弹诃耳。竺土灵文，有同词赋，剖析名理，语并华赡，故常失于奢，未若中土圣人言皆简实。洛闽诸儒所以游意既久，终乃求之六经。若达磨一宗，迹同高士。每谓王倪、啮缺、林类、荣期并宜抗颜祖录，何必南能北秀区区争一伽黎为哉？

《易》有象，《诗》有比，彼其机语虽有小大险易，雅俗万殊，以吾观之，则亦象耳、比耳，皆《诗》《易》之支与流裔。礼失求野，亦犹披沙简金，往往见宝，秘为独得，其陋可嗤。必屏诸四夷，亦似未广。浮年来于此事已不绹唇吻，其书亦久束阁。尚欲以有生之年，专研六艺，拾先圣之坠绪，答师友之深期。虽劫火洞然，不敢自沮。先生誓愿无尽，或未遽斥其狂。所憾缘会难必，空有诹决之心，复惮间关之役。矧积雨之后，继以毒热，殊未能即途，但有驰仰。铄石流金，伏维那伽在定，不吝余诲。不宣。丁卯六月。

【编者评述】　此信谈禅，以及弃禅返儒。信引范晔之语开篇，呼应来信中言时事，感慨清季以降病急乱投医，不分中国与欧美的差别，急功近利；并以为"颜（元）李（塨）之说，实为滥觞；（戴震）东原导欲，尤启夷行"。然后因金蓉镜"不喜陆王，深非禅学"，而转入谈禅。马一浮以为多虑，因为"今世本无是学，亦无是人"，流行的全是功利之学，如真有陆王与禅学，尚不为坏事。马一浮指出，禅学于其末流，确有狂禅之弊，但如真正体会禅学，便知禅悟，其实是在"周历讲肆，广习经论"，"三学赅练，密行成就"以后；即便有极个别的顿悟，也一定是"久植德本，乘愿再来"。只是后人往往见其禅悟，不见其工夫，习其机辩，渐生流弊，"岂特悟不足矜，行亦了无足异"。马一浮间引程朱，以尧舜事业也是日用寻常事，予以表证；又傍举西方哲学的心物二元或一元论，以及当时流行的决定论与虚无论以佐证，心物论近于禅学之悟与工夫，决定论与虚无论近于佛学之常断。马一浮对晚明以降的禅学显然是不以为然，他以为天童密云以后，已无人能真正行棒喝开悟；而"今时沙门乃是师子身中虫"，不足以议。而且，马一浮以为，"竺土灵文，有同词赋，剖析名理，语并华赡，故常失于奢，未若中土圣人言皆简实。洛闽诸儒所以游意既久，终乃求之六经"；而且，禅学的"机语虽有小大险易，雅俗万殊"，其实亦近于《易》象《诗》比，可以视为"《诗》、《易》之支与流裔"。因此，马一浮表示："浮年来于此事已不绁唇吻，其书亦久束阁。尚欲以有生之年，专研六艺。"

∷∷ **彭味辛** 去疾 及弟月卿

一九二七年十二月二十九日

来书具述迎养之志，此为人子所当然，但须积诚以感亲心。察尊翁平时议论，似已习于山居，颇厌沪上尘嚣，此无两全之计。在贤昆仲善为譬解，得尊翁欣然返其初服，斯诚大可庆幸之事。许先生待贤不薄，今以苟垂败而汲汲引去，非义也。前事既问，便可忘之，今言之若有余愤，亦非持己恕物之道。辞职之议，更须审量。织厂新创，诸宜竞业，作事谋始，勿忘此言。若有余暇，得亲书册，可求明儒吕新吾坤《吕子节录》。坊刻板本甚多，浙局亦有之，或题《呻吟语》。但须购木板者，勿看石印，以讹略较多也。置之案头，时时省览。此书文义明白易晓，说理切近，立身涉世之要略具。果能体而行之，亦可以为善人矣。贤既不暇治经，则此类书不可不看，当视同严师益友，必能有益身心也。近月因家姊有疾，日读医书，量药饵，几无片刻之暇。今幸稍起，乘夜作此，力倦不能多及，唯祝侍奉多祜，不宣。湛翁手启。味辛贤世兄足下。令弟均候。丁卯十二月六日丙夜。

【编者评述】 彭味辛有心迎养父亲在家，秉知马一浮，复此。信中所嘱，一是"积诚以感亲心"；二是"持己恕物之道"；三是如何对待工作；四是"若有余暇，得亲书册"，并推荐吕坤《呻吟语》，以为"文义明白易晓，说理切近，立身涉世之要略具"，强调"贤既不暇治经，则此类书不可不看，当视同严师益友，必能有益身心也"。所言皆常事，足以表证马一浮的日常工夫。

一九二八年

:: :: **彭咮辛**　去疾　及弟月卿

一九二八年十月二日

咮辛世兄足下：

屡得书，每以近状佳胜为慰。所以久未报者，固由疏懒，亦以贤辈企业之志，衰朽无能为力，遂尔忘言，然惓惓之怀，未尝释也。

愚谓世方多难，尚平有言："贵不如贱，富不如贫。"此语深可寻味。在今日，或以为迂谈，使贤辈再阅历一二十年，当知此为不刊之论。今固不能不治生，但今事蓄之资可以粗给，便当淡然处之。息彼驰求，不唯俭德避难、居易俟命之道宜然，亦使此心淡定，绝诸躁扰，然后可以穷理，即所以立身事亲。若多资高位，皆为危道。且富厚有命，非可强致。贤向谓欲更集万金为基本，愚今所能为贤谋者，但有此言，异日思之，或万金不啻也。

尊翁以谈义不契，久不相见，空言慰问，亦病其无益。然每自憾所学未粹，竟不能回老友之误思，以是耿耿。曩亦屡为贤辈言之，其深忧切虑，非恒情所知，吾岂能湛然哉！一昨令外舅田程见告，以尊翁近来颇觉山寺不能安住，意欲赁居城中。愚谓贤兄弟本有迎养之请，此其时矣。已告令外舅，专往大慈，力劝尊翁返其初服，就养沪上。然愚知尊翁必以还俗为嫌，实则此时缁流之中，何可托迹？晚而知返，正可全其天伦，此亦磊落之事。唯尊翁既不以愚为然，虽瘏口何济？而谓贤兄弟当积诚以感之，舍此别无他道。贤兄弟宜亟图之，必以来杭面请，方为正办。贤兄弟得申其反哺之恩，而尊翁亦得遂优游之乐。计无有善于此者，予日望之。手此，敬颂侍福。令弟均此，不另。浮手启。戊辰八月十九日。

【编者评述】　　此信谈求富贵与迎养父亲事。彭味辛在企业工作，曾来信谈"欲更集万金为基本"，求发展。马一浮引尚子平"贵不如贱，富不如贫"之语，以为"今固不能不治生，但今事蓄之资可以粗给，便当淡然处之"，一则这原本就是"俭德避难、居易俟命之道"，二则"亦使此心淡定，绝诸躁扰"。并以为，"若多资高位，皆为危道。且富厚有命，非可强致"。关于迎养父亲事，马一浮强烈建议劝其还俗，"此时缁流之中，何可托迹"？可见马一浮对当时丛林的看法。马一浮与彭逊之持论不尽相同，但一直以为挚友，所持友道亦足见之。

一九二九年

:: :: **马叙伦**　夷初

一九二九年十月二十五日

久谢人徒，遂成疏逖。迩者陈君百年以讲学见招，亦既电辞。未蒙省察，乃劳手书申譬，殊愧无以堪任。夫学有诸己，岂不欲转喻诸人？然义在应机，亦非一概。故道逢尹喜，始出五千；退老西河，乃传六艺。感然后应，信然后从。是知教化所由兴，不必尽在明堂辟雍也。今儒术方见绌于时，玄言亦非世所亟。乃欲与之扬邹鲁之风，析夷夏之致。倘规改错，则教不由诚；称性而谈，则闻者恐卧。以是犹疑，未敢遽应。虽荷敦勉之切，虑难仰称所期。与其不能解蔽于一时，吾宁俟悬解于千载耳。希为善谢陈君，别求浚哲，无以师儒责之固陋。不宣。己巳九月廿三日。

【编者评述】　陈百年聘马一浮北大任教，老友马叙伦促应之，马一浮回函，以不合时宜为由而谢拒。马一浮引老子写《道德经》与孔子退传《六经》故事，说明"教化所由兴，不必尽在明堂辟雍"。尤其是，"儒术方见绌于时，玄言亦非世所亟"，欲阐扬儒学，辩析西学，实不合时宜，故"与其不能解蔽于一时，吾宁俟悬解于千载"。

一九三〇_年

:: :: **王子余**

一

一九三〇年九月十日

惠书具道竺君藕舫见期之意，久而未答。良以今时学校所以为教，非弟所知。而弟平日所讲，不在学校之科，亦非初学所能喻，诚恐扞隔不入，未必有益，不如其已，非以距人自高也。今竺君复再三挽人来说，弟亦不敢轻量天下士，不复坚持初见。因谓若果有学生向学真切，在学校科目系统之外，自愿研究，到门请业，亦未尝不可。此实勉徇来教，不欲过拂竺君之意。

昨竺君复枉过面谈，申述一切，欲改来学为往教。为体恤学生计，此层尚可通融。但竺君所望于弟者，谓但期指导学生，使略知国学门径。弟谓欲明学术流别，须导之以义理，始有绳墨可循，然后乃可求通天下之志。否则无星之秤，鲜有不差忒者。群言淆乱而无所折衷，实今日学子之大患也。若只泛言国学，譬之万宝全书、百货商店，虽多，亦奚以为？且非弟之所能及也。此意竺君如以为然，能喻之学生，使有相当了解，然后乃可与议。否则圆凿方枘，不能收教学相长之效。

与竺君相见两次，所谈未能尽意。在竺君或以为弟已肯定，然弟实疑而未敢自任。不欲令种子断绝，此天下学者所同；然虽有嘉谷，投之石田，亦不能发荣滋长。故讲即不辞，实恐解人难得。昔沈寐叟有言，今时少年未曾读过《四书》者，与吾辈言语不能相通。此言殊有意味。弟每与人言，引经语不能喻，则多方为之翻译。日日学大众语，亦是苦事，故在祖国而有居夷之感。处今日而讲学，其难实倍于古人。"师严而后道尊，道尊而后民知敬学"，亦难责之于今。乐则行之，忧则违之，吾行吾素而已。

竺君不以弟为迂阔，欲使诸生于学校科目之外更从弟学，大似教外别传，实为特殊办法。弟之所言，或恐未足副竺君之望，餍诸生之求。其能相契，亦未始非弟素愿。若无悦学用力之人，则语之而不知，虽舍之可也。此当视诸生之资质如何，是否可与共学，非弟所能预必，非如普通教授有一定程式可计日而毕也。故讲论欲极自由，久暂亦无限制，乃可奉命，否则敬谢不敏。此意当先声明，并希代致竺君谅察为荷。以左右与竺君相望之意甚诚，故坦直奉答，不敢有隐。当暑而凉，敬想餐卫多胜，不宣。庚午七月十八日。

【编者评述】 此信以及后面一信皆为竺可桢托王子余，以及竺本人登门延请马一浮到浙大讲学而写，是马一浮关于在体制内讲国学的最早的系统想法。王子余是绍兴前辈。马一浮坚持国学教学与研究须在学校科目系统之外，自愿参加，自由讲学。在内容上"须导之以义理"，明学术流别，然后"求通天下之志"，不能而泛言国学，如"万宝全书""百货商店"。马一浮深以为，"处今日而讲学，其难实倍于古人"，因为整个知识背景已改变。他引沈曾植的话，"今时少年未曾读过《四书》者，与吾辈言语不能相通"，深以为然，后来亦以此为收学生的前置条件。马一浮感慨："日日学大众语，亦是苦事，故在祖国而有居夷之感。"或足以体会新旧文化之断裂。

二
一九三〇年九月二十三日

前荷惠书，尚未具答。初意且俟竺君之来，再与面论，察其所见是否与愚拙相同，然后从违之情一言可决。盖博士之业，汉之博士，即今之大学教授。非弟所知。当世不乏名教授，且竺君所延纳已尽一时之选，弟固无能为役。

必欲相求，须在学校中所有科目之外，纯粹以讲学意味出之，使知有修己之学，不关干禄之具，然后乃可进而语之以道。

今日学生皆为毕业求出路来，所谓利禄之途然也，不知此外更有何事。荀卿云："古之学者以美其身，今之学者以为禽犊。"开宗明义，须令学生了解此意，方可商量。因恐竺君事繁，或未暇计及，辄不避越俎，为代拟设立国学讲习会之旨趣及办法。力求浅显，粗具崖略，留俟讨论。偶为张君圣征言之。

昨竺君复托他友致语，以讲习会之名恐引起干涉，非学校所宜。大学规程弟所未谙，然未闻政府有讲学之禁也。此项名义亦与他种集会性质不同，此而须受干涉，则学校各系讲堂上课亦须受干涉邪？既于学校无益而有妨，何为多此一举？

今将所拟讲习会旨趣附呈一览，即便毁弃，不必更转竺君。竺君虽有尊师重道之心，弟实无化民成俗之德。今其言既无可采，是犹未能取信，前议自合取消。此事本于学校为骈枝，于学生为分外。且选拔生徒，尤感困难。为竺君计，不如其已也。乐行忧违，或默或语，于弟毫无加损。幸为代谢竺君，勿以弟之直遂为怪责也。当暑，唯眠食胜常，不具。庚午八月二日。

□□大学特设国学讲习会之旨趣及办法

一、本校为引导学生对于吾国固有学术之认识，兼欲启示学生使知注重内心之修养，特设国学讲习会。

一、国学讲习会设特别讲座，由本校延聘主讲大师，自由讲论。每星期一次，其时间另定之。但主讲大师有故不能到会时，得由本校商请派遣高足弟子出席代讲，或许学生造门请业，仍以每星期一次为限。

一、国学讲习会纯粹为养成国学基本知识，使学生离校后可进而为深切之研究，发挥本具之知能，阐扬固有之文化，故超然立于本校所有各院、各系科目范围之外。不列学分，不规定毕业期限。但每届一年终了时，由主讲大师考询其领受之深浅，另定甲乙。其学业优异者，经校长之特许，得酌予嘉奖。

一、本校各院各系学生中，不论年级，于所修科目之外，有志研究国学，曾读四书及五经中一经以上者，由校长选拔，令自行填具志愿书，得入国学讲习会听讲。其未读四书者不与。

一、国学讲习会暂分经术研究、义理研究二门。俟学生领解力增进时，得增学术流别（即哲学评判）、文章流别（即文学评判）二门，或其他门类。由主讲大师察看学生能力自由酌定之。

一、学生既入国学讲习会听讲，不得无故中途废辍。其有领解力薄弱或不守规则者，由主讲大师随时告知校长，令其退席。

一、国内通儒显学遇有缘会，由主讲大师介绍，经校长之同意，得临时特开讲座，延请讲论，示学者以多闻广益之道。

【编者评述】 此信首先申明国学讲学，宗旨在"修己之学，不关干禄之具"，而"今日学生皆为毕业求出路来，所谓利禄之途然也"，"须令学生了解此意，方可商量"。同时坚持体制外的"讲习会"自由讲学。最具意义的是他所拟的讲习会旨趣及办法，共六条，即自由讲论的形式、国学基本知识的教学内容、读过《四书》的招生前置条件、具体的课程安排，以及学籍管理与临时讲座诸事。马一浮后来办复性书院，基本依此。

∷∷ **熊十力** 子真　逸翁

一

一九三〇年九月八日

连得三书，言皆深切，微尊兄不闻此言。非不感动，所以未及答者，初以书辞往复不如面谈易尽曲折。适有方外友肇安，病目甚剧，须日往视之，恐旬日内尚不能入山相晤。迟久不答，则近于怠缓，故先以简语奉报。语有未详，意有未达，他日更乞面教。

陈君已移居杨梅坞，借寮之议可罢。《干凿度》已检出，俟张君随时来取。群经诸注，以弟所好者：《易》则《伊川易传》，《诗》则严氏粲《诗缉》，《书》则《东莱书说》，《春秋》则《胡氏传》，义理最精要。唯《礼》，则郑氏后似未有过之者。无已，则叶氏《礼经会元》、卫氏湜《礼记集说》、江氏《礼经纲目》广雅书局重刊本，皆有可取。弟意，说经必以义理为主，清代两经解，实可束之高阁。汉人以博士所说为俗学，清人乃以是自矜，思之直是可笑。此语尊兄或不以为然，然弟今日所见只如此也。学以讲而益明，诚然。

来书以弟颇持异同，似以议论不合为憾，而又病其问难之寡为不肯尽其诚，此或有所未察。弟于唯识实未用力，未敢率尔下语，此则有之，继此当更读《瑜伽》诸论，以为异日发问之资。今欲奉酬来教，直举弟所未安处，望兄勿遂目为攻难，且留待商量，可乎？然弟言语甚略，不欲多所征引，以省简札之烦。此意亦望兄亮之。

第一，来教谓："熊某马某都是天地间公共物事，不须掩讳。"弟谓直是掩讳不得，不容著"不须"字。"潜虽伏矣，亦孔之昭"，岂有掩讳处？古德云："遍界不曾藏。"此语尤显。兄此语不如象山答学者云："公以为天地间有一陆子静、朱元晦，是否道理便增得些子不成？少得二人，天地间道理便减些？"大意如此，未暇检语录。

第二，来教云："吾侪今日须作一番牺牲自己功夫。"弟谓著"牺牲"字不得。以成己成物本是一事，成物即是成己，何云牺牲？若云牺牲，是损己以成物，物我间隔，成义亦不成矣。兄勿谓此乃用通行语。文字小疵，实害根本义，似不得放过。

又来教所举四问题：

一、论转变。弟意体上不能说变易，儒佛皆然。流行者方是其德，主宰正是以体言。于变易中见不易，是以德显体。如言"乾，元亨利贞"，乾是体，元亨利贞是德。彖辞言"乾道变化"，"道"字须著眼。"至诚无息"，至诚是体，无息是德。欲翻尊语"此变动不居之体，有其不变不易之德"为"变动不居之德，有其不变不易之体"，二字互易，亦颇分晓。此说与兄恰恰相反，兄或目为故作矫辞，然弟所见实如此，不能仰同尊说。宁受诃斥，不能附和。

二、论轮回义。尊兄说："涅槃是非人生的，儒家终是人生的。"弟愚，亦所未喻。经明云"一切众生即涅槃相"，"诸法从本来，常自寂灭相"。所谓超人生的即在此人生之中。世出世间，等无差异。现前法法皆涅槃，不是别有一个境界来换却这一个。因亡果丧，更何有取证之者？真的生命却是公共的，无个别的。如来智相之身，岂同色身迭相见？故此犹是以报身言，况法身邪？此说若一一具答，颇觉词费。知兄今日决不以为然，然勿遽斥为佁儗矫辞。留俟他日更商量，或有相契之时亦未可知。

三、论体用。今举马祖下禅德三平一颂为答。颂云："即此见闻非见闻，无余声色可呈君；个中若了全无事，体用何妨分不分。"

四、三善根论仁。弟极所赞叹。教人先识三毒行相，最切要，于学者有深益，夫何间然？

五、论染净。《易》系辞曰："继之者，善也；成之者，性也。"弟尝举《坛经》"修证即不无，污染即不得"二语，以为与《易》大传二语绝相似。来教二层生命之说，示学者亦极警切。然究极言之，生命只是一层，不得有二，所谓"污染即不得"也。此语与兄"法相宗要活看"之说，不知亦略有相似处否？

尊兄信《华严》，而不信华严宗诸师，此论亦稍过。若谓诸师优佩，尚待一一简出，甚愿尊兄节省精力，暂且置之。弟意终不欲轻诽古人，以为若论学地，自有深浅；若论性分，岂唯今日胜他不得，尽未来际，后后亦不能胜于前前。与兄讲论之日虽尚浅，深服兄为学强毅缜密，与人言切挚猛利，但微似稍有急迫之意。固由悲心之厚，却非病体所宜。甚愿体"宽以居之，仁以行之"之旨，使从容涵泳，有怡然涣然之乐，似较有受用。吾人一心之礼乐，亦不可须臾离。工夫是礼，受用是乐。敬是工夫，和即是受用。先儒云："敬则自然和。"敬不是拘迫，只是勿忘勿助，无作意无胶。此真体道有得之言，敢以此语奉献，未知当蒙首肯否？秋热，诸唯珍重。弟浮顿首十力尊兄先生。九月八日夜。

日中不免人事，竟未能作书，夜来下笔，不觉目眵，字迹潦草也。

【编者评述】　熊十力是马一浮难得的在思想上可以产生共鸣的思想家，但两人论学有异，风格亦别。此信是马一浮与熊十力论学很重要的书信。信中马一浮先回答自己关于宋以降经部著作所推重者，各举了《伊川易传》、严粲《诗缉》《东莱书说》、胡安国《春秋传》、叶时《礼经会元》、卫湜《礼经纲目》；同时指出："说经必以义理为主，清代两经解，实可束之高阁。汉人以博士所说为俗学，清人乃以是自矜，思之直是可笑。"清季以降，尚科学实证主义，清学为重，马一浮此论，足见他的识见迥出常情。信中与熊十力具体商榷者，一是熊以为"熊某马某都是天地间公共物事，不须掩讳"；马以为"直是掩讳不得，不容著'不须'字"。所谓"掩讳"，大意是强作隐讳。熊氏"不须掩讳"，终是有所执；马氏"掩讳不得"，原是天地间的自然存在，实无所谓掩讳与否。熊与马的学问便在此一有我与无我之别。故马一浮下引象山语："天地间有一陆子静、朱元晦，是否道理便增得些子不成？少得二人，天地间道理便减些？"二是熊表示"吾侪今日须作一番牺牲自己功夫"，而马以为此语正是"物我间隔"，在儒家这里，根本没有牺牲一说，"成己成物本是一事"。此外，别有五论。一论转变，马一浮以为"体上不能说变易"，转变的是体之德，但德体不二，"以德显体"。二论轮回，马一浮强调，"超人生的即在此人生之中"，"不是别有一个境界来换却这一个"。三论体用，与论转变相应，马一浮主张体用不二。四论仁，马一浮认同熊氏以三善根论仁，以及教人从先识贪嗔痴三毒行相入手。五论染净，马一浮以《易》"继善成性"阐明《坛经》思想，强调"生命只是一层，不得有二"。五事分疏，熊氏思想在马一浮看来，仍然间隔。这种识见上的问题，亦反映在修为上。马一浮讲："兄为学强毅缜密，与人言切挚猛利，但微似稍有急迫之意。"建议不要轻诽古人，祛除争胜之心，"使从容涵泳，有怡然涣然之乐"。熊十力个性强，故马一浮信中每每表示商讨之意，所见不同，尽可"留俟他日更商量"。

二

笑春送《尊闻录》来，得兄片简，知近日体中复小不适，极念。弟略涉医家言，察兄形色脉证，决定无妨，幸勿过忧，转致耗损真气。

答北大陈百年书已发出，决举兄自代。此事未曾预白，然推吾兄素志，当不咎其卤莽也。陈书发后，乃复得手书，教督之意直谅深切，对之滋愧。然弟所以不往者，亦非自安颓放，实自审教人力量不及吾兄。吾亦只有减法，扶今日学子不起。所以举兄，正欲不负先圣，不负后学。

陈君信得及否，弟虽不敢知，然弟尽其所欲言，乃是与人忠之道。今将去年答马夷初一书及今年答陈百年二书抄奉一览。兄于弟对此事之态度，当可了然。当时未识兄，故其言如此。今既知兄之善教，故亟言之。吾何敢先焉？亦知兄体不胜朔寒，然徐俟春和，病体少苏，亦何为不可？梁何胤讲学于秦望山，梁武特遣太学生诣山中受学，此事不可期之今日。即或不能往，亦可令诸生疏记所闻，邮请批答。兄既以道自任，必不惮劳也。

本体之说，兄似以弟言未契为憾。"流行之妙，何莫非体！"弟于此非有异也。但谓当体即寂，即流行是不迁，即变易是不易，不必以不易言德而定以变易言体耳。兄言"如理思维，各舍主观"；弟则谓一理齐平，虑忘词丧，更无主观可舍也。此事且置。

《尊闻录》极有精采。成能、明智二义，是兄独得处。"智即是体"一言，尤为直截。但此"智"须有料简。其间一二小节目，略须商榷。然大体醇实，行文尤极阅肆。以教学者，的是一等救衰起废之药。敬服！敬服！天气转佳，欲趋晤，复恐久谈非宜，因草此代面。诸唯珍重，不悉。浮顿首。庚午十一月十二日。

【编者评述】 收到熊十力《尊闻录》及信而回复。信中先讲推荐熊十力北大任教一事，自谦"教人力量不及吾兄"。然后论及"本体之说"。熊十力认为马一浮的看法"未契"，并希望马一浮"如理思维，各舍主观"。马一浮坚持自己的观点，认为熊十力"不必以不易言德而定以变易言体"，并强调自己"一理齐平，虑忘词丧，更无主观可舍"。马一浮知道两人持论无法契合，故说"此事且置"。最后对《尊闻录》高度肯定，以为"成能、明智二义，是兄独得处。'智即是体'一言，尤为直截"。马一浮激赏"智即是体"，或是以为此论与他自己的"以德显德"是一致的。

一九三一年

:: :: **曹赤霞** 子起

一九三一年一月二十四日

夏秋以来，累次奉书，旷未一答，简忽无所逃咎。然亦以书不尽意，故弥觉其言也讱。言之不惬，徒成戏论，遂不期而安于默耳。

世人所以胶胶扰扰虚受一切身心大苦者，皆由随顺习气，不识自性。若不将根本抉出，只在习气上转换，终是出一窠窟，入一窠窟，头出头没，无有了期，只是在虚妄里翻筋斗。近时谈哲学、谈社会经济，各派议论皆堕此弊。以其所依者习，习即是妄，所谓"不诚无物"也。直饶伊掀天动地，一毫价值也无。如幻师以巾为兔，如弄猢狲伎俩，不久即消失，无足深忧。

人之好战、好利、好为人上，决非其性然也，习为之也。今欲救此失而又别造一种习求以胜之，此以水济水，以火益火，焉能胜之？古圣教人只教伊识取自性，自能断习。性乃同然的，脱体现成，无可增损。习是互异的，展转增上，遂有多端。若见性时，自然廓落。今所忧者，如"国家""社会"诸名相，皆依妄想安立，本无自性。业幻所作，报缘不同，此皆一时现象，犹如梦事。若论性体，无始无终，自空劫以前，尽未来际，何曾动得一丝毫？

兄前书斥黄老而贵墨氏，弟意殊不谓然。老氏见性，然只具一只眼；墨氏未见性在。故老、墨不可同日而语。墨子种种主义，庄子"绳墨自矫"一言判尽。既意存于矫，即安排造作，全是习气增上。故谓之才士则可，非闻道者也。孟子辟之最力。以孟子见性，实有把柄，故尽法不管无民，墨子直不能有转身吐气之余地。兄以比之苏俄，又为失伦。墨子虽劣，其言犹出于礼，但以不知礼乐之本而失之。若马格〔克〕斯〔思〕、列宁之伦，只知唯物史观之经济说，盛言阶级斗争。持较墨子之兼爱、尚同、非攻诸义，其浅陋何啻霄壤！略有近似者，彼亦欲矫世之弊而已。然其力攻资本主义之非，则亦可取，在今日不失为豪杰之士，未可遽跻于墨子也。若黄老之道，唯汉初用之，后世何尝识此意？若以畏事废务者当之，何得有如许黄老？范宁骂王、何，裴颜作《崇有论》，皆失之诬。兄前书所论亦类此，更容面究。兄平怀观之，或不以弟言为谬。

社会无定型，只是循业发现。业幻至赜，故人事亦至纷。凡言改造社会，救国救人，皆是习气语。社会何尝由汝改造？人须自救，何能救国？佛言：一切众生吾皆令入无余涅槃而灭度之，实不见有一众生得灭度者。赖有后语，若无"不见众生"句，直须吃棒。"己欲立而立人，己欲达而达人"，亦是为子贡说第二门头语。"可谓仁之方也已"，未即是仁。仁者成己而已矣。成己而成物在其中。说成物是显智用，早是入泥入水了也。了境唯心，斯不逐于境；会物为己，斯不累于物。什公云："玄道不可以设功得，圣智不可以有心知，真谛不可以存我会，至功不可以营事为。"真了义之言也。

十力好谈东西文化之异点，弟随顺其言，谓若克实而谈，有东有西，即非文化。圣凡犹不许立，更说甚东甚西？今且就第二门头说，圣凡心行差别，只是一由性、一由习而已。东土大哲之言，皆从性分流出。若欧洲哲学，不论古近，悉因习气安排，故无一字道着。《世说新语》云：南人见处如牖中窥日，北人见处如显处望月。《北史·儒林传序》云："南人简要，得其菁华；北学榛芜，穷其枝叶。"昔之所谓南北，颇似今之所谓东西。此虽戏论，颇可解颐，聊因及之，以发一笑。

又九月间有孙叔仁作诗来索和，偶因一时之感和得二诗。托物起兴，稍有理趣。一言人智未遽胜于虫伦，是绝端非战论。一言忧喜强弱悉皆平等。国家主义至此便消。别纸写去，客中岑寂，聊可一览。此书之言，非兄不发，亦不必出以示人也。十力因时事愤慨太过，弟诵旧句"兰艾风前活，鱼龙定后空"一联，欲以解之，未能平其意气也。庚午十二月六日。

【编者评述】　此函所论甚广。马一浮以为，人的意识活动，不出"自性"与"习气"两个因素，而"世人所以胶胶扰扰虚受一切身心大苦者，皆由随顺习气，不识自性"。表象上所呈现的种种转换，"终是出一窠窟，入一窠窟"，"近时谈哲学、谈社会经济，各派议论皆堕此弊"。马一浮虽然近乎学隐，但对于整个学术思想乃至政治世风，其实都非常了解。马一浮讲："人之好战、好利、好为人上，决非其性然也，习为之也。"解决的办法只有"识取自性"，而"'国家''社会'诸名相，皆依妄想安立，本无自性"。马一浮的看法是，"社会无定型，只是循业发现"；业由人造，"凡言改造社会，救国救人，皆是习气语"；"人须自救"，而后社会得以改变。故马一浮讲："'己欲立而立人，己欲达而达人'，亦是为子贡说第二门头语。仁者成己而已矣。"马一浮对于曹赤霞来信"斥黄老而贵墨氏"，以及"比之苏俄"，很不以为然。马一浮强调，老子虽然有偏，但见得性，而墨子未见得，"故老、墨不可同日而语"。至于"比之苏俄，又为失伦"。墨子虽然主张兼爱，被孟子批评为"无父"，但马一浮以为"其言犹出于礼，但以不知礼乐之本而失之"，"若马格（克）斯（思）、列宁之伦，只知唯物史观之经济说，盛言阶级斗争。持较墨子之兼爱、尚同、非攻诸义，其浅陋何啻霄壤！"马一浮早年研读过《资本论》，并送谢无量建议译出，但他认为马列对于揭露资本主义的问题是可取的，"在今日不失为豪杰之士，未可遽跻于墨子也"。由性与习的立论出发，马一浮对于熊十力好谈东西文化的差异，从根本上不认同，他认为今日言东西，近乎古人讲南北，其实只是在性与习两端之间的定位不同而已。马一浮强调："东土大哲之言，皆从性分流出。若欧洲哲学，不论古近，悉因习气安排，故无一字道着。"

:: :: **熊十力** 子真　逸翁

一
一九三一年二月二十八日

五日之约，遂不果集，乃知区区缘会亦不可豫期也。比日祁寒，郊居颇能堪之否？唯少病少恼，气力佳否？致叔仁书叔仁如沪未还，此书尚留弟处。云欲移居嘉兴或上柏，恐不及笕桥之适，又相去益远，殊不愿兄数数移居，且于尊体亦似非宜。

致曹子起书一通奉还，其一通容转致。曹书故失之，亦其思之未审，但兄言亦疑少过。"作语话会瞎却人眼"等语，乃禅宗常谈。意谓义解多涂，学者以意识领会，遂谓能事已毕，不免塞自悟门耳。彼欲令学者致思，近于不愤不启、不悱不发之旨，未为差谬，非讥兄之发挥尽致也。

师资之道，有不可不发挥尽致者，亦有不能不令其涵泳自得者。曹君于兄之发挥尽致处似甚折服，但欲以涵泳自得之说进。弟以为其意无他，但其语太拙耳。引衲僧语殊不类，宜兄之怪责。但兄谓"曹君眼殊不明，岂由吾瞎之？"此语气度未佳，有伤切偲之益。来书特属弟于此书气度有未然者，可直说，故不敢隐。

兄常称魏晋人气度好。弟窃谓辨论之文，如《弘明集》所载，虽义理未能遂精而词气和缓，蔼然可悦。如谢灵运《辨宗论》等，书札问答之际，宾主之情，务尽其理，而无有矜躁之容。此实可法。兄明快人，不欲为迂缓之词，弟诚知之。或初交相知未深者，以是施之，彼将裹足结舌，非所以摄受群伦之道也。兄意以为如何？笔砚俱冻，不能多及。未晤间，诸唯珍重，不具。辛未一月十二日。

【编者评述】　曹赤霞（子起）与熊十力论学，以为熊十力论学极能"发挥尽致"，却不能令人"涵泳自得"，并讲了"作语话会瞎却人眼"之类的话，惹得熊十力很生气，回信骂曹"眼殊不明，岂由吾瞎之"？写了二信斥之，让马一浮转交。马一浮一封愿转，另一封奉还，回信劝解。马一浮讲："曹书故失之，亦其思之未审，但兄言亦疑少过。"他解释曹书所讲的那些话，"乃禅宗常谈"，"近于不愤不启、不悱不发之旨"，不是讥讽熊十力的发挥尽致。因此熊回骂的话，就"气度未佳，有伤切偲之益"。马一浮更以熊十力"常称魏

一九三一年　　141

晋人气度好"，举《弘明集》与《辨宗论》为例，说明"词气和缓，蔼然可悦"，以及"书札问答之际，宾主之情，务尽其理，而无有矜躁之容"，建议熊十力学习。

二
一九三一年

意识不为境缚，须是洒落始得。洒落乃是情不附物，始成解脱，有自由分。若云展拓，似是将行扩大，如何得转化去？儒家只说诚意是著一毫虚妄不得，所谓"复则无妄"，"不习无不利"，非同"五位无心"。盖意识虽现起而无碍，乃是举妄全真，诸心所法尽成妙用。尧舜性之，汤武反之，颜子性其情，皆是这个消息。其初须是刊落一番，故慈湖提持绝四之教，濂溪说诚精故明、神应故妙、几微故幽，更不必立心心所法。大抵儒家简要，学者难于凑泊；释氏详密，末流又费分疏。圣凡心行差别，只是一由性、一由习而已。今尊论固是别出手眼，料简习气，正是吃紧为人处，破习即以显性，此点弟于兄固无间然也。

【编者评述】 此信未具缘起，亦未落款，或为附言，待考。信中专言心行问题，即意识的活动。马一浮以为"意识不为境缚"，即意识不被意识的对象所捆绑，才有自由；而这个不被捆绑，根本在于"著一毫虚妄不得"。人虽各异，但这是方向是一致的。"尧舜性之，汤武反之，颜子性其情，皆是这个消息"。对于大多数人来讲，"其初须是刊落一番"，马一浮举杨简的"绝四之教"为例，然后便是周敦颐的"诚精""神应""几微"，从而达到"明""妙""幽"，"更不必立心心所法"。马一浮指出，关于心行问题，"儒家简要，学者难于凑泊；释氏详密，末流又费分疏"。根本问题是要明白，"圣凡心行差别，只是一由性、一由习而已"，"破习即以显性"。

一九三四年

:: :: **乌以风**

一九三四年二月二十四日

以风贤友足下：

　　累书及诗均至。一理浑然，则人我不成安立，须是实到此田地，始得穷理尽性，谈何容易。学者先须从求仁识仁用力，才有纤毫务外之心，便是不仁。小人之道的然而日亡，只是要人知，从此一念流生，遂成计较利害，必陷于不仁。今时学者大患，虽千涂百辙，要之，只是不识仁与不仁之辨，误认不仁为仁，以人欲为天理，以不仁之心而以仁自居、以仁自任，在高位者尤甚。举世习于以不仁为仁，不知反求诸己。故必毋近名而后求己始真，不求人知而后求仁始切。多读书，少发议论，多涵养，少作文字，此亦求仁之要也。

诗教甚大，而世之名为诗人者，其诗则小。果能闻道，虽不能诗，何损？诗虽工，而无当于性情之正，何益？汉魏以降，诗人多如牛毛，语其至者，一代不过数人，一人不过数篇。吾夙昔耽诗，每恨其多，不可胜读，然粗知其利弊，为之而不谬于古人，不溺于流俗，非用力十余年，殆未易语。但非谓诗不可学，亦弗谓可不学也。性之所近，以余力求之可耳，勿以是自喜也。

来稿略为点定数篇附去。扬子云谓"读赋千篇，自然能赋"；杜子美谓"读书破万卷，下笔如有神"。此皆甘苦自得之言。要之，诗之外必有事焉，而能一切发之于诗，诗始可传。吾有旧句云："自古言皆寄，从心法始生。"悟此，则学诗与学道一矣。学在悟前须用力，悟后仍须学，但心开眼明，事半功倍，不甚费力耳。北楼诗文钞序简净可用，吼山诸诗印本无存，邓、孙二君处为道歉。信笔率答，不具。浮启。甲戌二月廿四日。

仁是性德，不是知识，不是情见，一毫己私未尽，便是害仁。今时人所言道德伦理，皆是知识情见，从己私出发，所谓色取仁者，与仁觌体相反，以依似之解、回曲之言当之，最为心术之害。如侈言救国，即其一端。学者须是识得此理全是自性，在人在己，元是一般。我不能有加于人，人亦不能遂逊于我，只争得一个迷悟差别。迷则隔，悟则通，隔则颠倒惑乱，悟则真实无妄，湛然不迁。故必识仁而后可以知言、知人。慎思之。补此一段较为明了，然不能尽意，切须善会。梁先生尊重对方之伦理说，非不可以救蔽，但乖一体之意，不能直抉根原，偶与昰贤言之。然梁先生固是才士，贤辈不可以是少之也。

【编者评述】 乌以风是马一浮重要的学生。此信主要谈识仁为本与学诗。马一浮强调，"学者先须从求仁识仁用力，才有纤毫务外之心，便是不仁。……必毋近名而后求己始真，不求人知而后求仁始切"。并以为这也是写诗的根本。诗不完全在格律等形式，还在悟道，否则"诗虽工，而无当于性情之正，何益"？同时，学的工夫当然重要。"学在悟前须用力，悟后仍须学，但心开眼明，事半功倍，不甚费力耳"。学与悟相得而益彰。马一浮于信结束后，又专补一段以论仁。"仁是性德，不是知识，不是情见，一毫己私未尽，便是害仁"。强调知识与情见都是缘外而起，而仁"全是自性，在人在己，元是一般，……只争得一个迷悟差别"。乌以风原是北大哲学系学生，曾受学于熊十力与梁漱溟，信中提及梁漱溟"尊重对方之伦理说"，马一浮以为这"可以救蔽"，但"不能直抉根原"。马一浮与熊、梁并为二十世纪新儒学的三圣，且都出入儒佛与中西，但论学、出处、性情都各有不同。

:: :: **云颂天**

一九三四年

颂天足下：

别遂经时，奉书未及置答。吾病入秋渐愈，而家姊日益危笃，延至立冬后，遂至不起。暮年兄弟，疾病相依，一旦长诀，曾不能稍损其痛苦，伤哉！虽知死生之理本齐，逆顺之境如一，不能以此遂亡哀戚之情也。而今而后，吾天属之亲顿尽，真有"夕死可矣"之感。俟营葬既毕，便当将孩儿巷赁宅撤消，别赁数椽，安置经籍。后此生活，便同云水，或将独居山寺，送此残年，于斯世更无复系恋矣。缘会靡常，法尔如此。往时讲集诸子，亦各星散，有如昨梦，无足深嗟。永嘉云："大千世界海中沤，一切圣贤如电拂。"诚哉是言也！

每念贤笃厚近道之姿，别时依恋见于容色，别后勤拳形于书问。吾今哀苦之余，无可告语，所愿贤留意者，莫要于识仁。须知程子之言识仁，与孟子之言尽心、知性一也。老氏之流为阴谋，法家之趋于刻薄，皆缘不识仁。不识仁者，必至于不仁。今世所谓社会科学、唯物辩证、纯客观哲学者，去道家、法家绝远，其足以折其本而害仁者甚深。此心若有一毫间杂，未有不被其贼害者。《易》言"观其所感，观其所恒，而天地万物之情可见"，与老子言"万物并作，吾以观其复"者不同。盖"恒""感"以己言之，"作""复"以物言之。此可见老子便有外物之意。梁先生讲演，谓西洋人对物有办法而对己无办法；吾则谓西洋人既不识己，岂能识物？彼其对物之办法，乃其害己之办法耳！不可无一语相酬，聊复蛇足一上。心气衰耗，亦不能多及也。天寒珍重，不尽。

【编者评述】　云颂天亦是熊、梁学生，并曾协助梁工作，他与乌以风一样，都又从马一浮学，且都与马一浮似更亲近些。信中讲"别时依恋见于容色，别后勤拳形于书问"，可以见之。此信亦论识仁之重要。马一浮指出："程子之言识仁，与孟子之言尽心、知性一也。"又讲："老氏之流为阴谋，法家之趋于刻薄，皆缘不识仁。不识仁者，必至于不仁。今世所谓社会科学、唯物辩证、纯客观哲学者，去道家、法家绝远，其足以折其本而害仁者甚深。"马一浮引了《易》"观其所感，观其所恒，而天地万物之情可见"，与《老子》"万物并作，吾以观其复"作比较，以说明识仁之与否。马一浮以为，《易》之"感"与"恒"是"以己言之"，《老子》的"作"与"复"是"以物言之"，而仁是"自性"，因此《易》与《老子》便有识仁与否的区别。由此区别，《易》便可以进一步达到仁者与万物同体，而《老子》"便有外物之意"，即心物的二元对立。而且马一浮认为，对于"自性"之仁的体认，是真正达到认识外物的前提，"识己"方能"识物"；"西洋人既不识己，岂能识物"？此与梁漱溟以为"西洋人对物有办法而对己无办法"，完全不同。

一九三五年

:: :: 张立民

一九三五年十一月二十九日

立民足下：

　　累书不一报，甚孤见望之厚。穷理工夫本自要约，不在言说。见处若是端的，自能表里洞然，不留余惑。事物当前，自有个恰当处，了了分明，洒然行将去便得，无许多计较劳攘。《书》所谓"作德心逸日休"也。圣贤语脉，只是平常，就他真实行履处道出，不假安排。因问有答，亦是不得已而后应，非有要人必喻之心。故言语简要，不欲说得太尽，方可使学者入思。唯向内体究，久则豁然自喻，无有二理。若人不肯体究，圣人亦不奈伊何，非若近时讲哲学，要立体系，费差排施设，一时说尽，末了只成一种言语，无真实受用。庄子讥惠施多方，正复类此。印度论师、西洋哲学多属此类。其曰某种思想云云，即庄子所谓"辨者之囿"也。唯禅师差胜，以其贵自悟也。孟子曰："学问之道，欲其自得之也。"《易传》曰："默而识之，不言而信，存乎德行。"孔子学不厌，教不倦，本领在默而识之。会得此语，自知所用力。"维天之命，于穆不已"，"天何言哉？四时行，百物生"，"夙夜基命宥密，无声之乐也"，此皆从默上显体。默而识之，即是涵养功夫，不言察识而察识在其中。"鸢飞戾天，鱼跃于渊"，不到默识心融田地，不能上下察也。

格致之说，向来多门，吾自宗朱子。补《格物》章"或问"一段尤要，切须细玩。然须识得格物、致知只是一事。物以事言，知以理言。理虽散在万事，而实具乎一心，岂有内外之别！即物穷理，即是由博返约。程子所谓穷理，即孟子所谓尽心。物有所未格，知有所未至，即是理有所不行而心有所不尽也。至于物格、知至，则万物皆备于我，随在莫非此理之流行矣。学者患在将心与物、事与理总打成两橛，故无入头处。

摄事归理，会物归心，舍敬何由哉？敬只是收放心。心体本湛然常存，由于气习或昏焉，或杂焉，斯不免于放。然操之则存，亦自不远而可复。昏者复明，杂者复纯，乃可与穷理，可与尽心。故曰："未有致知而不在敬者。"岂是程子旋添得出来？敬则自然虚静，敬则自然无欲。须知虚静无欲乃心之本然，敬则返其本然之机也。人

不必驰求、歆羡、躁妄方是欲境界，只散漫、怠忘、急迫
便是欲境界，便是不敬。当此之时，若能一念猛自提警，
此心便存。佛氏所谓"一念回机，便同本得"，固自不
妄。但人心昏杂过久，虽乍得回机，不免旋又放失，故须
持敬功夫，绵绵不间断，久久纯熟，方得习气廓落，自然
气质清明，义理昭著。到此田地，方可说到不违仁，才有
默而识之、不言而信气象，才是涵养深厚，才可明伦察
物，理无不明，物无不格。故察识即在涵养之中，不可分
为二事也。若心犹未免昏杂，如何能察识，如何言格致？
庄子言"以恬养知"，亦识得此意。程子所谓"养知莫善于寡
欲"，即是"涵养须用敬"。读书而不穷理，只是增长习气；
察识而不涵养，只是用智自私。贤能善体斯言，庶乎其有
进矣。

　　熊先生新出《语要》，大体甚好。其非释氏之趣寂而
以孟子"形色天性"为归，实为能见其大。其判哲学家领
域当以本体论为主，亦可为近时言哲学者针札一上。但以
方便施设，故多用时人术语，不免择焉未精。自余立言稍
易处固有之，如以虚静为道家思想及贤者所举格致之说一类是。
然大旨要人向内体究，意余于言。"圣人吾不得而见之，
得见君子者斯可矣。"吾取其大者，其小者可弗辨也。

　　《报春亭记》不过欲与子言孝之意，贤自会得好。然
似说得太阔了。当时下笔，亦无许多意思。又称道太过，
却非吾之所敢当也。留汉随分教学亦不恶，杭地亦非昔
比。后此恐难安定，不必定图聚处为乐也。吾虽衰尚无疾

病，随缘安命而已。书不尽意，唯进德及时为望。浮启。
乙亥十一月四日。

【编者评述】　张立民也是熊十力学生，后转马一浮门下。此信论穷理工夫，甚为清晰重要。马一浮讲："穷理工夫本自要约，不在言说。见处若是端的，自能表里洞然，不留余惑。事物当前，自有个恰当处，了了分明，洒然行将去便得，无许多计较劳攘。"这便把"穷理"与"言说"作了切割。"言说"如"近时讲哲学，要立体系，费差排施设，一时说尽，末了只成一种言语，无真实受用"。"穷理"需要默识自得。马一浮虽然引证《易传》与《孟子》，但如此讲"穷理"，实有与道禅混同之嫌。故马一浮接着指出："格致之说，向来多门，吾自宗朱子。"并申言，"补《格物》章'或问'一段尤要，切须细玩"。马一浮的论证是，"格物、致知只是一事。物以事言，知以理言。理虽散在万事，而实具乎一心"。这就将"穷理"的目标（要约）与方法（默识）落实在"一心"，因此，"即物穷理，即是由博返约。程子所谓穷理，即孟子所谓尽心"。"言说"之所以反成为障碍，根源就在"将心与物、事与理总打成两橛"。那么，如何"摄事归理，会物归心"呢？唯有"敬"，而"敬只是收放心"。"放心"的状态有二：一是驰求、歆美、躁妄，这是非常显性的，"收放心"容易理解；二是散漫、怠忘、急迫，这是比较隐性的，不易体察，故"收放心"尤要在此下功夫。只要"一念猛自提警，此心便存"。但是，人受习气影响，原本湛然常存的心体，也就是虚静无欲的心之本然，或昏或杂，持敬工夫只是一念提警是不够的，需要"绵绵不间断，久久纯熟，方得习气廓落，自然气质清明，义理昭著"。这是一个涵养的过程，而穷理也就在其中，"故察识即在涵养之中，不可分为二事也。如此，马一浮便将"自宗朱子"的格物穷理，通过涵养持敬，与默识自得于心，贯通了起来。马一浮强调："读书而不穷理，只是增长习气；察识而不涵养，只是用智自私。"信末论及熊十力新出的著作《十力语要》，以为舍佛归儒，以本体论为主，以及"大旨要人向内体究"，都是此书的好处，但"多用时人术语，不免择焉未精"。

一九三六年

:::: **曹赤霞**　子起

一
一九三六年八月四日

来教所设三问，故是为实施权。然谷响泉声，不妨递相酬答，未必箭锋相拄，函盖相合耳。今依次奉答如下，却望勘辨。临颖自笑，大似秀才对策也。

答第一问。儒佛老庄，等是闲名；生灭真常，俱为赘说。达本则一性无亏，语用则千差竞起。随处作主，岂假安排？遇缘即宗，不妨施设。若乃得之象外，自然应乎寰中。故见立则矫乱纷陈，法空则异同俱泯矣。且置儒佛老庄，问如何是曹居士？

答第二问。死生一理，梦觉一如。真则俱真，幻则俱幻。当生即灭，乃显真常。无去无来，以明性住。轮回即自心之流转，鬼神乃二气之屈申。计妄计虚，同为有取；能见所见，皆由识变。心外无法，此复何疑！且勿拨无鬼神问，即今生人在甚么处？

答第三问。命以理言，数由心造。知命乃尽性之异词，悬记特谶纬之余习，此不可同年而语也。原始要终，故不昧因果；见微知著，故遂知来物。此皆据理，不关住数。"先天而天弗违"，不言定业难回；"后天而奉天时"，亦谓居易俟命。平等本际，何有超人之称？处顺安时，不闻造命之说。若夫自作之孽，各在当人；异熟之果，不由他力。众生心行差别无边，圣人亦不奈他何。忽若三世十方一齐坐断，更唤甚么作定命？

右特就来旨奉酬，不敢分外枝蔓，所谓"问在答处，答在问处"也。谓之真谛可，谓之戏论亦可，一任后人会取。若在尊兄分上，安用如许闲络索耶？时热珍重，不宣。八月四日。

【编者评述】　设问而答，问不知，仅见答，很可能误读。第一答，马一浮强调"达本则一性无亏，语用则千差竞起"。这个"一性"，便是自性。马一浮希望曹赤霞能够摆脱言语上的纠缠，从体认自性入手，"且置佛佛老庄，问如何是曹居士"？第二答，马一浮强调"心外无法"，不要去虚谈死生、真幻、鬼神，而是要"即今生人在甚么处"？第三答，解释何为命数。马一浮讲："命以理言，数由心造。"凡事，都有来龙去脉，由微而著的道理。谈命，就是讲这个道理。至于定数，则是人的自我设定，不足为据。

二
一九三六年八月十二日

来教自答三问，真是掀倒禅床，卷却坐席，痛快之至！弟前所拟议，只是秀才伎俩。文字虽做得好，争奈不中程式；又似挑柴汉子说中书门下事也。虽然如此，不妨葛藤一上。

近时有所谓行为学者，将从前心理学全部推翻，说人生本无感情、理智、意志、思想，种种观念名词，一扫而空。所余知觉运动，只是神经受外界刺激而起之一种筋肉反应。因此而起一切行为，如渴则饮水、饥则取食之类。骤听之亦似有理。但依彼说，不特儒佛老庄，及何等语言施设，都是干矢橛，彼之为是说者，亦是一种筋肉反应。以后无论产生何种学说，亦是一种筋肉反应而已。其徒动色相矜，俨然说教态度，岂非绝大笑话！此其为说与兄所主张虽是天地悬隔，粗妙不同，而一切不由自主则一也。

主宰是理，流行是气。"能为万象主，不逐四时凋"，正是理常行乎气中。作得主宰，方为尽性至命。主人翁常惺惺着，岂可无自由分？不谓兄之结论乃堕此失也。"但见棚头弄傀儡，抽牵全藉里头人。""里头人"乃喻识心。息机归寂然，诸幻成无性。言"心生种种法生，心灭种种法灭"。佛说此生灭心名为妄心，忽然捉住"里头人"，则知此乃是贼而非主。捉贼者乃可与以"主"名。无论是贼是主，决不干傀儡事，以傀儡乃真无自由分。里头人会抽牵，亦似有自由分。觑破此人黑布帷子，忽然罢弄，戏即收场，此人更无立处，即失却自由矣。

今来教谓汤武不得不王，桀纣不得不亡，本人无丝毫自由分。自混沌初开至地球末日，皆生机鼓荡，不容自已。是以汤武、桀纣俱为傀儡，而里头人则生机之鼓荡是也。亦即所谓命数是也。无乃不可乎？从来法喻难齐未有如是者，此弟所不能解也。据弟所见，生机鼓荡是命，是自然之道，是主而非贼。里头人抽牵伎俩是识，是造作诸业力，是贼而非主。弟实不善会兄意，于兄第三答，不能无疑，其故如此。

伊耆氏之谣云："土反其宅，水归其壑，草木归其泽。"大鉴谓"叶落归根"，横渠谓"形溃反原"，此与兄所举"沤生沤灭还归水"正是一理，此自无疑。然与兄第三答参看，所谓生机鼓荡不容自已者，是水而非沤，里头人正是沤，不可唤他作水。既假立文字言诠，亦须还他分晓。沤是缘生法，不由自主；水是大化生机，命之本原，不可与沤同论。王与不王是沤，汤武所以为汤武者是水。孟子所谓"汤武反之"。虽不王，不失为汤武。喻如水，无沤总是水，大海水量不以沤之有无为增减。桀纣虽不亡，亦只是沤，以其失道，不可唤作水，喻如一沤，不能穷尽溟渤。人之有私己心者，不能浑然与物同体，皆失其所以为水，但守一沤耳。弟所不能与兄同者，只是不可将弄傀儡之里头人喻命，亦即是不可目一沤为全海水耳。言多去道转远，因夜热不能入睡，信笔写此，枝蔓上更添枝蔓。岂唯语拙，实是向来泥著文字，故不能得兄言外之旨耳。更望勘辨，不宣。八月十二日。

【编者评述】 此信斥决定论。曹赤霞自答三问，马一浮再作申说。联系前信所答，或可推想曹赤霞的论学比较主张决定论。马一浮以当时流行的行为主义理论为例而论，以为依行为主义的刺激反应论，可以推出一切知觉运动都"只是神经受外界刺激而起之一种筋肉反应"；如此，"不特儒佛老庄，及何等语言施设，都是干矢橛，彼之为是说者，亦是一种筋肉反应"。而曹赤霞的决定论，本质上与这种刺激反应论是一样的，人只是环境的"傀儡"，毫无自由意志；因此，汤武与桀纣并无差别。人只是环境的"傀儡"，故人的这种被决定就是"所谓命数是也"。马一浮进而据曹赤霞来信所举"沤生沤灭还归水"之比喻指出："沤是缘生法，不由自主；水是大化生机，命之本原，不可与沤同论"。就沤泡破后归于水而言，曹赤霞讲的没有错；但因环境而失水的本来状态成了沤泡，这个沤泡就不可简单与水同论，水是水，沤是沤。汤武不王，仍是水；桀纣不亡，仍是沤。区别不在成败，而在是否合道，不可混同。

三

一九三六年八月二十日

累奉来教，快若面论。但弟愚，仍有未能涣然者。明知浩浩商量，葛藤无已，未免迭相钝置。然弗明弗措，亦是朋友讲习之道，不妨示有言说。兄虽弗肯，未至掩耳，则弟且未须杜口也。今复略申所疑如下，更望教答。

一、来示谓学当以二氏为体，儒家为用，似谓二氏有体而无用，儒家有用而无体。体用打成两橛，此弟所最不能喻者。仁者见仁，智者见智，只是这个百姓日用而不知的，亦只是这个与物为体，故不可遗。常在日用中，故不可离。今曰佛老仁智而儒家中庸，是离仁智而别有中庸也。且仁智、中庸皆该体用而言，今曰仁智得其体，中庸得其用。是有无用之体、无体之用也，可乎？

一、来教谓万事皆前定，由因果律所支配，绝非偶然。又曰，天地万物本来平等，岂有主之者哉，亦自生自灭，自力自主而已。既曰前定，则因果律失其权，孰为定之^①，谁为之前？若谓因即前，"如是因，如是果"谓之定律，何以又言自生自灭，自力自主？自者，异他之称。今曰因即历史，缘即环境，此定律者既以历史为因，环境为

---

① "孰为"，《马一浮集》作"熟为"，盖形近而误。今据前后文义改。

缘，皆他而非自也。然则自生自灭，自力自主之义，又何以成？佛氏说诸法不自生，不他生，不共生，不无因生，是故说缘生。缘生之法，无有自性，故说是空。与兄前定之说正是觌体相反。而兄自言所学以佛为体，此弟所最不能喻也。王辅嗣言"《易》以感为体"，程子善之，因谓天下只是一个感应，有感必有应，所应复为感，其感又有应，如是则无穷。此与佛说根本不同。佛说因缘是幻法，此说感应是实理也。感应是直指心源，今所谓因果律，特粗明事相。而兄乃谓儒家所短在不能抉示宇宙真理真相。弟愚，诚不知其何说也。此非与二氏校短长，尤绝非与兄争得失，理实如此，不得放过。望兄更详思之，立言不可如是其易也。

一、来教谓所持定命之说，从历史环境人情事变观察而得，实为真理。又举明亡之局为例证。弟按兄所言者，势也。势者，犹今俗言动向。势则不无因，势成而谓之命定、谓之真理，则不可。此义颇费分疏，然亦可略言之。世间成败废兴存亡之迹，皆有其本。本者心也，迹者事也。孟子曰，生于其心，见于其事。本是隐微，迹则形著。司马迁述董生言，春秋之世，弑君三十六，亡国五十二，诸侯奔走不得保其社稷者不可胜数。察其所以，皆失其本已。《易》曰："失之毫厘，差以千里。""臣弑其君，子弑其父，非一朝一夕之故也，其所由来者渐矣。"此皆原其失理之本，非仅观其祸乱之迹也。唯存于心之隐微者理有得失，斯见于事之形著者势有安危。故理常在势先，不可以势为理也。得于理者谓之正命，失于理者谓之非正命。命常与理俱，不可以势为命也。老言祸福倚伏是明势，《易》言吉凶得失是显理。理得为吉，理失为凶。势有消长，更迭相胜，故无常；理无变异，动贞夫一，故不易。老氏以自然为命，释氏业报为命，皆主遭命而言，未及正命。然固未尝以势为命也，亦未尝以势为理也。《易·文言》曰："知进退存亡而不失其正者，其唯圣人乎！"进退存亡是势，不失其正是理。知此而不忧，是知命。此孔子之旨异于二氏，较然明白。列子以力不胜命归之自然，亦谓命为不可知之数。列子曰："不知所以然而然者，命也，孰能知其故？既谓之命，何有制之者邪？朕直而推之，曲而任之，自寿自夭，自穷自达，自贵自贱，自富自贫，朕岂能识之哉？"此亦指遭命耳。今兄以势为命，而又云自生自灭，自力自主。既曰定命，为可知邪，为不可知邪？既曰自生自灭，自力自主，则孰为定之？将定之亦由自矣。自主为是，则定命为非；定命为是，则自主为非。二义相违，弟实迷乱不能喻兄之旨。兄所言自校列子为广，列主别业，兄主共业也。所能寻绎者，知兄所言是势而以真理与定命当之。窃谓此义殊欠分晰。今更设喻以明之。譬之舟师御人之为术，其操之有度、行之有节者，理也。驶转决骤、进退疾徐，或安焉，或危焉者，势也。操术有慎有不慎，术既慎矣，然而犹不免于倾覆者，命也。其不慎而自即于危者，非命也。夫莫之为而为，莫之致而致，乃可谓命也。孟子此言与列子"何有制之者"同义。但列子主自然，孟子则言正命，此儒道不同处。今夫势，谁为为之，孰使致之，固有尸其责者存焉，而委之于命，不可也。故舟车者器也，操之者人也。安危之势，倾覆之途，川陆不能专其夷险，舟车不能载其祸福，亦在人而已矣。天下亦器也，开物成务、拨乱反正者，人也；死权殉利、残民以逞者，亦人也。治乱，迹也；其所从出，本也。率天下以正，理也；不能易其暴，势也；来教谓孔子无救于春秋之乱。隐见行藏，时也；吉凶与民同患，命也。主理则一于道义而已矣。道虽有行有不行，皆正命也。任势则趋于功利而已矣。功业虽就，亦幸也，非正命也。由弟言之，说得太广了，今须简括作结论。有正命而无定命，当循理而不贵势，方可百世以俟圣人而不惑。事有顺理而逆势者，亦有顺势而逆理者，于此必有所择。此其所以与兄异撰也。

言不尽意。在兄或视为理障、文字障，然快便难逢，弟亦忍俊不禁，不免郎当太过，斥为戏论可也。秋凉深盼能惠然命驾，更领痛棒。世乱时危，老之将至，此日不可多得，兄能勿念之乎？临书神驰，不宣。八月二十日。

【编者评述】 此信论体用，斥决定论，释命说。首驳曹赤霞"以二氏为体，儒家为用"。马一浮以为，体用不可打成两橛；而且，仁智、中庸都是涵括体用的。次驳决定论。马一浮以为，如持决定论，则最初的第一因又由什么决定？同时，马一浮指出，曹赤霞一方面主张决定论，另一方面又主张万物平等，皆自生自灭，完全自相矛盾。此外，无论是决定论，还是自生自灭，都与佛教讲的万法为空是不同的，曹赤霞自言以佛为体，马一浮提出质疑。最后分析曹赤霞所持的定命说。马一浮指出，从历史环境人情事变来分析，这是对的，但这不是"命"，而是"势""动向"。势虽由原因造成，但不可以将因势而成的结果说成命定。由原而成势，由势而成结果，都是现象，现象背后有根本，"本者心也，迹者事也"。"唯存于心之隐微者理有得失，斯见于事之形著者势有安危。故理常在势先，不可以势为理也。得于理者谓之正命，失于理者谓之非正命。命常与理俱，不可以势为命也"。要之，马一浮强调命是与理共在的，理散于万事而又汇于一心；心行合乎理，便是正命，有正命而无定命，故不关乎成败；循理则与道义同在，贵势则趋于功利，后者功业虽成，亦是侥幸，而非正命。

∷∷ **熊十力** 子真　逸翁

一九三六年七月二十九日

前承见示跋张孟劬与人书一文，弟适在病中，久未作答。顷笑春来，复得读近著答人问玄学与科学真理，不觉喜跃，顿忘疾苦，可谓显微阐幽，六通四辟，天地间有数文字也。

时人所标真理，只是心外有物，自生计较，是以求真反妄。科学家可以语小，难与入微。哲学家可与析名，难与见性。独有自号历史派者，以诬词为创见，以侮圣为奇功，向壁虚造，而自矜考据。此曹直是不可救药，但当屏诸四夷，不与同中国，而乃犹欲诏以六艺之旨，责其炫乱之私，此何异执夏虫以语冰，而斥跦犬之吠尧也。

弟意此文不如秘之，暂可不发表。承引与商榷其义，则言之甚长，弟病后思力衰退，惮于作长篇文字，实愧不能相助。原稿已属笑春录副奉还。以文字论，不及答真理问之缜密也。颂天前月来，留十余日，与之言，亦有领会处，但不能用力。此是学人通病，只向人讨言语，而不自思绎。但记言语何益，况其未能尽记？安得忘言之人而与之言？此是无舌人解语，难可期初机。但求其愤悱易启发者，亦殊难值。如颂天者，尚有愤悱意思，亦尚可喜也。

兵祸又作，何处得安居？弟病医者言是胃癌，只得数年活，委心任运而已。寂寥之感，亘古如斯，亦不足置念。老而安死，理之常也。颂天劝吾作六艺论，适兄寄此文来，亦颇意动，终以无此气力，废然辍笔。然作与不作，于此理何增减哉。每揽兄文，辄喜兄精力尚健，可以著书，非弟所能及也。偶作小诗遣兴，今属笑春录去数首，一笑，聊见近怀。南中梅雨蒸湿，北望增念，料餐卫多宜为慰。弟浮启。丙子六月十二日。

【编者评述】　熊十力有论科玄论战文字转来，马一浮称誉不已。马一浮讲："时人所标真理，只是心外有物，自生计较，是以求真反妄。"他认为，散于外物的理必须返归于自心，才是真正的理。相对而言，马一浮对于科学与西方哲学虽都不满，但还有所承认，所谓"科学家可以语小，难与入微。哲学家可与析名，难与见性"。而对古史辩派为代表的考证史学，完全否定，他讲："自号历史派者，以诬词为创见，以侮圣为奇功，向壁虚造，而自矜考据。此曹直是不可救药，但当屏诸四夷，不与同中国。"信中又因云颂天来学，论及学人通病就是落在言语上，而不能于自性上涵养自得。另外，信中有"（云）颂天劝吾作六艺论"语，可知此时马一浮的六艺论已经基本成熟。

∷ ∷ **云颂天**

一

一九三六年三月八日

颂天足下：

弥年未寄一字，每忆旧日相聚时事，弥觉可怀。前月承以菏泽新印本《先圣大训》见寄，别附贺年片二纸，颇恨其简。晤笑春，谓曾得书，云：旧患脑胀，至今未愈。以医理言之，当属升而不降之故。未知治事之暇，亦尝用旧日功夫静坐否？气有精粗，养生家之术，往往只能得其粗者，不免用意造作，不如放令自然，气自流行无滞。若流俗之人动乱耗散，则又并其粗者而不知也。读书穷理是养气第一法门，亦即孟子集义功夫。勿忘勿助，释氏谓之离作止二病，先儒谓未有学圣人之道而得心疾者。心与脑皆气也，脑病皆由气病而来，切望贤养之得其道，则此病必可已。但觉义理浃洽于中，而悦怿之意生，自然畅于四体，此则病愈之候矣。

　　吾形体虽日衰，气则尚未消索。姊丧既除，曾游天台、黄山，又赁居一废园，颇有树石，但亦不能无寂寥之感。熊先生既久别，旧时同游诸子皆散而之四方，又各以事牵，未能一意进德修业。翻念昔日相处未有裨益，心之忧矣，曷之能来？虏患日迫，或将不免播徙，后此益不可知矣。夷狄患难之相乘，其来已久。《易》曰："知进退存亡而不失其正者，其唯圣人乎。"今天下多端，皆主于力，而不知有正，苟以求伸，夷夏一也。以陵暴相胜，力有尽时，覆亡随之，其愚可哀。孟子曰："人皆有所不忍，达之于其所忍，仁也。人皆有所不为，达之于其所为，义也。"今乃无所不忍，无所不为，尚复何言哉！如尚以衰朽为念，却望于身心切要处致问，勿泛泛作寒暄语。临书不胜驰念。浮启。二月十五日。

　　【编者评述】　此信言及儒家之养生，兼及时事。云颂天有脑胀之病，马一浮建议尝试静坐。不过，他讲："气有精粗，养生家之术，往往只能得其粗者，不免用意造作，不如放令自然，气自流行无滞。""心与脑皆气也，脑病皆由气病而来"，善养气，能有益精神性疾病的治疗。同时，"读书穷理是养气第一法门，亦即孟子集义功夫。"并以为，"先儒谓未有学圣人之道而得心疾者"。时值抗战前夕，马一浮以为，"今天下多端，皆主于力，而不知有正"，这是由于西方思想流行的后果。

二

一九三六年九月十六日

颂天足下：

进德之验，如人孩童渐至少壮，血气日盛，肤革充盈。方其长也，初不自知，只是生机自不容已。其退惰也，如人衰老，日就陨敝，神气消索，亦不自知，只是生机日渐减少。平时爪生发长及发白面皱，皆不自知。此喻虽浅而实切。变化密移其所由致，皆在潜行默运之中。及其形著，皆为粗迹。其未形未著之时，乃其本也。故必涵养纯熟，然后气自常定，理自常明。逢缘遇物，行所无事，毫不费力。然其得力处，皆在平日读书穷理工夫不间断，于不知不觉之中，滓秽日去，清虚日来，气质自然清明，义理自然昭著，此正孟子所谓集义也。才有一毫有所得心，便堕计较，便至急迫，便是义袭而取。故但当用力，不当责效。用力只是集义，责效则是揠苗助长。赵州云："汝但自体究，若三年不悟，割取老僧头去。"朱子尝为学者举赵州此话。然悟与不悟是两头语，克期待悟亦是责效，亦堕急迫。法眼见罗汉琛，琛问云："行脚事如何？"眼云："不知。"琛因云："不知最亲切。"此语胜过赵州。只是俛焉日有孜孜，死而后已。虽圣人分上，日新之功亦只是个不自知、不容已；天地之大化，亦只是个不自知、不容已。会得此旨，则一切胜心、客气、私智、妄计，岂复尚有丝毫存在耶？必如此，方可入德，方许见性。在杭时所言虽多，未尝及此。颂天于吾语虽信而未入，故今为更进一解，切须善会，更无余事也。

前与贤同游洞霄宫还遂别。别后即病数日，病后追忆昔游，得数诗，已嘱立民别寄。独《云中望秦望》一首，以悼林同庄，诗兴遂沮，不复作。此亦发于天机，如风动泉流，自然成韵，不可强作也。熊先生时有书来，吾亦两月未病。世事无足言者。陈撄宁处有书致问否？脑病总是气不流行，养得此心活泼泼地，气自大顺，乃知神仙方术未是极妙耳。浮启。丙子八月一日。

【编者评述】　此信论进德。马一浮以为，"变化密移其所由致，皆在潜行默运之中。及其形著，皆为粗迹"。因此，"未形未著之时，乃其本也"；而涵养的关键"在平日读书穷理工夫不间断"，达到纯熟。涵养的过程不可有计较心，"故但当用力，不当责效"。又强调，"脑病总是气不流行，养得此心活泼泼地，气自大顺，乃知神仙方术未是极妙"。

一九三六年十二月十二日

乾元用九，是大机大用，是孔子、如来行履处。禅家所谓"向上一路，千圣不传"，非不传也，不可得而传也。直须自证自悟，始得到此。凡教家极则语，如圣谛第一义，皆用不着，故谓唯"廓然无圣"一语差相似耳。贤所会是义解边事，虽有思致，而下语未惬。郑注亦未得旨，但《易赞》说三易绝精。变易说圆融，不易说行布，简易说二门不二，宛是《华严》义旨，该摄无余，可试绎之。来书以天下、一己对说。天下，依也；一己，正也。须明依正不二。看他古人语脉，才说正即具依，才说依不离正。如曰："致中和，天地位，万物育。"中和是正，位育是依。"笃恭而天下平"，"一旦克己复礼，天下归仁"，莫不如此。今一向分说去了，末梢合拢，却费气力，便与古人语脉不类。

第二书谓读《普贤行愿品》亦触发警省，如此消归自己，极好！末后引郑注处又却未合。详郑注：舜既受禅，禹与契、稷、皋陶之属，并在于朝，以此说"飞龙在天，大人造也"，则事义甚为符合；若以此说"群龙无首"，则不相当也。因贤举普贤行，却思《论语》"颜渊""仲弓问仁"二章义。首答颜渊语是文殊法门，答仲弓语是普贤法门。"出门如见大宾，使民如承大祭。"此真普贤行也。见大宾、承大祭，是因地语；老安、少怀，是果地语，思之。"随流返流"，义出《楞严》；今作"停流"，误。余俟面究，不悉。丙子十月二十九夜。

【编者评述】　此信释举数例。一例，"乾元用九"。马一浮以为"是大机大用，是孔子、如来行履处"。大抵是一种境界，不落言诠。如在语言中思索解析，是无法到此境界的。二例，易有三义。"变易说圆融，不易说行布，简易说二门不二，宛是《华严》义旨，该摄无余"。三例，天下与一己。张立民将二者对说，马一浮讲："天下，依也；一己，正也。""才说正即具依，才说依不离正"。"依正不二"。四例，释"舜既受禅，禹与契、稷、皋陶之属，并在于朝"。可以解为"飞龙在天，大人造也"，不可解为"群龙无首"。五例，释普贤行。马一浮以为，《论语》答颜渊问仁章，"克己复礼为仁"，"是文殊法门"；而"仲弓问仁"章，"出门如见大宾，使民如承大祭"，"此真普贤行也"。文殊与普贤是佛祖的左右胁侍，象征定慧双修。又以为，"见大宾、承大祭，是因地语；老安、少怀，是果地语"。马一浮论学，常儒佛互释，此信可见之。

一九三七年

:: :: **叶左文**　渭清　竢庵

一

一九三七年前

　　自从者之北，知方有应接之勤、典守之重，未敢以不亟之言进。昨以事至江干，晤令亲家子珪先生，谈次及伯敬就学事，谓尊兄尚未有所择。因言有书置邮，其间颇引鄙论，谓以伯敬弃旧业而就新学为非计。伯敬亦云有启白，直谓浮不然其入学。是二者皆失之甚远，益惩平日多言之过，而叹语经转述，每致乖其本意有如此。先儒不欲人记录言语，良有以也。然名理精微，一字出入，义即失准。此乃所言粗近，不关玄旨，而已有乌焉三写之讹。是不可不直陈其实，以释贤者之疑也。

浮虽愚蔽专锢，何心沮人入学，但平日于今之所以为教者，有所未喻，见闻所及，不敢以不安者为安，时或形于言，是则有之。若夫鼓箧之伦，各有其志，岂可执一概以相量哉。必欲舍彼之通，徇我之陋，抑人申己，非唯分所不可，亦乃事所未暇。曩者尊兄使伯敬学医于陆君，浮固赞之，亦以医之为术，非必限以方伎，苟精其业，亦可随分活人。玄晏、丹溪流风斯在，未始非儒者穷居之事。至馆之于舍，徒以陆君在杭，往从略便。既忝居交末，亦遂以子弟之礼待之，非谓其能教之也。今陆君既逝，事与昔殊。兄复远出，渠亦毕婚，宦学之谋又安能已？然以君子之诏其子，宜必有道，趣舍之途，当内断于心。若咨诹靡定，傍偟无择，是非所以示子弟，而亦友朋之惑也。今之设科以待学子者，事极于裨贩而志在于随人。此流俗之所歆羡，固不当望之贤子。然彼善于此者，盖有之矣。

　　尊兄持养有素，故当事至不惑。此不难辨，安有遣子就学而犹疑不能决者？不及而言，是亦鄙妄之过也。柱下也，亦贤者所可处，闻中秘多罕见古籍，想以暇流览，足可慰意，然穷理之功，殊不在是。相去日远，闻过日少，讲习之效，益不可期。故旧中多守其依似之见而溺于柔道之牵，以是自勘，弥复可惧耳。北地苦寒，诸唯珍重，不宣。九月二十八日。

　　【编者评述】　马一浮对新式教育持批评意见，一直以为"今之设科以待学子者，事极于裨贩而志在于随人"。老友叶左文误以为马一浮阻止儿子伯敬"弃旧业而就新学",伯敬也讲马一浮"不然其入学"。马一浮书此自辩,强调自己虽对新式教育持批评,但不至于阻人入学。这与论学似无直接关系,但可以理解马一浮的立身行事。

二
一九三七年七月三日

前书谓兄偏重史实,末流不能无弊。空疏之言,有近于妄。虑将见斥,必谓不信人间有古今矣。今请略申其说,无以径直为嫌。

《语》曰:"文胜质则史。"故知史家主文,远于情实。事必有义,然后文之。若其事信美,于文何咎?苟乖于义,则事不足称,虽有良史,难乎为文,匪特传闻异辞,不为典要。过文则诬,漂杵乃施于至仁;近信则野,孝慈无救于幽厉。见礼知政,闻乐知德,明事之本在心也。故《尚书》为传心之典,《春秋》非比事之书。《通鉴》但齐于实录,而《纲目》可附于《春秋》,为其因事显义,推见至隐。见者其事,隐者其心。

窃谓尊兄治史,当识其大者。明乎失得之故,废兴所由,斯可以立举措之规模,见施行之次第。上之可绍于麟经,下之亦同于三《传》。若夫年月后先,官职除免,斯乃掌故之任,比于朝报。知人论世,无资履历之文;考德观仁，不假搢绅之录。似不必多留神虑。喻如谷量牛马，则数畜为贫；不识孙曾，则祖父为寿。此即考订稍疏，未足为病。过此以往，犹愿兄为渔仲、贵与，不愿兄为竹汀、瓯北也。平日好谈心性，知有蹈虚之失。虽不见契，犹望不废其言。斯实不从葱岭带来，乃是中心所发。度今日更无以斯言进者，犹辱齿在友朋，当不恶其逆耳也。

更有戏论，亦并陈之。神仙家立真灵位号，自谓膺箓受图，世皆嗤其虚诞。及鄙夫乘时窃位，妄以名器假人，非真有受命之符、定乱之略也。彼既居之不疑，人亦信之恐后。土龙刍狗，徒有其名；谷响泉声，岂堪把玩？犹之优伶爨演，冕服本所自加；里巷说书，君相皆由虚构。史家流裔未能远过于斯。于彼则以为诞，于此则以为实。此之取舍，何有优劣可言？故名字为倒惑之媒，爵号乃愚民之术。要识无言之旨，始悟正名之功。惠施去尊，为无尊也；老聃去智，为无智也。若其本有，安在其能去之耶？朱子诗云："须知三绝韦编者，不是寻行数墨人。"哀人生之长勤，独悒郁其谁语？遂以驳杂之论，渎乱听闻，或将增其罪戾。冀有一旦廓然之时，亦或相视而笑。此詹詹者，真闲言剩语耳。渐燠珍重，不宣。

附：与张立民

昨致叶先生一书，虽是因病发药，亦不专为考据家说法，实是破名字执之要门。文辞舒缓恳挚，亦朋友讲论之道应尔。今以寄览，可别录一通存之，并与笑春、禹泽、星贤诸子同阅。然须善会，非直谓史册可捐、名字可废也。惠施去尊之尊，犹今言权威。老聃去智之智，犹今言知识。此皆习气，故可去，与本智无干。丁丑五月二十五日。

【编者评述】　叶左文治史学，尤重实证考据，马一浮此信专论史学。马一浮以为，"偏重史实，末流不能无弊"。他讲："《语》曰：'文胜质则史。'故知史家主义，远于情实。"良史不应该在文字上费心，而应该"见礼知政，闻乐知德，明事之本在心也"；"因事显义，推见至隐。见者其事，隐者其心"。因此，马一浮期望叶左文"治史，当识其大者。明乎失得之故，废兴所由，斯可以立举措之规模，见施行之次第"。其他的一些史实，如年月先后，官职除免等等，"似不必多留神虑"，"考订稍疏，未足为病"。"犹愿兄为（郑樵）渔仲、（马端临）贵与，不愿兄为（钱大昕）竹汀、赵翼（瓯北）也"。推重宋代史学，对清代考据学不以为然。甚至以神仙家装神弄鬼作比，以为"史家流裔未能远过于斯。于彼则以为诞，于此则以为实"。

此信后附《与张立民》，说明此信"虽是因病发药，亦不专为考据家说法，实是破名字执之要门"。叮嘱张立民与其他弟子，"须善会，非直谓史册可捐、名字可废也"。强调他针对的是所谓的"权威"与"知识"，"此皆习气，故可去，与本智无干"。

∷ ∷ **熊十力**　子真　逸翁

一九三七年五月三十一日

见示答意人马格里尼问《老子》义一书，料简西洋哲学之失，抉发中土圣言之要，极有精采。彼皆以习心为主，所言唯是识情分别，安解体认自性？兄言正是当头一棒。但恐今日治西洋哲学者多是死汉，一棒打不回头耳。

老氏言有无，释氏言空有，儒家言微显，皆以不二为宗趣。"有生于无之生，是显现义。"此语下得最好。说不皦不昧是心平等相，及静之徐清，动之徐生，归根、复命、知常诸义，皆极精审，于学者有益。据《老子》本书，乃是观缘而觉；今西洋哲学则是观缘而不觉，静躁之途异也。

缘会故名有，性空故名无。常无以观妙，常有以观徼，即是般若观空、沤和涉有之义。徼，犹言边际也，二边既尽，中道自显。今以"徼求"为解，义似稍曲。三乘等观性空而得道。老氏之旨，颇与般若冥符。但其言简约，未及《中观》"八不"义之曲畅旁通、《华严》"六相"义之该摄无余耳。西洋哲学只是执有，不解观空。所以圣凡迥别。彼之所谓圣智，正老子所谓众人计著多端，只成倒见而已。

晚周哲匠，孔、老为尊。孔唯显性，老则破相。邵尧夫谓孟子得《易》之体，老子得《易》之用，斯言良然。显性故道中庸，破相故非仁义。语体则日用不知，谈用则深密难识。《汉志》以"君人南面之术"为言，亦浅之乎测老子。庄子赞其博大，正以其神用无方。但其言有险易，义有纯驳，颇疑六国时人附益，不尽出其本书。如谓"众人皆有以，而我独顽似鄙，我愚人之心也哉"，其言峣奇自喜，长于运智而绌于兴悲。"反者道之动，弱者道之用"，"曲则全，枉则直，洼则盈，敝则新"，庄子益之以"坚则毁，锐则挫"。皆观物之变以制用。"人皆取先，己独取后"，"人皆取实，己独取虚"，实为阴谋家之所从出。亦其立言之初偏重于用，故末流之失如此。若孔子则无是也。"正大而天地之情可见矣"，何其与老子之言不类也！

弟意为学者说老子义，须将此等处令其对勘。今为西洋哲学家说，故未遑及此耳。此书篇帙不多，似可告彭君增入《熊氏丛书》。属题内外签，别纸写奉。外签但用大题，不须更写别目。如此款式稍大方，非偷懒欲省字也。春假南游之说未果，殊增远怀。且喜近体转胜。弟虽衰相日加，幸无大病。舍表弟远来相就，足慰迟暮之感。惜其少更患难，不免失学。但气质甚佳，与之语亦颇能领会少分。吾外家世世有文，弟于彼属望颇深。但为生事所累，未能一力于学耳。荷兄关怀，故及之。犹寒珍重，不悉。丁丑四月二十二日。

【**编者评述**】　因见熊十力答意大利人问《老子》义，马一浮激赏而论中西哲学，兼涉儒佛道比较。论中西，马一浮讲："西洋哲学只是执有，不解观空。""老氏言有无，释氏言空有，儒家言微显，皆以不二为宗趣。……据《老子》本书，乃是观缘而觉；今西洋哲学则是观缘而不觉，静躁之途异也"。"彼皆以习心为主，所言唯是识情分别，安解体认自性"？"彼之所谓圣智，正老子所谓众人计著多端，只成倒见而已"。"但恐今日治西洋哲学者多是死汉，一棒打不回头耳"。论儒道，马一浮以为，"晚周哲匠，孔、老为尊。孔唯显性，老则破相"；"显性故道中庸，破相故非仁义"。又引邵雍的看法，以为"孟子得《易》之体，老子得《易》之用"；"语体则日用不知，谈用则深密难识"。由于追求"用"的"深密难识"，故《老子》被肤浅地视为"君人南面之术"，庄子虽然赞其博大，但其言或险易、或峣奇，"实为阴谋家之所从出"。相形之下，"立言之初"，孔子没有老子这样的"偏重于用"，故没有这样的"末流之失"。此外，马一浮将此比较提到方法论的意义上，以为"为学者说老子义，须将此等处令其对勘"。

:: :: **云颂天**

一九三七年十一月十二日

颂天足下：

得书知将入蜀，且喜梁先生之教将行于蜀中。所惜者，但与贤相去益远耳。寇氛虽逼，吾所居薪木尚在，飞鸢日来，时有煨烬之虞，然流离转徙，亦终委沟壑，二者又何择焉？在杭诸子劝吾避地，吾谓何适而非跖里，直是无地可避！夷狄患难，纷然相乘，困而不失其亨，亡而不失其正，俟命之义也，何必择地乃为首阳？吉凶与民同患，亦无独全之理。今日之事，三十年前已知之矣。共业已成，同归涂炭，哀此沦溺，只益悲心。今国家民族皆无道以求生存，不知彼所求之生存，皆危亡之涂也。连横兼并，争夺相杀，殉财死权，无有纪极，皆由自私之一念以充之。儒者谓之生心害政，佛氏谓之循业发见，孟子有一喻与今时适合："逢蒙学射于羿，尽羿之道，思天下唯羿为愈己，于是杀羿。"今西夷，羿也；东夷，逢蒙也；争霸是杀羿也。今羿亦知逢蒙之患，不独欲亡中国。然逢蒙之道即羿之道，岂有优劣哉。故言富强者必极于不仁，争资源，辟殖民地，力征经营，狙诈飙起，趋其民以就死而不悔，曰吾将以是生之也，至愚大惑，孰有甚于此乎？国土性空，物我一体，此义不明，人类终无宁日。哀我国人，至今尚以蒙羿之道为尧舜。深望梁先生将来于乡村建设之教育中，稍稍傅以经术，为当来人类留此一线生机。此不独一国家、一民族之事。贤勉之矣。变灭从缘，虚空不烂，言性德也。行矣自爱，余不多及。丁丑十月十日。

【编者评述】 抗战乱起，马一浮告知颂天，"困而不失其亨，亡而不失其正，俟命之义也。……吉凶与民同患，亦无独全之理"。此信尤论战争的根原。马一浮讲："今日之事，三十年前已知之矣。……今国家民族皆无道以求生存，不知彼所求之生存，皆危亡之途也。连横兼并，争夺相杀，殉财死权，无有纪极，皆由自私之一念以充之。"并引孟子的蒙、羿故事以喻日本与西方列强，以为"逢蒙之道即羿之道，岂有优劣哉"。强调"国土性空，物我一体，此义不明，人类终无宁日。哀我国人，至今尚以蒙羿之道为尧舜"。马一浮从家国所蒙受的战争苦难，反思整个人类的根本问题，不仅对以物质争富强持批判态度，而且对于民族国家，以及西方的民主政治也都持否定态度，虽然没有展开论述，但明确表达出对现代性的反思，甚至批判。这在当时实属难得之见，马一浮深知不为时人所理解与认同，事实上与后来新儒家致力于儒学中开出西方民主与科学也迥然异趣。由信末"深望梁先生将来于乡村建设之教育中，稍稍傅以经术，为当来人类留此一线生机"之语，以及申明"此不独一国家、一民族之事"，似可窥知马一浮希望的是基于自治之上的国家形式，这不仅是中国的传统，而且是将来世界应该的道路，这显然是不同于基于西方现代性的民族国家形式。

:: :: **李笑春**

一九三七年九月十六日

笑春足下：

　　从立民诸子得见长沙来书，藉详近状。自贤返湖南后，不过三月，不图世变遂至如此。夷狄患难纷然交乘，此时正要勘验自家身心，须有一个安顿处。否则与之俱乱而已。所言安顿处，即是义理。无论死生存亡皆不失其正，求仁得仁，此外岂有余事邪？

　　今人竞言求生存，遂至争夺相杀。不知如此生存，更复何义？一念之私，毒流天下，儒者谓之生心害政，佛氏谓之循业发见。国家、民族同为陷阱之名，物质、精神皆成陵暴之具。不知国土性空，物我一体，兼并之计亦是缘木求鱼，残杀相寻等于斩头觅活。共业已成，同归涂炭，愚实可悯，强益堪悲。不转瞬间，遂成陈迹。若夫《春秋》示无外，圣谛说无生，变灭从缘，虚空不烂，苟能见性，复何忧哉。战事愈久，则沿海诸地愈危，不为灰烬，亦委沟壑。离此二途，唯有夷齐为顺受其正，塞以反身修德，困则致命遂志，吾分素定，坦然俟之而已。闻熊先生已还汉口，深慰远念。贤留乡里，随分教学，亦可安之。但为后生留一线种子，亦不虚数年相从讲论之益。聚散无常，后此相见难必，亦不须区区以离别为念也。诸唯自爱，不远及。浮手启。

　　附　书成示张立民

　　今日稍闲，写与笑春一书，颇有义理。因附寄一览。览后即代付邮。或见为语不浪施，可录一底，并示星贤、禹泽诸子。凡处危乱中，益宜自勘。果于义理见得端的，自有安顿处。否则亦是气蹶则动志也。浮启。立民足下。丁丑九月十六日。

　　【编者评述】　同上书，马一浮告知诸弟子，"凡处危乱中，益宜自勘。果于义理见得端的，自有安顿处"；"否则与之俱乱而已"。同时申言，"今人竞言求生存，遂至争夺相杀"；"一念之私，毒流天下"；"国家、民族同为陷阱之名，物质、精神皆成陵暴之具"。并勉李笑春留乡间，能随分教学，既可安之，亦为后生留一线种子。

一

一九三七年十一月十日（节录）

昔贤遭乱世，犹可于深山穷谷之中，隐居讲学，今日已不可能。故同一处困，为时不同，则处困之道亦异，但心亨之义不可变易。义理所安处即是亨，求仁而得仁是也。举世所由皆不仁，相率以即于危亡之途而不悟。言之益深悲恻，一身之计真有所不暇耳。丁丑十月八日。

【**编者评述**】　马一浮以为，"同为处困，为时不同，则处困之道亦异，但心亨之义不可变易。义理所安处即是亨，求仁而得仁是也"。

二

一九三七年十一月十七日（节录）

古人处灾变之礼，如亡邑失国，变之大者。"国君去其国，则止之曰：奈何去社稷也？大夫，则曰：奈何去宗庙也？士，则曰：奈何去坟墓也？"此义非今人所知。今以劝人避害为义，不知义当止则止之，义当去则去之。所谓害者，以义为断。义当止而去则害义，当去而止亦害义。今吾尚可以去、可以无去，翔而后集，非迂回也。若避乱不成，但有俟命，实则何必择地乃为首阳。"困而不失其亨，亡而不失其正。"处危乱之道尽此二言，识之。益以衰羸，惮于转徙，其或不为齑粉，尚堪假息衡门，贤辈勿为吾忧也。

【编者评述】　马一浮强调，古人临难，唯义是取；今人临难，避害为义。实际上，害之与否，恰以义为断。

一九三八年

:: :: **叶左文**　渭清　唉庵

一

一九三八年六月十三日

左文尊兄足下：

　　辱五月六日教，以所呈《会语》辞气抑扬太过，就其言之病而推其心之失，谓入于鄙诈慢易而有邪心。责之甚严而诫之甚切。浮也何幸！得闻斯言。此固积年所求之于子而不得者，今乃得之。虽以平日为学之疏，不自知其陷于大过至于如此，而犹幸子之未遽绝我也，敢不敬拜？当张之座右，如临师保，不敢忘德。浮诚不自量，妄为后生称说。既蒙深斥，便当立时辍讲，以求寡过。然既贸然而来，忽又亟亟求去，亦无以自解于友朋。言之不臧，往者已不及救；动而有悔，来者犹或可追。今后益将辨之于微隐之中，致慎于独知之地，冀可以答忠告之盛怀，消坊民之远虑，不敢自文自遂以终为君子之弃也。

世固未有言妄而心不邪者。据浮今日见处，吾子所斥为邪妄，浮实未足以知之。盖浮所持以为正理者，自吾子视之则邪也；浮所见以为实理者，自吾子视之则妄也。夫人苟非甚不肖，必不肯自安于邪妄。平生所学在体认天理，消其妄心，乃不知其竟堕于邪妄也。若夫致乐以治心，致礼以治身，亦固尝用力焉而未能有进，不自知其不免于鄙诈慢易之入有如是也。旧时曾学禅，未尝自讳。谓吾今日所言有不期而入于禅者，浮自承之。其言之流于慢易，初不自觉，因吾子之言而方省其果不能免于慢易也。

若鄙诈之心，则自反而求其起处，实不可得，岂其气之昏蔽使然欤？然即自反而无鄙诈，苟或犹有一毫慢易之存，其失亦大矣。敢不外内知惧，庶几可免于大过。惧以终始，其要无咎。吾子"谨之又谨"之诚，固悚然受之而不疑。不得于言，勿求于心不可。其引用佛书，旁及俗学，诚不免庞杂。然兼听并观，欲以见道体之大，非为夸也。罕譬曲喻，欲以解流俗之蔽，非为戏也。子谓其意务欲致人，此言乃非知我。浮亦言其己心之所欲言者耳，未至于徇人也。且人亦岂吾言所能致？吾虽力求通俗，尚苦未能喻之。在吾子视之，则信乎鄙倍矣。然此非著述，乃是谈话。纳约自牗，亦姑就其所能喻者因而导之。若著述则自须简去此等言语。浮读书虽寡陋昧略，尚未至并文辞而不解也。慎其所感，此自不易之理。感之为体，乃在虚中无我而后能贞。若有一毫私系，则物我间隔，将何为感？程子《咸·九四》传曰："以有系之私心，既主于一隅一事，岂能廓然无所不通乎？"以思虑之私心感物，所感狭矣。天下之理一也，涂虽殊而其归则同，虑虽百而其致则一。虽物有万殊，事有万变，统之以一，则无能违也。平日于此亦知吃紧用力，消其私系，故遇物而发，不能自已。无所盖藏，无所封执，而不知其非慎之之术也。

　　今于吾子之言，犹有疑者，不在其斥我而在称我。斥我之言即或未中吾病，自出于爱我之诚，吾苟稍知痛痒，决无距而不受之理。况吾言实有病痛，不有吾子，孰救其失？一念知非，因而知改，岂非大幸？尤愿继今以往，益痛绳之，直谅之道固如是也。来书称我曰："是圣贤之用心也。"又曰："当吾世而为圣贤之学者，舍尊兄而谁？故以圣贤之道绳之，以期至乎圣贤也。"夫既许我以"为圣贤之学"矣，有"圣贤之用心"矣，而斥之曰"此邪心也"，"此鄙诈慢易之心也"。有一于此，岂得复谓为圣贤之学乎？岂得复谓有圣贤之用心乎？言乎一人之身，而进退之不同如此，亦足使无德者惑，虑非尊兄之诚言也。又以臣事君之喻，亦非所施于朋友，如曰"君不必至于失德，而臣之痛哭流涕长太息若不能以自已者，诚惧其君之或有过失也"。朋友切切偲偲，将焉用此？即以事君言，謇謇谔谔，有犯而无隐，亦不必痛哭流涕长太息以要之也。此似引喻失义，亦非愚心之所安也。

自辱交于尊兄，每自病其言太多而憾尊兄之言太寡，今亦犹是。自知其有近于躁，然发于其中之不能已者，虽欲寡而不得，非将驰骋辩说以自掩其短，自益其过，而务以求申也。方作是书时，自省其心，实无有我之私，故坦然由之而不疑。所以仰答尊兄之厚我，其道应尔，幸勿以其言不善而又好尽，复疑其有胜心客气存乎其间也。见处不同，不足为碍。吾自不敢匿其诚于良友，遂忘其言之不怍如此。伏望垂答，更赐鞭策。弟浮顿首。

又见与星贤书，垂问前次讲稿于"宗经论""释经论"名义有无改定。此在开化时闻兄诏我之言，亦自疑其不妥，然实未及改定。但于其中增得辨正实斋之说一段文字，亦嫌草草。拟稍修改，徐更录呈。又以手头无书，证据不足，故留以有待，非匿之也。所以未能从兄之言者，愚意以为"传记"之名未能远过于"论"。虽彼土以论属三藏之一，与吾异撰，今之所判，唯统于经。《礼记》诸篇，郑目录每云：此于《礼经》属通论，此于《礼经》属制度等，是康成已用之矣。今以"宗经"当郑目"通论"，以"释经"当郑目"制度""丧祭"诸义，似属可通。《礼经》如此，他经亦准之。定六艺为孔子之遗书，但有六经之目，无九经、十二经、十三经、十四经增益之滥。其本六经之旨而明其义趣者，分宗、释二门全可该收。若用传记名而加以宗释，亦无以异。但绍述则传记所同，显义则论名为胜。孔子系《易》本名"十翼"，弟子记言则题"论语"。《十翼》实六艺之根原，而《论语》

则六艺之总汇也。"翼"以辅翼为义，"论语"则示思学之宗。今若以《论语》属传记，则于义为不协矣。当时只称《诗》《书》《礼》《乐》《易》《春秋》，亦不名"经"。以修道言，宜谓之"教"，但后人以简策为称，故通名为"经"，治经者亦在明其道耳。"传记"与"论"之名，同于珠之有椟，又何争哉？皇侃《论语疏序》释《论语》题曰："论者，伦也。伦有四义：一曰次也，言事义相生；二曰理也，言蕴含万理；三曰纶也，言经纶今古；四曰轮也，言义旨周备，圆转无穷。"其言同于沙门义学，然依声为训，乃是古法。彼土"三藏"之目，亦是袭用华言，并非梵语。兄不喜佛氏，乃并其所用中土名言而亦恶之，此似稍过矣。

浮今以六艺判群籍，实受义学影响，同于彼之判教，先儒之所未言。然寻究经传遗文，实有如是条理，非敢强为差排，私意造作。兄引朱子言，谓"道有定体，教有成法"。浮今所言，疑于变乱旧章。然判教实是义学家长处，世儒治经实不及其缜密。今虽用其判教之法，所言义理未敢悖于六艺。先儒复起，未必遂加恶绝。不敢自隐，故复陈之。言之喋喋，惧为知德者厌。如其过咎益深，更望明斥，勿以姑息为爱。字迹潦草，并望恕其不庄。弟浮再顿首。戊寅五月十六日。

【编者评述】 应浙大聘请，此年三月在江西泰和讲国学，辑成《泰和会语》，叶左文读后，有所褒贬。褒者，即此信中所谓"称我曰：'圣贤之用心也。'"贬者，即信首所言，"以所呈《会语》辞气抑扬太过，就其言之病而推其心之失，谓入于鄙诈慢易而有邪心"。由于所贬的是针对着马一浮以佛教义学方法来阐发"六艺论"，故系实指，因而所褒者不免虚美，马一浮以为褒贬如此矛盾，"足使无德者惑，虑非尊兄之诚言也"，并批评叶左文称誉中的"以臣事君之喻"是"引喻失义"。此信在感谢叶左文"责之甚严而诫之甚切"，以及深切自我反省的同时，重在反驳叶左文的批评。马一浮承认"旧时曾学禅"，可能在言语上"有不期而入于禅者"而"不自觉"，但强调"平生所学在体认天理，消其妄心"，"鄙诈之心，则自反而求其起处，实不可得"。至于"引用佛书，旁及俗学，诚不免庞杂。然兼听并观，欲以见道体之大，非为夸也。罕譬曲喻，欲以解流俗之蔽，非为戏也"。在信的后半部分，针对叶左文在给王星贤信中询问马一浮是否修改讲稿中的"宗经论"与"释经论"的提法问题，马一浮阐述了保留这一提法的依据，以为如此更能反映他的"六艺论"。马一浮讲："今以六艺判群籍，实受义学影响，同于彼之判教，先儒之所未言。……判教实是义学家长处，世儒治经实不及其缜密。今虽用其判教之法，所言义理未敢悖于六艺"。在阐述中，马一浮说明"增得辨正（章）实斋之说一段文字"。这段文字是对章学诚"六经皆史"的严厉批评，马一浮虽"自嫌草草"，但这其实是他的重要思想，认为根本上消解了六艺的地位。

二

一九三八年六月三十日

左文尊兄足下：

拜五月廿五日教，释前书之旨加详。浮幸得闻过，绎而改之斯可矣，于此不当更有所言。然反之愚心，犹有疑而未安者，非于兄儆戒之词有所违距也。兄之感我甚诚，吾心之应，亦其诚之不容已者，不当蓄其余疑而不尽其诚于吾友，是以略言之。但据来书，析其幽致。吾之粗失，亦既自承。今之所言，尽去人我，唯论其理，可乎？

夫修辞立诚，择言笃志。言是志发，诚以辞宣，体用明矣。词既违缪，体必有乖。故诐、邪、淫、遁乃名其言语之非，蔽、陷、离、穷是抉其心体之失。言之既出，诚不可掩，是则总是，非则全非。今曰"大体无非而词则邪妄"，是歧心与言而二之。知言之道，固如是乎？若曰大体亦就词言，是指文词体段，非谓心体，此亦可通。而来书固云"此之所见，正是大体。吾所见为正理、实理者，与兄所见初无不同"。既谓正理，安得有邪？既谓实理，岂复成妄？今谓"所见大体理唯正实，而言近夸戏，斯成邪妄"。此于愚心滋惑。且鄙诈慢易固指其心，非谓词说。心与所见，岂有二端？见者名心，所见是理。所见之理亦具吾心，鄙诈慢易斯成不见。今曰"所见正实，其心则有鄙慢"，夫以鄙诈慢易之心，安得复与正理、实理相应？此其所见，应唯邪妄。今曰"其心则有鄙慢，而所见之理不害为正实"，前既析心言为二，今乃复有二心，此何说邪？浮诚愚蒙，未晓斯旨。又谓"《记》言鄙诈慢易，细微难觉，不如今语之甚。如《大学》所言傲惰与亲爱、哀矜并举，不必即为恶德，犹异氏所言细惑"。此义迂曲，无乃失之？《大学》乃以与人好恶之偏为言，"之其所傲惰"与"之其所贱恶"一等，是施于人之称，非谓其心之所存也。彼言细惑，即是邪妄。今若云"邪妄"字亦下得轻，不如今语之甚，其可邪？

若夫克念罔念之辨，唯微唯危之几；遏人欲于将萌，戒坚冰之未至；道惟慎于幽独，过有在于斯须。斯皆先圣大训，诵服所同，固当凛之言前，守以没齿。庶不远而可复，即知止而不迁。譬犹谈虎，因身历而色殊；比之见猎，悟余习之未尽。此之消息，唯在自心，不待他人勘辨而始明也。又诸惑不起，实有是事。未诣斯境，鲜不谓诞。不欺在己，岂以诳人？兄斥其言之易，不知其事之真。若如兄言，则知至、意诚永无此日。学至老大，将为何事？是不可以影响揣度卤莽承当，亦不可以不敢承当遂谓为是。如以称扬道大，遂目为夸；曲喻凡愚，遽斥其戏，然则孔之赞《易》弥纶天地，亦将为夸乎？孟之说性，譬及犬牛，亦将为戏乎？夫夸戏出口，鄙慢由心。信如兄之所非，此乃心志之贼，不徒言语之疵，宜为君子之所深绝。然针肓起废，固所赖于医人；载鬼负涂，亦有近于文致。譬之判堂下人曲直，贵得其情，不可逆亿四罪，而天下咸服，或不如是也。

"峣峣者易缺，皦皦者易污。"此老氏之旨也。来书云："吾亦言其固有之学术已耳，何必比短絜长与人较量？"谓："是将近众速咎，不保其身。"此见兄之虑远思深，益惩吾多言之失。然所贵乎讲论者，在以明是非，别同异，非求胜乎人也。殊方异译，正今日学子所揭竿以求者。原其得失之由，欲使同归于义理之正，非将援儒入墨也。此亦理之所固有，不为分外。此而不可以言，又何讲学之有？岂必钳口结舌而后为谨严哉。是非折衷于圣人，毁誉俟之于百世。悠悠之口，吾何恤焉？是无乃过为身谋而不免计较利害之私乎？夫辨章学术，非有出位之思；诱导群蒙，脱彼冥行之惑。未必遂触文网，遭人侧目。若其不契，无可强同，卷而怀之，径去则已。朱子不云乎："语不能显，默不能藏。"兄前书引之。此理自在天壤，自在人心。会者自得，非吾言所能增损也。

浮言语峻快，实少含蓄，此由平日持养未密。兄引东莱、南轩与朱子书，虽于朱子未曾道著，其言深中吾病。兄今所以诫我，则似未及吕、张，此何也？吾心无所盖藏，而兄语意前书似乎严刻，今来复见缴绕，此其故可思也。

兄穷年勤于考据史实，而以治史之法治经。此心之虚灵不免有时而窒，故其说义理，滞在闻见，未能出自胸襟，不见亲切。依兄之说，恐扶圣教不起，亦救圣人不得。凡朋友讲习，贵在互通其志。救人之过，如救病然。

识病既真，斯发药不谬。若辨证未的，虽广引经方，胪陈上药，无益于病，不为良医。兄今引书多矣，古圣法言，先儒正论，药则不可胜用，虑非攻病所先。吾方求医，岂复讳病？兄今投我之药，未能使吾霍然，无乃于病者之情尚有未察者乎？如谓："以六艺统群籍，理则是也，行之实难。但为学者示流别，举宗趣，吾无间然；若欲以志艺文，其难逾于章氏。"吾之为是说者，将以明六艺之道要，非欲改《七略》之旧文。目录之学，乃是笾豆之事，仍其旧贯，无关闳旨。兄谓其"变乱旧章，何事纷扰"，是由习熟于目录之故而未欲深探六艺之原也。浮愚，亦甚为兄惜之。

浮实从义学、禅学中转身来，归而求之六经，此不须掩讳。故考据之疏，吾不以自病。所病者见虽端的，养之未熟，言语不免渗漏。若人我之私，邪妄之见，平日体验克治用力处，或视尊兄不为过少。若尊兄以异学目我，则吾从此可以不言。故旧之情，未之有改。若犹以为于圣贤之道未至离畔，则愿尊兄继今教之。见处不同，不必回护，不须宽假，直斥其非。果有以服我之心，吾自退就北面。否则不惮往复，在犹未见屏之前，虽复其言不善，容有可以商兑之地。纵无益于尊兄，必将有益于我。

世方危乱，友朋难得。吾二人者年已逾艾，形体俱各就衰，生有尽而知无涯，于此而犹沉没于文字之末，未明心性之本，朝闻夕死之谓何？吾与兄相识二十余年，至今垂老，犹未见信。今此而犹不痛相提持，辜负先圣，辜负自己，其间更不容有优游坐废之时矣。吾苟有一毫自私之心，不肯服善而但欲遂非，则拱手逊谢，其事便已，何为如是之不惮烦言，以自重其咎邪？兄试廓其旧见而少垂察焉，其亦有所动于中乎？寇患日深，死丧无日。即此书札亦恐将有不达之时，安容更以闲言语相渎？其言径遂，有似不逊，望兄恕其狂直，更赐针札为幸。弟浮顿首。戊寅六月三日。

【编者评述】　叶左文回前函而马一浮又作此信。针对叶左文信中所讲，"所见大体理唯正实，而言近夸戏，斯成邪妄"，马一浮强调心与言不可析为二，如果言语有诐、邪、淫、遁之非，则必是心有蔽、陷、离、穷之失。同时，马一浮以为，明是非，别同异，并非是求胜于人，不能因避嫌而放弃辨章学术。马一浮进一步指出，叶左文"穷年勤于考据史实，而以治史之法治经。此心之虚灵不免有时而窒，故其说义理，滞在闻见，未能出自胸襟，不见亲切"。此外，叶左文对马一浮的六艺论有混同于传统目录学的误解，马一浮以为这是叶左文"由习熟于目录之故而未欲深探六艺之原也"。马一浮讲："吾之为是说者，将以明六艺之道要，非欲改《七略》之旧文。目录之学，乃是笾豆之事，仍其旧贯，无关闳旨。"又讲："浮实从义学、禅学中转身来，归而求之六经，此不须掩饰。"概言之，马一浮是用佛学的判教方法，依托于传统目录学的旧架构，建立起以六艺统摄一切学问的思想。

∷∷ **熊十力** 子真　逸翁

一

一九三八年七月十三日

十力尊兄：

　　得璧山五月卅日书，快若晤语。古德云："门庭施设，不如入理深谈。"弟今所言，但求契理，不必契机。佛说《华严》，声闻在座，如聋如哑。孔子言："中人以下，不可以语上也。"此虽圣人复起，直是不奈伊何。吾纵不惜眉毛拖地，入泥入草，曲垂方便，彼自辚泊不上，非吾咎也。大匠不为拙工改废绳墨，吾亦称性而谈斯已耳。且喜尊兄证明，言固不为一时而发。承告以方便善巧、曲顺来机之道，固亦将勉焉，冀饶益稍广。然此是弟所短也。弟在此大似生公聚石头说法，翠岩青禅师坐下无一人，每日自击钟鼓上堂一次。人笑之曰："公说与谁听？"青曰："岂无天龙八部，汝自不见耳。"弟每赴讲，学生来听者不过十余人，诸教授来听者数亦相等，察其在坐时，亦颇凝神谛听，然讲过便了，无机会勘辨其领会深浅如何，以云兴趣，殊无可言。其间或竟无一个半个，吾讲亦自若。

今人以散乱心求知识，并心外营，不知自己心性为何事。忽有人教伊向内体究，真似风马牛不相及。弟意总与提持向上，欲使其自知习气陷溺之非，而思自拔于流俗，方可与适道。此须熏习稍久，或渐有入处。今一暴十寒，一齐众楚，焉能为功？然彼不肯立志，是伊辜负自己。吾今所与言者，却不辜负大众，尽其在己而已。

六艺要指，向后自当分说。譬如筑室，先立一架构，譬如作画，先画一轮廓，差别相自不可坏。似须先教伊识个大体，然后再与分疏，庶几处处不失理一分殊之旨。会语续有数叶，今并附去。其间若有未当，望兄不吝弹诃，此学不辨不明也。"社会科学亦是道名分"一条，兄来示分析得最好。当时讲此，亦不谋而与兄言相合，但未写入讲稿内。驳实斋一段，证据不足，实苦手头无书翻检，俟有书可引时，当别草一专篇说之。

听众机劣，吾又缘浅，在此未必能久羁。虏势复大张，既决河以灌吾军，又于安庆上陆舒城一路，似将窜入黄梅，有沿江以攻武昌侧面之势。若其欲破坏粤汉路，恐将由赣以犯长沙。万一武汉不守，则将不可为国。闻赣省府拟迁吉安，尔时泰和便不可住。学校当轴有迁桂之计，但事事须秉承教部意旨，举动迟缓，未必能见几。弟本居客体，去住可以自由，不必与校方一致行动。然转徙之资殊感乏绝，又道路难行，桐庐一部份残书，收之于煨烬之余，近方运之来赣，费时一月余，犹在樟树吉安间上水船中，尚未抵泰和。一旦再徙，亦无处安顿。自汉口疏散人口之讯出，闻上游船位拥挤，绝不能带行李。南昌、九江亦俱纷纷迁避。自广州大轰炸后，内地都市在在可危，深山穷谷又不可得，即有之，又为游击队出没之所，真无地可以容身。

弟有一简单原则：但令其地不陷于虏，则随处可居。然兽蹄鸟迹交于中国，吾将何之邪？物不可以终难。自佛眼观之，共业所感，决不专系一方。"知进而不知退，知得而不知丧"，"盈不可久"，彼之谓也。"小人而乘君子之器，盗思夺之，上慢下暴，盗思伐之"；"智小而谋大，力小而任重，鲜不及矣"，我之谓也。虚憍之气，如何可久？必胜之说，乃近自欺。定业难回，又谁咎也？泰和杂诗十首附呈，兄览之可以知其所怀，困不失亨，此尚非亡国之音耳。炎热不可耐，下笔不能自休，言亦终不可尽，在一二月内尚盼继教，不一一。戊寅六月十六日。

【编者评述】　此下所选三信皆系随浙大流亡江西泰和与广西宜山所写。《泰和会语》熊十力读后来信肯定，回此信。马一浮自述浙大讲座时，学生与教授来听坐者约各十余人，虽听时认真，但无互动，以为"今人以散乱心求知识，并心外营，不知自己心性为何事。忽有人教伊向内体究，真似风马牛不相及"；"吾今所与言者，却不辜负大众，尽其在己而已"。信中言及，"六艺要指，向后自尝分说。……先立一架构，……先画一轮廓，……先教伊识个大体，然后再与分疏，庶几处处不失理一分殊之旨"。

二

一九三八年十二月八日

十力尊兄左右:

　　十月三日复一电，致经济部寿毅成转。同日交航空寄一书，寄求精中学交立民转。想次弟得达。顷奉六日重庆来教，据封面邮印系六日，书中则作十月一日。知此电尚未至。然九月二十八日致立民一电一书，来教均未提及，岂皆未至邪? 航空信自渝至桂约旬日，不为慢。唯电报至逾七八日犹未送达，压搁至此，纷乱之情可想矣。

　　前书所言，虽逞臆而谈，义理实尔。立民及毅成辈或恐未喻吾意，以为冷水噀面，不堪受此钳锤。然此等处正不得放过，非拂人之情也。来教引墨子、苏格拉底为喻，劝弟勿坚卧。且谓部中一切听弟自主，在今日固已难能。但事实上缘尚未具，与其有始无终，有头无尾，不如其已。孔子之穷老删述，远不如释迦法会之盛。孟、荀之在稷下，亦较阙里为尊。今日欲求一魏文侯、齐宣王、姚兴、梁武，似尚无其人。弟妄意欲以书院比丛林，实太理想，远于事实。以今人无此魄力也。自真谛言之，又何加损? 性自常存，愿自无尽，不在涌现楼阁，广聚人天也。战后文物摧残略尽，应为之事良多。僧如紫柏，俗如杨仁山，儒家尚无其人。以后学者求书不能得，故印行典籍，尤为迫切需要。然今人唯知有抗战文艺，其谁信之邪？弟前书谓书院不必期其实现，但简章可留为后法。望兄相助，损益尽善。此意似可加入，垂之空文亦同见之行事，无二致也。武汉方危而粤祸日亟，西南一隅，未易成偏安之局。何地可以容身，亦唯有致命遂志而已。

星贤就桂林师范教席，日内即徙乡间。距桂林数十里，地名两江。舍甥已令往贵阳，有一事可就。弟月内或将徙宜山，仍暂依浙大，蓬飘梗转，亦只随缘。所携书籍仅存十分之二，其由桐庐烬后运出者，交浙大代运，今尚在赣州。粤战一起，恐舟楫不通，终成委弃矣。有哀曹子起一诗，今以附览。钟山在南岳贻书见告，始知子起已逝也。余俟续教至日再答。诸唯珍重，不宣。立民、以风、振声诸子均此。弟浮顿首。戊寅十月十七日。

【编者评述】 此年教育部有请马一浮创办书院之议，并同意一切听由自裁，但尚没有落实，信中议及。马一浮在信中提出，战争中文物摧残略尽，"以后学者求书不能得，故印行典籍，尤为迫切需要"；同时"书院不必期其实现，但简章可留为后法"。"垂之空文亦同见之行事，无二致也"。

三
一九三八年十二月

十七日奉答一书，交航空寄立民，旋得本月六日航空示，并立民附书。凡兄见教之言，皆极有分量。与百闵一席谈，倾肝吐肺，更无盖藏，非兄不能为此言。

吾侪今日讲学，志事亦与古人稍别，不仅是为遗民图恢复而止。其欲明明德于天下，百世以俟圣人则同；不以一国家、一民族、一时代为限则别。此义非时人所骤能了解，将谓无救于危亡。其效不可得而睹，其不可合也明矣。至入泥入草，固非所恤。资粮之不具，参学之难求，犹其小者。弟终疑此事不能实现，非故为逡巡自却也。欲就一深山穷谷，把茅盖头，但得三数学者，相与讲明此事，令血脉不断。然膻腥满地，并此亦不可得，是有命焉。杜口以殁世，亦何所憾？自来乱亡之世，骨肉不能相保者有之，但不如今时涂炭之烈。兄诸弟侄在黄冈、德安者，未能援之早出，此非唯兄之忧，亦友朋之责也。然避地亦未必即安，虽处危地而能自全者，其例亦甚众，兄似不须过忧。此非故为宽慰之词。弟姊丈丁息园居杭不肯出，弟忧其身陷虏中，存亡莫卜，乃在江西时得上海亲友书，知曾与通讯，竟安然无所苦，但不能出耳。日来消息大恶，广州已陷，武汉益岌岌旦暮间。或传已有行成之说，更复何言？书院事益可束阁矣。迟教更答，不具。戊寅十月廿三日。

【编者评述】　马一浮讲："吾侪今日讲学，志事亦与古人稍别，不仅是为遗民图恢复而止。其欲明明德于天下，百世以俟圣人则同；不以一国家、一民族、一时代为限则别。"他深知这一观念在当时难以被人理解，也难以见其效用，但坚信中国文化将有用于世界于未来，故"欲就一深山穷谷，把茅盖头，但得三数学者，相与讲明此事，令血脉不断"。

∷ ∷ **汤孝佶** 拙存　兼山　天乐

一九三八年

四月八日惠书，昨由左文转到，深慰阔怀。弟亦于七日有一书寄王家闸，计此书到日，当已在兄行后。日来想已奉太夫人抵沪矣。半年以来，展转流徙，亦自知其非计。然皆非可已而不已者，非好为是仆仆也。兄为我画入山之计甚周，惜其稍晓，不克相就。所以来泰和之故，已具前书，又于答韦存书中亦详言之。左文亦颇以弟为不智，谓今日岂复尚有讲学之事。

弟以为钧是人也，吾非斯人之徒与而谁与？其见接也犹若以礼，是可与也；若逆计其不可与而遂绝之，非所以待人之道。其词曰：可以避地，可以讲学。吾方行乎患难，是二者固其所由之道也。非以徇人而求食，乐则行之，忧则违之，不居学职，则去住在我；不列诸科，则讲论自由。羁旅之费取足而止，义可受也。彼中诸友以前年曾一度相要，颇能了解弟意，故待之以客礼，略如象山白鹿洞故事。来此匝月，亦颇相安。观变待时，暂可栖息；委心任运，无假安排。若鲸鲵之势少衰，或兰艾之焚可免。松楸未远，载营魄以知归；薪木已伤，抱琴书而谁托。言念及此，能无黯然？所以不避听览之烦而觍缕陈之者，实虑相见无日，故不觉其言之难尽如此。亦欲兄委悉吾之素怀，有如晤语也。

此邦地处赣南，气候已同岭表，虽凋敝之后，风物尚佳。明时儒学最盛，义理则有罗整庵、欧阳南野；政事则有杨文贞、王文端，而阳明曾一宰庐陵，后抚南赣，大弘良知之教。虽流风已泯，足系人思。赣江上游山水险隘，盘错至此而平，郊原旷阔，形势宽舒，老樟、古柏、长枫、高槐随处而有。所居一小楼，绿树环之，窗牖虚明，可以远眺。日月出没，烟云变异，清晖娱人，心目为豁。虽家徒壁立，仰睹天宇之宽。阳山坂虽幽旷，不及此之开拓。视开化之山川逼仄，闾巷狭隘，士卒喧嚣，令人邑邑者，迥乎不侔矣。沪上近况可得而言者，望不吝见示。唯仰事多福、阖府俱安为祝。临书神驰，不具。

【编者评述】 此信告知内兄随浙大流亡讲学之事。马一浮引《论语》"吾非斯人之徒与而谁与"，说明只要"其见接也犹若以礼，是可与也"，如果"逆计其不可与而遂绝之，非所以待人之道"。在实际处理上，"非以徇人而求食，乐则行之，忧则违之，不居学职，则去住在我；不列诸科，则讲论自由。羁旅之费取足而止，义可受也"。信中又述及赣南历史风

物，"流风已泯，足系人思"，"清晖娱人，心目为豁"，足
见马一浮困而不失其亨，亡而不失其正。

∷∷ **丰子恺**

一

一九三八年五月十二日

子恺仁兄足下：

三月十八日、四月一日长沙两次惠书，先后转到，
读之快慰。《高射炮打敌机》一首，篇法甚佳，音节亦似
古乐府，似较《东邻有小国》一首为胜。声音之道，入人
最深。此类歌曲能多作甚善。遣词虽取易晓，不欲过文，
但亦不可过俚；用韵及音节尤不可忽。若能如古乐府歌
辞，斐然可诵，则尤善矣。顷来泰和为浙大诸生讲横渠四
句教，颇觉此语伟大，与佛氏四弘誓愿相等。因读新制诸
歌，意谓此语天然，似可谱之成曲。今写呈如下：

为天地立心，为生民立命，为往圣继绝学，为万世开
太平。

右四语试缓声吟咏，自成音节。第三句将声音提高拖
长，第四句须放平而极和缓，乃是和平中正之音。其意义
光明俊伟，真先圣精神之所托，未知是否可以谱入今乐制

成歌曲，但不得增损一字。深望贤者与萧而化君相商榷，制成曲谱见寄。欲令此间学生歌之，以资振作。吾国固有特殊之文化，为世界任何民族所不及。今后生只习于现代浅薄之理论，无有向上精神，如何可望复兴？来示引陶诗"人生归有道，衣食固其端"二语，甚有味。衣食固其一端，抗战亦其一端。若欲其归有道，则必于吾先哲之道理有深切之认识而后可。惜与贤相去远，不得如在阳山阪时，可于竹间敷坐畅谈此义也。弟来此完全居于客体，去住自由，不受任何拘束。且喜此地景物尚佳，老树当门，平畴弥望，乡村风味亦颇不恶。若战局好转，暂时或可免他徙。得暇多惠书以当面论，此为唯一之安慰也。珍重不具。浮顿首。戊寅四月十三日。

【编者评述】　此信论及乐教。马一浮以为，"声音之道，入人最深。此类（抗战）歌曲能多作甚善。遣词虽取易晓，不欲过文，但亦不可过俚；用韵及音节尤不可忽"。并请丰子恺为张载四句教谱曲，以为"第三句将声音提高拖长，第四句须放平而极和缓，乃是和平中正之音"。马一浮强调，"吾国固有特殊之文化，为世界任何民族所不及。今后生只习于现代浅薄之理论，无有向上精神，如何可望复兴"？并引陶诗"人生归有道，衣食固其端"，指出"衣食固其一端，抗战亦其一端。若欲其归有道，则必于吾先哲之道理有深切之认识而后可"。

二

一九三八年七月三日

子恺仁兄足下：

　　前承惠大树画并萧而化君制横渠四句教曲，深荷不以老朽之言为迂阔。续得五月九日教，详告以所见汉口军民情绪之激烈，俱非在报纸所得闻者。又承寄示诸刊物，得读《论抗战歌曲》及《一饭之恩》等篇。夫人不言，言必有中。在近时作家浅薄思想中，忽有此等朴实沉著文字，此真是最后胜利之福音也。续有新撰，仍盼寄示。乡僻间除早晚看云树外，无可遣意。炎热异常，得读佳文，便如吃冰麒麟矣。

　　抄示弘一师来书，因此得知此老为法忘身，真有古德风范，不愧为吾老友。通信时，希代为问讯。桂林办学事，接洽条件如何？如有行意，亦希早日见告。时局变幻莫测，瞑龙醉象，魔焰方高。众生涂炭之苦，似尚未满，奈何，奈何！若以佛眼观之，俱是业力所感，未能专咎一方。败固不堪，胜亦可悯。在国家民族立场上，不坏世间法说，须有真实无妄精神方可。所谓"自古皆有死，民无信不立"也。"信"是实在之称。

　　今所以为救亡图存之道，多门面语，殊少实际，近于自欺，而犹谓孰敢侮予，其谁信之？欧洲诸强，亦是一辙。人类生命乃悉操诸军火商人之手，视陵暴为当然，不知将同归于毁灭。无论理智情感，似乎在此一群中俱已失其存在。将来文艺界如有觉悟，当有益深刻之作品发现，方足唤醒人类真正之感情，启发其真正之理智。贤如不以吾言为缪，深望本此意多作文字。此不独一民族一时代之关系而已也。

《泰和会语》今续奉数页，古调独弹，谁为赏音？吾直如生公对石头说法耳。贤披览后望加批评，不然则是束置高阁，未尝一赐览也。若广州不稳，泰和便不可居。近遣舍甥往桐庐稍取衣服书籍，到衢交通发生阻碍，客车尚有，书不能运。尚未知何日能来长沙。休夏有闲，多惠书为慰。浮启。戊寅六月六日。

【编者评述】 虽然蒙受侵略战争之苦，但马一浮以为，"若以佛眼观之，俱是业力所感，未能专咎一方。败固不堪，胜亦可悯"。马一浮并非反对抗战，而是以为晚清民初以来追步西方列强的现代化富国强兵，根本上是错误的。故他讲："今所以为救亡图存之道，多门面语，殊少实际，近于自欺，而犹谓孰敢侮予，其谁信之？欧洲诸强，亦是一辙。人类生命乃悉操诸军火商人之手，视陵暴为当然，不知将同归于毁灭。"他以为，"将来文艺界如有觉悟，当有益深刻之作品发现，方足唤醒人类真正之感情，启发其真正之理智。……此不独一民族一时代之关系而已也"。

一九三八年

贺君多闻择善，兼好玄义。辱问当以何书为津逮。吾闻童寿法师有言曰：真谛不可以存我会，圣智不可以有心知。凡世间典籍皆是筌蹄，名言无非指月。若圆悟自性，则众理冥会，万法齐彰，无间虚空，炽然常说。虽倾海为墨，何足以尽之？故易道在于默成，灵山寄之微笑。剑去远矣，今方刻舟，此轮扁所以哂齐桓也。然不离文字而说解脱，知文字即解脱相者，乃可以议读书矣。吾既空诸所有，旧时诵习，都已忘失。徒以下问须训，无言不与。辄举一二，聊佐旁求。记忆所及，更不诠次。是犹置勺以饮沧溟，非谓嘉肴止于簋贰也。

一、玄学门：王辅嗣《易注》《易略例》《老子注》；皇侃《论语义疏》；郭象《庄子注》；张湛《列子注》，《淮南子》；《抱朴子外篇》；皇甫谧《高士传》；刘孝标《世说新语注》；《晋书》；《宋书》；《南齐书》；《嵇中散集》；陶诗；《谢灵运集》；《弘明集》此本义学，然多存玄言；《支道林集》。

按：玄言实以庄子为宗。观江左诸贤俱谈庄义可知。

其原出于《易》。王辅嗣深明《易》《老》，实为开山，后世无以过之。贤于辅嗣者，其肇公乎？自肇公之后，摄玄言于义学，如两镜交辉，真百代之宗匠也。肇论《维摩诘经注》义味甚深，此土之龙树也。

二、义学门：《法华》；《华严》；《大品般若》；《涅槃》；《解深密》；《楞伽》；《楞严》；《圆觉》；《大宝积》；《维摩诘》；《梵网》；《六度集》；《密严》；《仁王般若》；《金刚般若》；《心经》。

按天台宗依《法华》建立，三论宗依《般若》建立，唯识法相依《深密》《楞伽》建立，贤首清凉依《华严》建立，涅槃、方等诸部义学共宗修多罗，如大海上来，所举虽略，如尝鼎一脔，百味俱足矣。天台宗须先看《法华玄义》《法华文句》《摩诃止观》，是为天台三大部。思大禅师《大乘止观》、蕅益《教观纲宗》皆简要，又《法界次第》，亦入门必读之书也。《四教义》《四念处》《禅波罗密次第初门》《小止观》，亦观法初门之简易者。华严宗须先看清凉《华严悬谈》《华严疏钞》、圭峰注《华严法界观门》。李长者《华严合论》，贤首《华严教义分齐》，金陵刻经处有《华严诸经集要》，多短书易看。杜顺《华严法界观》最当体究。三论宗须先看《大智度论》，即《大品般若释论》也。《中观论》《十二门论》《百论》，皆有嘉祥疏义。贤首《三论宗致义记》，其书实胜嘉祥。若通三论，或并《智度》计之，亦号"四论"。深悟缘生，妙解般若，龙树、提婆所以摧伏外道得无碍辩者，其道由此。然后知因明、唯识尚非了义也。

若慈恩宗，则《唯识述记》《瑜伽师地论》《百法明门论》《五蕴论》《摄大乘论》《显扬圣教论》最为要典。奘师《八识规矩颂》简而能该，入门必读之书也。达磨悬记《楞伽》五百年后成为名相，此犹汉学家专治名物训诂，而于制作之本转有所遗。法相末流，亦有此弊。至诸经义疏猥多，大抵明人不及宋人，宋人不及唐人。天台、贤首两家均后不逮前。天台止于荆溪，贤首止于圭峰，其后遂无继起。于宋得一长水，于明得一交光，以比幽溪蕅益，似为差胜。

宗门不立文字，本不可以言语求之。但问答机缘，亦资助发。先须明其源流，观其方便，亦有数书必须寻究：《传法正宗记》；《五灯会元》；《指月录》；《六祖坛经》；黄檗《传心法要》；《百丈广录》；《碧岩集》；《请益录》；《从容录》；《正法眼藏》；《智证传》；《林间录》；《禅林僧宝传》；《大慧杲语录》；妙喜为禅门朱子，其语录之富，无人及之，然其后浸衰矣。《洞上古辙》；专明曹洞一家宗旨，流为义路禅矣。《永嘉集·永嘉证道歌》；《雍正御选语录》；《拣魔辨异》。

明曾凤仪有《金刚宗通》《楞严宗通》，于经文释义下每附公案一则以比傅之，有得有失，所谓义路禅也。但不为所系缚，亦可浏览，不无开益。大约看经论，须择一家注疏为主。其间所引义句法数未明者，有钞可备检。义学家于疏外立钞，最便学者寻检，他所无也。但诸经注疏有钞者不多。如看圭峰《圆觉大疏》，可并检《圆觉大疏》之钞。看贤首《起信论疏》，可并检《起信论义记》，别有《起信论疏记》。会阅不嫌繁重，亦可兼涉。其分科虽失之琐，大段谨严。又译文艰涩，则兼取别译。如《楞伽》有三本会译，唐译文较畅，然不及宋译精简。魏译似未有胜处。三本并参可知。《金刚》有六译。嘉祥疏不用什公本末。后一偈备弥勒"九观"，较什本仅有"六如"为胜。《中论》有《般若灯论》《中观释论》，俱一书异译，短长互见，比而观之可也。蕅益《楞伽观疏》于经文中增字，近人有《中论》润文，此乃近陋，不可为法。初看教乘，或苦法数难记、华梵音义未详者，有下列数书即足备寻检：《翻译名义集》；《一切经音义》；《三藏法数》；此书最要。《教乘法数》。又关于传记者，通常有下列诸书：《灯录》已见前，不赘。《佛祖通载》；《释氏稽古略》；《高僧传》；《续高僧传》；《宋高僧传》。又关于丛林规制者，如：《百丈清规》；《禅林宝训》。又释氏亦有总集，如：《广弘明集》；《弘明集》已见玄学门。《颂古联珠》。亦有丛书，如：《国清百录》；《云栖法汇》。亦有类小说者，如：《百喻经》；《法苑珠林》。此类皆以余力及之。密宗、净土及小乘经论，今不具列。

【编者评述】 贺昌群求教玄学与佛教义学，请马一浮开具书目。马一浮首先指出典籍与义理的关系，"凡世间典籍皆是筌蹄，名言无非指月"；"易道在于默成，灵山寄之微笑"；"然不离文字而说解脱，知文字即解脱相者，乃可以议读书矣"。然后分别开具了玄学、义学的书目。对于玄学，马一浮指示，"玄言实以庄子为宗。……其原出于《易》。王辅嗣（弼）深明《易》《老》，实为开山，……贤于辅嗣者，其（僧）肇公乎？自肇公之后，摄玄言于义学"。关于义学，马一浮分梳尤细，不仅说明各宗与经典的关系、研习的入手、诸经义疏由唐至明的流变、禅宗不立文字与问答助发的关系，以及研读经论的方法，直至工具书、史传、丛林规制、总集、丛书、类小说等辅助性资料的运用。对于义学研究极为有益。

:: :: 张立民

一

一九三八年一月三日

立民贤友足下：

　　昨日相晤，为时过促。每念贤独居为吾守舍，无可与语，殊难为怀。忆曩时贤在报恩寺，曾欲独住后山别院僧寮。今桐庐况味，大类报恩别院。虽喧寂缘境，而定乱在心。昨晤时，见贤气貌甚静，知近月以来，经历患难，用力似有进矣。吾今日玩《易》，于《丰》《旅》《巽》相次之义，悟得益亲切。穷大者必失其居，故受之以

《旅》；旅而无所容，故受之以《巽》。吾曹今日所处之时，义正如此。盖旅困之中，义当巽顺。此与《明夷》蒙难艰贞，内文明而外柔顺，其义正同。但能于此体究，于今日所以自处之道，庶几可以无失矣。丁虚十二月二日。

【编者评述】 观张立民"气貌甚静"而知"用力似有进"，即是马一浮主张涵养的依据。信中结合流亡现状，阐释《易》的《丰》《旅》《巽》三卦相次之义，"穷大者必失其居，故受之以《旅》；旅而无所容，故受之以《巽》"。并与《明夷》对比，以为"与《明夷》蒙难艰贞，内文明而外柔顺，其义正同"。以此喻身处流亡之中，一方面要顺应环境，另一方面要固守正道。

二

一九三八年一月七日

来书具悉。贞敬和顺之义通于礼乐，贤自会得好。《易》中凡言亨者，即乐义；凡言贞者，即礼义。礼乐皆得，谓之有德。在《易》为君子，为大人。如曰"困，亨贞，大人吉。"《彖》言"险以说，困而不失其所亨"。伊川释之曰：处险而能说，虽在困穷艰险之中，乐天安义，自得其说乐也。时虽困也，处不失义，则其道自亨，困而不失其所亨也。处不失义是礼，其道自亨是乐。若失其正，自无亨理。困之所以亨者，以其贞也。言乐则该礼，言礼则该乐，言有先后，理则同时，不必分体用为说。礼乐之本，唯是一心，就体言之，无二无别。礼乐之文，乃就用说，始可分言。如礼主减，乐主盈；礼主退，乐主进；礼主别异，乐主和同，此为言礼乐之用，不可以礼乐相望为体用也。有子言："礼之用，和为贵……知和而和，亦不可行。"此言礼之文，非就礼之本说。故林放问礼之本，孔子即赞其"大哉问"。宁俭宁戚，乃就一心体上说。贤谓乐乃礼之用，斯语未惬，更思之。吾辈今日处患难中，大好体究。见得此心义理分明，自然不乱，便是礼；不忧不惧，便是乐。自性序即自性和，和与序同时，即礼与乐一体。合而言之，即仁也。造次颠沛必于是，即礼乐不可斯须去身。此语贤自会得好。《中庸》言"道不可须臾离，可离非道也"。此道即率性之谓。仁是性之全德，礼乐即性之合德。贤今所理会犹在用上，故似未澈。今就体上提持，简易直截，似可为贤进一解也。丁丑十二月六日乙夜。

【编者评述】　释《易》之贞、亨。马一浮讲："《易》中凡言亨者，即乐义；凡言贞者，即礼义。"因贞而亨，复礼而乐。抗战流亡之中，"时虽困也，处不失义，则其道自亨，困而不失其所亨也"。但是，"言有先后，理则同时，不必分体用为说"。"就体言之，无二无别。礼乐之文，乃就用说，始可分言"。"礼与乐一体。合而言之，即仁也"。

三

一九三八年三月十二日

立民足下：

　　自贤去桐庐，不旬日而杭州遂陷。得上饶来片，知已附车如株洲，尔后不得消息，想已还乡里。武汉尚未动摇，所居能安定否？曾往黄州见熊先生未？无时不以为念也。自寇逼富阳，吾与星贤俱徙开化，依叶先生。虽曰流离，犹未失所，道途之苦，无足复言，星贤已有书相告矣。吾年老力衰，不堪再徙，既至开化，亦暂安之。由今之道，涉足皆是畏途，所履无非危地。然吾心自有坦道，自有乐邦，与之交参互入，亦不坏不杂也。所有书物，俱弃置桐庐，亦不复留念。资斧垂尽，槁饿无伤。星贤从我，颇能弦歌不辍，固穷之道，庶几可期。贤如见怀，当以书见及，用慰寂寥之感。

　　今天下例见，莫如以心性为空谈，而以徇物为实在，此战祸之所由来。儒者谓之不仁，释氏谓之痴业，辗转增上，以至于此。暴不可以遏虐，愚不可以胜残，此理易晓，而举世不悟，虽授之天下，不能以一朝居。五峰云："有夷行者，必有夷祸。"感应之理实然。魏源"师夷制夷"之瞽说，至今不出此窠臼。既曰师夷，已沦为夷矣，尚何制乎？孰不以五峰为迂阔，以魏源为识时？今日之祸，自魏源已始之矣。民力既竭而祸连不解，可奈何？言之不可不慎，于此可见其系之大也。浮启。

到开化后有一诗，今属安期写一份附去，可以见其所怀。浮再启。戊寅年二月十一日。

【编者评述】　虽在流亡途中，马一浮表示，"吾心自有坦道，自有乐邦，与之交参互入，亦不坏不杂也"。他对战争的批判，持人类的立场，而不只是一民族的利害得失，他讲："今天下例见，莫如以心性为空谈，而以徇物为实在，此战祸之所由来。儒者谓之不仁，释氏谓之痴业，辗转增上，以至于此。暴不可以过虐，愚不可以胜残，此理易晓，而举世不悟，虽授之天下，不能以一朝居。"因此，马一浮对近代以来追步西方的思想深加痛斥，指出"魏源'师夷制夷'之瞽说，至今不出此窠臼。既曰师夷，已沦为夷矣，尚何制乎？……今日之祸，自魏源已始之矣。民力既竭而祸连不解，可奈何？言之不可不慎，于此可见其系之大也"。

四
一九三八年七月四日

立民足下：

三得来书，尚未一答。"恕乃仁之术"，此语得之。"心与理一"四字未切，宜改作"物我无间"。子贡在事上求仁，孔子示之以理。施济是事，立达是理。事是空想，故远；理是实际，故近。拈出一"近"字，教伊反求诸己，最须着眼。《中庸》言忠恕违道不远，亦与此同意。推己及人，非是难事，人人有此一念，便可以见仁。仁是心之本体，本来如是。物我无间，乃理之自然。"强恕而行，求仁莫近焉"，亦吃紧在"近"字。如子贡以博施济众为仁，斯乃转求转远矣。由恕可以见仁，不是仁之外更有一个恕。充扩得去，天地变化，草木蕃。此即仁矣，岂别有哉？故曰"恕乃仁之术"，此语得之。

吾来泰和，直为避难耳。浙大诸人要我讲学，吾亦以人在危难中，其心或易收敛，故应之。欲且与提持得一二，亦庶几不空过。《会语》临时逼快写出，非以此为六艺论也。但去其枝叶，亦粗具六艺论之轮廓。他日欲草此书，须另自起草。著述须还他一个体例，不能如此草草也。但贤等观之，于吾平日所说者或如散钱得串，较有脉络可寻耳。《老子流失》一篇，本有为而言，未免将老子好处完全抹杀。叶左文先生斥吾为戏论，因撤去未讲。此篇便可毁却，勿留也。熊先生处寄去一份，尚未得复，未知作何批评，恐未必尽契。今续往数纸，却比前较细，望加玩索。如有所疑便问，勿徒赞叹也。来书"六艺之实"，"实"字应改作"本"，较妥。

近日魔焰复张，若犯广州、逼武汉，则泰和无留理。月前方遣安期往桐庐取书，到衢即交通发生困难，现尚未至，殊令人悬情。星贤亦未宜长此家食。安期亦思觅工作，未易得。而吾羁旅茕独，亦需彼曹扶持。若入川，路费非二千元不可，此事真困人也。挥汗作此，不多及。唯进德修业日就缉熙。不宣。浮启。戊寅六月七日。

培德谨案：立民来书有"行恕求仁"一语。师云："如此则仁如工夫，恕如手段，是二之矣；强恕而行，求仁莫近，则二而一矣。"

【编者评述】 《论语·雍也》有"子贡曰如有博施于民章"，子贡引博施济众来理解仁，而孔子告知要"能近取譬"。马一浮讲："子贡在事上求仁，孔子示之以理。"博施济民是具体的事，能否做到，受制于许多条件，如以此界定仁，则能行仁者便极少。孔子让反求诸己，从而人人都能体会到"仁是心之本体，本来如是"，然后己立立人，己达达人，"充扩得去，天地变化，草木蕃"，"物我无间，乃理之自然"。所以马一浮讲："施济是事，立达是理。事是空想，故远；理是实际，故近。"信中言及《泰和会语》"粗具六艺论之轮廓。……于吾平日所说者或如散钱得串，较有脉络可寻耳"。

五

一九三八年九月二十九日

迭次来书均至。吾自泰和行二十五日始到桂林，今已将匝月。舟中不免劳顿，又此方为瘴乡，山水虽有可观，气候实不宜人。少陵诗云："五岭多炎热，宜人独桂林。"殊未然。亦尝小病数日，吾自药之而愈。然中途经三水，即以电船小轮，_{两粤人呼为电船。}但有舱位，无地可置行李，因率星贤全家及安期眷属先行，而留安期在三水，别附货船运书箱行李，故安期到梧州稍后。吾自柳州附车到桂，而安期在梧_{州经狂炸两次，幸未殃及。}候平乐电船，半月不能得。因电嘱雇民船来桂，今尚在途中，约尚须半月后始可到。日来桂林亦颇有空袭，如去年在杭时相似。拟俟安期运行李到后，即暂往宜山小住。_{宜山为旧庆远府首县，在柳州以西，黔桂公路中间。}因浙大迁彼，亦可为觅屋，彼处空袭之患尚较桂林为少也。星贤已由子恺介绍，识桂人唐现之，闻亦为梁漱溟先生门下士。唐方创办桂林师范学校，校址在两江。_{去桂约五六十里。}已聘星贤教国文兼导师。俟出月后校舍落成，便当挈眷俱往。倘衡湘未至沦为战区，桂或尚能自保。星贤与唐、丰甚相洽，羁旅之计，似暂可无忧矣。

贤今月二十日航空函顷已到。书院之议，非吾意所及。前在泰和临行时所草简章，仅费一小时许，匆匆写出，未能详加考虑。但因物付物，在吾处已处人之道，自合如此。知此事决不能契机，故写出便了，未尝置念。今观贤来书，似乎必要其成。毅成诸友已着手筹备，又请熊先生为创议人，草缘起书。愚意道之显晦，不以语默而异。书院之成否，殊无所加损。今武汉方危，蜀中将来是何景象，亦难逆料。此时即勉强成立，亦难以持久。吾前者是烧退符，不谓反成催符。贤等办法似太迫促。吾意但政府承认不加干涉即可。经费一层，不能依赖政府。今来示谓毅成虽别筹基金，当以创议人名义向教育部请开办费。又谓陈部长已表示每月可补助经费若干。似此办法，与普通私立学校请官款补助无异，与吾简章所谓经济须完全属社会性，政府意主宏奖，义同檀施者，实相违矣。吾意政府但可捐助基金，不欲其补助经费。因捐金则由彼自愿，并非向彼募化，故等于檀施。今由书院创议人请求补助，事义迥别，此不可不考虑者一也。

倡议人请熊先生首署，并请熊先生草缘起，吾无间然。但列名者如谢无量、马君武、竺可桢诸君，吾知其初未预知此事，先须通函告之，得其同意乃可。今似由贤辈拟议，径用其名，是岂可行？曹赤霞先生已于去冬归道山。吾近得钟山先生书始知之。彼似厌见兵革，坐脱以去者。吾晚年失此良友，方深感悼。今观贤等欲延曹先生共讲之议，益觉触绪增悲。至赞助人欲尽一时名彦，此亦须其人对此事实有了解，真能赞助方可。否则彼以为应酬，此以为标榜，二者交失之，此不可不考虑者二也。

君子作事谋始，永终知敝。今即欲因机示教，与众作缘，亦是不得已而后应。立心不容有纤毫夹杂，对人不能有些微迁就，不可期其必成。亦深知毅成、百闵与贤辈为此能见其大，并非有所私于我。即陈部长亦出于好善之秉彝。但若辈在世途中习熟久，或未暇于制事之义精密致思，故愿贤辈更详审之。吾意以为不安者，书院虽成，吾不能至也。前草简章，虽系一时触发，然大体似不可易，欲以佛氏丛林制施之儒家，亦与旧时书院、今时研究院性质不同。吾信熊先生必能深了此意，他人吾未敢必。

向来儒者讲学不及佛氏出人众多者，原因有二：一、儒者不得位，不能行其道，故不能离仕宦；其仕也，每为小人所排抑。佛氏不预人家国，与政治绝缘，世之人王但为外护，有崇仰而无畏忌，故得终身自由。二、儒者有室家之累，不能不为生事计；其治生又别无他途，不免徇微禄，故每为生事所困。佛氏无此。丛林接待十方，粥饭不须自办，故得专心求道。大德高僧安坐受供养。然其法施无穷，饶益众生，不为虚费信施，退之小儒，故有《原道》谬论。世俗亦不以为非。因此二端，比儒者缘胜。

今欲学者深入，纵不能令其出家，必须绝意仕宦，方可与议。章子厚欲从邵尧夫学，尧夫曰："公欲学道，先须退居林下十年然后可。"即此意也。今乃孟子所谓率兽食人之时。世间号为强国者，犹未离乎禽兽，在杂霸以下。欲大拯生民，先当令其出乎利欲，所谓"齐一变至于鲁，鲁一变至于道"，出杂霸而进于王。欲造就学者使个个可以为王者师，方是儒者本分。如此设立书院，方有意义。故当从源头处审谛，不可稍有假借也。否则人云亦云，安用此骈拇枝指为哉。

原丛林所由兴，初唯二三道人相与闲处于水边林下，茆屋盖头、荠菜充肠而已。其后参学者众，檀施日集，遂成丛席，可容千百众者有之。且其地多在山水胜处，此亦自然之势，非可以人力勉强为之。陆子静之象山精舍，朱子之武夷精舍，规制皆极简陋，取其可以待四方之学者而止。观朱、陆所营精舍，即隐寓禅师家住山之意。然无有继起，亦无百丈其人。南岳下出马祖，马祖下出百丈，制百丈清规，丛林之制始广。但当时政府听其自由，并未取缔，此又胜于今时者也。增设讲坐，吾本有此意。简章中未及，今补写一节，立三学之名以待耆硕，略如丛林之遇他方尊宿然。此如三公不求备，唯其人。贤辈所拟，唯熊先生可尊为义学大师。曹先生已逝不论，叶先生专重考据，对吾所草书院制恐不能赞同。在今日请之，吾知其不来也。所以楷定三学名义者，如江南之周太谷派，蜀中之刘芷堂派，并杂以丹道为学。杨仁山之扬净抑禅，欧阳先生之专主法相，疑及方等，似皆不可为训。熊先生自悟唯识，宗归般若，斯乃义学正宗耳。诸先生于吾所草简章是否毫无异议，尚未可知。如熊先生以为未当，有何意见？望尽量提出商榷。在商榷未定以前，此简章不可发表。因书院之成否可以不论，而此简章必须修改尽善。今即不成，可留为后人取法也。熊先生所草缘起文字，亦欲先一见示。总之，望贤辈慎重考虑，不可亟亟期成。须知道本常存，并不以人而加损，亦禅师家所谓"佛法不怕烂却，著甚死急"。此言深可为贤辈顶门上下一针也。

"复性"之名，此取"汤武反之"之意，与李翱《复性书》义别。自觉揭出得谛当。今时所谓"革命运动""启明运动"，皆袭取外来名词而失其本义。若能于"复性"两字下荐得，亦尽多了。然亦只图契理，不管契机不契机，吾向来持说如此也。言语已太冗，今当暂止。徐更往复，不厌求详。熊先生处容再另简，诸贤均此不另。浮谨启。二十七年九月二十九日。

此书写毕以示星贤，觉意有未尽。今复稍申其义。吾所不惬者，莫如请部补助一事。书院缘起、简章，照今制须得政府认可，由创议人呈请备案，于义无伤。彼若嘉奖，助以基金，不论多寡，可以接受。若请求开办费，请求补助经常费，此与普通私立学校无异。须经彼批准，须按月领取，则明系隶属性质，事体乃大不侔。部中若有变迁，亦可削减停止。所谓作事谋始，并非倨傲，妄自尊大。以儒者立事，不可轻言请求。若求而与之，不唯失其自处之道，亦使彼重道之心完全消失。此事本属例外，彼若不了解，何必多此一举，在危难之时而为此不亟之务？若彼能了解少分，则知移减一分购飞机大炮之费，已足以养成少数贤才而有余矣。此不可强喻。但出于捐赠则可，出于请求名为补助则不可。如郗鉴为支道林买山，梁武为陶宏景、陆修静立馆，遣太学生诣何胤山中受学，在当时极为平常之事，并不足矜异。至舍宅为寺，舍田供僧，蠲其租税及置学田者，历代多有之。今人但知求利，绝未梦见。其有出资兴学者，亦只是俗学。学生入学只为出路，以学校比工厂，学生亦自安于工具，以人为器械，举世不知其非。今一旦语以"人者仁也"，教以明道，学以尽性，别有事在，如何能使之速喻邪？熏习之久，乃可渐入，此居贤善俗所以取象于《渐》也。

缘不具则事不成，名不正则言不顺。虽明知其远于事情，义理自如此。所谓法尔如然故，绝不可有取必之心。有意则有必、有固、有我悉具，此圣人之所绝也。平时每言学者须有刚大之气，若有丝毫假借，则刚大于何有？此理甚望贤辈体验。否则成事不说，吾但不来即足矣，何必如是之不惮烦邪？佛肸召，子欲往；公山弗扰召，子亦往，且曰："夫召我者而岂徒哉？"然终不往者，此是绝好一段公案，可参。

简章增入一条，却极有关系，下语甚有斟酌，如叶先生见此，必骇然却走。赵大洲阳明后学在翰林院教习，每教人读《楞严经》，却有此见地也。贤辈似误于求速成之一念。庄子云"见弹而求鸮炙，见卵而求时夜"，未免太早计耳。浮再启。同日。

书院旨趣及办法应加入一条如下：

一、书院分设玄学、义学、禅学三讲坐，由主讲延聘精于三学大师敷扬经论旨要，以明性道。但如一时不能得师，可以暂阙。得师则一门不碍多师，故人数不预为之限。

附　说明

先儒多出入二氏，归而求之六经。佛老于穷理尽性之功，实资助发。自俗儒不明先儒机用，屏而不讲，遂使圣道之大若有所遗，墨守之徒不能观其会通，渐趋隘陋而儒学益衰。今当一律解放，听学者自由研究。故特分设此三门，使明三学源流，导以正知正见。但俗学傅会丹经、希求福报者，乃是缁羽末流之失，亦彼法所诃，非佛老本旨，须有料简。又一切宗教仪式皆不得滥入，以道贵自证自悟，此为纯粹学术的研究，异于一般信仰也。

【编者评述】 因涉筹备"复性书院"，此信甚长，其中讨论，可见马一浮学问精神与立场。马一浮坚持复性书院的创办，必须是独立自主的私学，既不是官办，也不是普通的私立学校，"欲以佛氏丛林制施之儒家，亦与旧时书院、今时研究院性质不同"。因此，政府可以捐助基金，但不申请补助经费，否则"须经彼批准，须按月领取，则明系隶属性质"，与初衷相背悖。此外，"书院缘起、简章，照今制须得政府认可，由创议人呈请备案，于义无伤"，因熊十力首署并起草，列名者务须通函告之，得其同意乃可"。马一浮强调，"君子作事谋始，永终知敝"；"立心不容有纤毫夹杂，对人不能有些微迁就，不可期其必成"。马一浮办书院，"欲以佛氏丛林制施之儒家"，是因为他认为，由于儒者有得君行道的仕途困境与室家之累，所以儒者讲学不如佛教出人多；后来陆九渊、朱熹办精舍，力求简约，"即隐寓禅师家住山之意"。马一浮强调："今欲学者深入，纵不能令其出家，必须绝意仕宦，方可与议。"关于书院教研内容，除了马一浮主讲的儒学外，他主张"分设玄学、义学、禅学三讲坐，由主讲延聘精于三学大师敷扬经论旨要，以明性道"；师资宁缺毋滥，但"一门不碍多师"。马一浮以为"唯熊（十力）先生可尊为义学大师"。关于分设玄学、义学、禅学，马一浮强调，"先儒多出入二氏，归而求之六经。佛老于穷理尽性之功，实资助发"；俗儒墨守，使儒学益衰，"今当一律解放，听学者自由研究"。但同时指出，"傅会丹经、希求福报者"，以及"一切宗教仪式皆不得滥入，以道贵自证自悟，此为纯粹学术的研究，异于一般信仰也"。此外，马一浮对"复性"略作诠释。

:: :: **王培德** 星贤

一九三八年五月二日

自遭乱以来，唯子从我独久。樟树一别，忽忽如有所失。计时当已还开化，归计已决否？如已得家书，重闱之意不甚督责，则开化与泰和同一羁旅，亦盼子之能来也。然终以归觐为重，相就为轻，酌于义而后行，吾不能使子舍其亲而就我也。此间诸友，其知我自不如叶先生，然其意亦良厚。竺祭酒廉谨有余，余子亦各有所长。大都质美而未学，似难骤与适道。衲僧家每谓达磨东来只觅一个不受人惑的人。吾行天下，亦只明得一义，觉人我之间本无间隔，但习气差别万殊，浅深不同，卒难与除。若令心习顿尽，则全体是性，更有何事？此程子所以言"我这里只有减法，减尽便无事"也。

今学校正是习气窠窟，吾持此术以往，真乃驱耕夫之牛，夺饥人之食。然吾不能变其彀律，救得一分是一分也。来此已五日，不见一丘山，但见平原旷野，清江丛林，老樟合抱，荫及数丈，窗牖洞明，天宇广大。视开化之山水峭急，颇觉彼土逼仄而此则坦夷，所憾者无叶先生之人物耳。其余日用所需，大致亦不甚相远，但借用器物较为困难，必要者不能不自置耳。《诸子会归序目》稿及《因社印书议》，箧中检索不得，暇时望录一份见寄，或当语人及此也。珍重不具。浮顿首启。戊寅四月三日。

【编者评述】　　谈在浙大讲座感受。马一浮讲："吾行天下，亦只明得一义，觉人我之间本无间隔，但习气差别万殊，浅深不同，卒难与除。若令心习顿尽，则全体是性，更有何事？"在浙大虽得礼遇，但"今学校正是习气窠窟"，"似难骤与适道"，只能"救得一分是一分也"。

∷　∷　**袁心粲**

一九三八年三月十六日

心粲、禹泽、仲劼、一洪诸友同鉴：

　　在桐庐日，曾荷诸子来书存问，未及一一奉答。自杭州失陷，寇逼富阳，桐庐不可复留，因再徙开化，依叶左文先生以居。虽曰流离，尚未失所。但平生所蓄诸书，遂成弃置，即不为劫灰，亦膏鼠吻，真乃经籍之阨也。大部分置汤庄，其留置桐庐未及搬者，已遭蹂躏，荡然无余。今寇之所向，殊为叵测。若使囊括席卷，开化虽系边县，稍远战区，然地连赣皖，亦非瓯脱。万一或有压境之虞，则又不能不为转徙之计。年衰力竭，何以堪之。一身无所复恤，所虑者舍甥一家难为安置。星贤举家相从患难，亦殊无以慰之。立民已于十一月中回鄂。以是邑邑难为怀耳。诸子各在乡里，犹幸寇氛未及。深望于忧患之中，不废讲习。及是时困心衡虑，若能体究，当弥觉亲切有进。

　　今天下大患，唯在徇物肆欲而不知率性循理。此战祸之所由来，不独系于一国家、一民族也。孟子当战国之时，举世言利而独称仁义、道性善，故时人以为迂阔而远于事情。孰知彼所谓"迂阔"者，乃是切近；彼所谓"事情"者，乃是虚妄。彼时所谓"事情"，即纵横家所言"利害"，如今之"外交政策"。此佛氏所谓众生颠倒见也。吾昔尝为诸子言，言富强者必极于不仁。以今观之，岂不益信。自清道光间鸦片战争以后，魏源始作筹海篇，创为"师夷制夷"之说。至今垂百年，从变法自强递变为科学救国，为革命抗战，只是魏源流派所衍，不能出其范围。言师夷已自沦为夷，言制夷卒为夷所制。祸烈至此，而朝野上下曾不一悟。出言行事，无反躬自责之意，无寅畏惕厉之心，犹是虚憍夸饰，行险侥幸。丧乱无日，民力垂尽。泄沓荒湎，不知忧恤。谁为为之，孰使致之？此董生所以说春秋之世，亡国破家相随属，为失其本也。胡五峰上高宗疏论恢复事，自周犬戎迄于晋、唐，有夷行者必有夷祸，其言深为慨切。自庸俗人观之，岂不以五峰为迂阔、魏源为识时哉。吾曹虽处极困，无裨于时，须于此理认得端的，讲之在己，行之无违。无以饥渴害志，无以患难自沮，无以无朋为戚，无以不知为悔。须知仁以为己任者，曾子本为士言之，不必其在位也。造次颠沛必于是，尤贵于处变时验之，不期于世之治也。

吾昨与立民书，因立民方看《华严》，为说磨而不磷、涅而不缁之旨。谓今日涉足皆是畏途，所履无非危地，而吾心自有坦道，自有乐邦，与之交参互入，不失不坏。此义虽假佛氏之理言之，精切不易，诸子骤闻，或有未喻。今略为申说。当小人道长之时，不必君子之道遂消也。故世虽极其乱，而吾心极其治。不仁者不能以害仁，故仁者自仁，未尝夺于不仁也；治者自治，未尝淆于极乱也；君子自君子，未尝陷于小人也。夫是之谓在险而能出，夫是之谓不失不坏。吾尝谓《华严》之义通于《易》，非极深研几不足以知之。诸子善体此言，何忧乎患难，何惧乎夷狄。先圣之脉必不绝，诸子之性必不亡。能全其性者，斯可以继先圣矣。书不尽意，唯力学进德，无以衰朽为念。

前在桐庐时，与诸子一书，今都不记忆。但似语诸子以识仁之要。仁与不仁之辨当在自心勘验。其中似多举对治之言，今复申言之。性只是善，无有不善；只是仁，无有不仁。其有不善、不仁者，习也。程子曰：才有一毫私吝心，便与天地不相似。人心本无私吝，本与天地相似，其有私吝者，亦习也。吾昔尝言，今人类只在习气中生活。今之所以为教、所以为政，全是增长习气，汩没自性。一旦习气廓落，自性发露，方知全体是错。地无分于欧、亚、非、澳，人无分于黄、白、棕、黑，国无分于大、小、强、弱，其有作是计较者，私吝心也。吝只是小。程子曰：小人不合自己小了。以佛法言之，私是我执，吝是法执，并是虚妄习气。此执不尽，终不见性。今学者用力，在随时随地自己严密勘验私吝心之发动，便以义理对治。义理本是自性所具，其中不容一毫私吝。义理昭著，私吝自消。故明得一分义理，即消得一分私吝。习气消尽，全体是性，便是圣贤。今书所举磨不磷、涅不缁语，便是在习气中自拔之要道。须知自性本来清净无染，即是性善义也。思之。戊寅二月十五日。

【编者评述】　心粲、禹泽等，皆马一浮弟子，抗战中各在乡里，马一浮嘱"于忧患之中，不废讲习。及是时困心衡虑，若能体究，当弥觉亲切有进"。马一浮对日侵之患，始终从整个人类的问题予以批判，以为"今天下大患，唯在徇物肆欲而不知率性循理。此战祸之所由来，不独系于一国家、一民族也"。他引孟子作申述，指出孟子"举世言利而独称仁义、道性善，故时人以为迂阔而远于事情。孰知彼所谓'迂阔'者，乃是切近；彼所谓'事情'者，乃是虚妄"。这个所谓的

"事情"，便是利害，便是外交政策。马一浮批评晚清以降魏源"师夷制夷"开其端的以西化为现代化的理论与实践，指出"至今垂百年，从变法自强递变为科学救国，为革命抗战，只是魏源流派所衍，不能出其范围。言师夷已自沦为夷，言制夷卒为夷所制"；"亡国破家相随属，为失其本也"。期望诸弟子"无以饥渴害志，无以患难自沮，无以无朋为戚，无以不知为悔。须知仁以为己任者，曾子本为士言之，不必其在位也"。然后转进论"《华严》之义通于《易》"与"识仁之要"。马一浮讲："当小人道长之时，不必君子之道遂消也。……仁者自仁，未尝夺于不仁也；治者自治，未尝淆于极乱也。"这是《华严》与《易》共同的精义。马一浮勉励诸生："先圣之脉必不绝，诸子之性必不亡。能全其性者，斯可以继先圣矣。"而"识仁之要"全在"自心勘验"。马一浮强调，人性只是善、只是仁，其有不善、不仁，都是习气所致。"人心本无私吝，本与天地相似，其有私吝者，亦习也"。"私是我执，吝是法执，并是虚妄习气。……今学者用力，在随时随地自己严密勘验私吝心之发动，便以义理对治。……义理昭著，私吝自消"。

::: **萧仲劼**

一九三八年六月（节录）

寇势已逼马当，九江万一不守，则不容不亟行。谋之不臧，更复谁咎。后此遂不能国，而欺罔犹如故也，可胜浩叹。若以佛眼观，乃是共业所感，异熟已成，无可挽回。然众生畏果，菩萨畏因。吾徒今日所有事，乃在为未来造因，人人有此责任。义理所存于中者熟，斯其发现于言行者，自然合辙而无差谬，必能影响及人，不在远近。在泰和所讲印有会语，曾以一分寄清波。贤若能知所用力，必有进矣。吾虽远弗隔，否则虽日相见，何益哉。珍重，不宣。戊寅六月。

【编者评述】 身处患难，人往往看到的是结果，而不去思考原因。马一浮讲："吾徒今日所有事，乃在为未来造因，人人有此责任。义理所存于中者熟，斯其发现于言行者，自然合辙而无差谬，必能影响及人，不在远近。"

一九三九年

:: :: **熊十力**　子真　逸翁

一

一九三九年七月二日

见示学生津贴太縠，此乃称家有无。今经常费只有此数，若增之则可容之人数益少。至学生出路，书院无权规定，此政府之事。书院既在现行学制系统之外，亦不能援大学文科研究院为例。弟意学生若为出路来，则不是为学问而学问，乃与一般学校无别，仍是利禄之途，何必有此书院？若使其人于学能略有成就，所谓"不患无位，患所以立"，"虽欲无用，山川其舍诸？"似不必预为之计，启其干进之心，且非书院所能为谋也。必如兄言，则弟前此主张，一概用不著，无异全盘推翻矣。自昭才自可爱，然彼于西洋哲学已自名家，且身任教授，在大学地位已优，书院淡泊，或非所好。将来自当请其居讲友之列，但使延居讲席，则戋戋之帛恐无以待之。且书院讲习所重，在经术义理，又非西洋哲学也。兄意以为如何？至选取学生，自当稍宽，如兄所教。时局如此，恐来者寥寥耳。己卯五月十六日。

【编者评述】　此下诸信皆因复性书院事起，兼涉其他。熊十力以为学生津贴应多些，并要考虑学生毕业出路。马一浮以为，学生津贴量力而为，增多则可招学生便少；学生毕业出路问题，不仅"非书院所能为谋也"，而且更是马一浮坚持反对考虑的，他强调："弟意学生若为出路来，则不是为学问而学问，乃与一般学校无别，仍是利禄之途，何必有此书院？"他以为，"不患无位，患所以立"。此外言及聘贺麟（自昭）为讲友事。

二

一九三九年七月十日

十六及廿日惠书，同时并到。唯交百闵转示一函，未见转来，未知其中所言何若。关于书院未来作计，二十日教言之甚详，非兄不闻是言。令弟不善处变，顿违兄意，闻之亦为兄不怡。然门内之事恩掩义，只可徐俟其悟。兄以是忧愤太过，亦足以损胸中之和，愿兄之能释然也。

渝灾后，毅成诸人忙剧不堪，书院进行受此影响，不免停顿。然此间方开始部署，不能住手，一切未能就绪。缘生之法，胜劣从缘，只好因物付物，任运为之。兄来书举般若言种种不可得，因戏谓用人不可得。克实言之，安有一法可得邪？书院方萌芽，能否引蔓抽枝，不被摧折，殊难逆料。欲使遽成大树，覆荫天下人，实太早计。弟总思为众竭力，不为身谋。然风之积也不厚，则其负大翼也无力；水浅则船胶。但有法财而无世财，亦徒虚愿。事缘如此，莫可如何。

颂天、子琴欲来，弟岂不愿？若经常费不致无着，以都讲待之，不带职务，津贴只能倍于学生，亦恐渠等不赡生活，都讲名义比助教为雅，弟意使之领导学生。倍其膏火，仅可支六十元。其带职务者，视其事之繁简，量与增加。然开始时亦无多职务可安立也。未知兄意以为可否？若依参学人例，则无津贴。劳彼远来求此不可得之法，或者兄又以为不近人情也。子琴若能于嘉定中学得一教席，因暇来居参学之例，自较住书院为胜。颂天在南充所入若干，弟未悉，若来书院，恐顾家稍难，使其常患不给，亦非所以安之也。周淦生当以讲友处之。书院若规模稍宏，弟意延揽人才，唯恐其不尽。今乃寒俭若此，未足以语于斯耳。

至关于学生出路一事，弟亦非有成见，必令其与世绝缘。但无论古制时制，凡规定一种资格，比于铨选，此乃当官之事，书院实无此权。若令有之，则必须政府授与，如中正之以九品论人而后可，否则为侵越。未闻先儒讲学，其弟子有比于进士出身者。若回之问为邦，雍之使南面，此如佛之授记，祖师门下之印可，纯为德性成就而言，非同吏部之注选。西洋之有学位，亦同于中国旧时之举贡，何足为贵？昔之翰林，今之博士，车载斗量，何益于人？昔有古德，人问之曰："公门下成就得何事？"答曰："个个使伊成佛作祖去。"程子兄弟少时见周茂叔，便有为圣贤之志。弟意学者若不能自拔于流俗，终不可以入德，不可以闻道。书院宗旨本为谋道，不为谋食。若必悬一出路以为之招，则其来时已志趣卑陋，所向既乖，安望其能有造诣邪？君子之道，出处语默一也。弟非欲教人作枯僧高士，但欲使先立乎其大者，必须将利欲染污习气净除一番，方可还其廓然虚明之体。若入手便夹杂，非所以示教之方也。

今时人病痛，只是习于陋，安于小；欲使决去凡近，所谓"以此清波，濯彼秽心"，知天下复有胜远，令心术正大，见处不谬，则有体不患无用。然后出而涉世，庶几有以自立，不致随波逐流，与之俱靡。只养得此一段意味，亦不孤负伊一生。不能煦煦孑孑为伊儿女子作活计也。

兄意固无他，只是爱人之过，世情太深。弟所以未能苟同者，一则不能自语相连，二则亦非今日书院地位所许。料兄必能深察此意，知弟非固执己见，好与兄持异议也。

学熙之去，实是可惜，各有因缘，亦不能强。兄以是减兴，殊令人系怀。今日实无处可安居，兄暑假前既不欲动，弟亦不敢促，但兄若不来，在书院便空虚无精采。赵老、叶兄未必能至，且渝方诸事停顿，弟亦未接正式聘书，故于延聘讲座之举，亦倚阁未发。书院至今日，实尚未成立也。仅有一筹备会名义而已。嘉定生活较成、渝并不为甚高，借地乌尤亦是不得已，舍此几无立锥之地。兄他日莅嘉，乃知弟言非妄也。朋初先德墓文，迄未暇属笔，幸稍宽假。时盼继教，不宣。

又征选肄业生细则，系贺昌群兄代定。弟意初不欲限资格，但凭知友介绍。贺君以为太广，虽不必重视大学毕业，亦须加以摄受，故设为四项。古人求道心切，不辞千里裹粮，且有弃官而为之者。董萝石年已六七十，尚就学于阳明。此皆自至，何待于招？今书院设为征选及津贴之法，本是衰世之事，随顺劣机。衡以古人风概，已如天壤悬隔。

来书谓："如全不养无用汉，乌可尽得人才？世法还他世法，岂可尽得天上人？"此诚慨乎言之。人才固难，养得一群无用汉，又何所取义？兄谓"生平不为过高之论，国家教育明定出路，世法不得不尔；若无出路，学子失业，将诡遇以求活"。今书院虽受国家资给，然非现行学制所有。即欲要求政府明定出路，亦须俟办有成效，从书院出来人物成就如何，政府自动予以出路，然后可，不能由书院径自规定。若虑学生失业将为诡遇，则书院无宁不办之为愈。且今取得大学、研究院资格亦如麻似粟，谁能保其不失业、不诡遇乎？弟之不谈出路，实是事义合如此，不是过高。兄谓对书院少兴趣，诚少兴也。然不可以少兴而不为，是亦"知其不可而为之"之一端耳。前意未尽，故又申答如此。言常患多，今姑置之矣。己卯五月廿四日。

【编者评述】　熊十力的弟弟"不善处变，顿违兄意"，马一浮以为"门内之事恩掩义，只可徐俟其悟。兄以是忧愤太过，亦足以损胸中之和"。熊十力的涵养似不如马一浮。信中除了关于云颂天几位弟子的聘用与津贴事外，仍主要关于是否应该考虑学生出路问题。马一浮讲："兄意固无他，只是爱人太过，世情太深。弟所以未能苟同者，一则不能自语相违，二则亦非今日书院地位所许。"书院地位所不许，这是事实；但学生出路不作考虑，则是马一浮的立场，他强调："弟意学者若不能自拔于流俗，终不可以入德，不可以闻道。书院宗旨本为谋道，不为谋食。……弟非欲教人作枯僧高士，但欲使先立乎其大者，必须将利欲染污习气净除一番，方可还其廓然虚明之体。"平心而论，马一浮的坚持，似乎持论较熊十力为高，其实更为平实。熊十力以为，"国家教育明定出路，世法不得不尔；若无出路，学子失业，将诡遇以求活"；马一浮讲："今取得大学、研究院资格亦如麻似粟，谁能保其不失业、不诡遇乎？"

三

一九三九年七月一日

昨自峨眉还，读十六日惠书。方欲促兄早来，乃立民、公纯以兄书见示，知已允联大之约，将弃书院而就联大，为怅惘者久之。

此次文六、百闵来嘉，因相约至峨眉。弟非好游也，亦欲假此机会，与其商书院未来之计，欲其多尽力。毅成方居忧，亦不忍数以此事责之。今基金通知已下，实拨当无问题。唯经常费全年一期拨予一层，据文六、百闵皆云，恐难办到，然允到渝向教部申说。是否有效，固难取必。此皆有待于外之事，只好从缘。吾辈所可尽之在己者，亦只能随分，做得一分是一分，支得一日是一日。观未来事如云，幻起幻灭，孰能保证其必可恃邪？

至关于讲习之道，兄以弟偏重向内，将致遗弃事物，同于寺僧，谓虽圣人复生，亦不能不采现行学校制，因有资格出路之议，不如此将不足以得人。弟愚，所以未能尽同于兄者，良以本末始终自有先后，不可陵节而施。若必用今之所以为教之道，又何事于学校之外增设此书院？"先立乎其大者，而其小者从之"；精义入神，所以致用，未有义理不明而可以言功业者。若其有之，亦是管仲器小之类，非所贵也。性分内事即宇宙内事，体物而不可遗。古德言，但患自心不作佛，不患佛不会说法。今亦可言，但患人不能为成德之儒，不患儒不能致用。必谓涤生贤于阳明，是或兄一时权说，非笃论也。

"举而措之天下之民，谓之事业。"此乃顺应，不可安排，故曰"功业见乎变"。所谓变者，即是缘生，儒者亦谓时命，故言精义则用在其中。若专谈用，而以义理为玄虚，则必失之于卑陋无疑也。

兄尝揭"穷神知化""尽性至命"二语为宗旨，今所言何其与前者不类也？且兄固言"人而不仁，其于科学何！"弟于此言曾深致赞叹。今欲对治时人病痛，亦在教其识仁、求仁、体仁而已。任何哲学、科学，任何事功，若不至于仁，只是无物，只是习气。兄固日日言以见性为极，其所以诏来学者，固当提持向上，不可更令增上习气，埋没其本具之性也。今兄欲弃书院而就联大，固由书院根基未固，亦或因弟持论微有不同，故恝然置之。平生相知之深，莫如兄者，兄犹弃之，吾复何望？此盖弟之不德有以致之。

弟之用心，初不敢求谅于道路，所以未能苟同于兄者，亦以义之所在，不容径默，绝无一毫胜心私意存乎其间，此当为兄所深信者。若兄意犹可回者，愿仍如前约，溯江早来。渝嘉间轮船已可直达。此间居处虽未必安适，若以长途汽车入滇，恐亦不胜劳顿。即乘飞机空行，亦不免震荡。恐皆非兄体所宜，幸深察之。现方开始征选学生，其有以文字来者，皆劣机无可录。乃知俯顺群机，实是难事，亦望兄来共相勘辨。昨电想达，书到立盼飞答，不具。己卯年七月一日。

【编者评述】　熊十力"将弃书院而就联大"，他认为马一浮的讲习之道"偏重向内，将致遗弃事物，同于寺僧"，强调"虽圣人复生，亦不能不采现行学校制，因有资格出路之议，不如此将不足以得人"。马一浮虽极力劝熊十力来书院，但在办院宗旨上并不相让，此信仍力辨。马一浮讲："若必用今之所以为教之道，又何事于学校之外增设此书院？""但患人不能为成德之儒，不患儒不能致用"。马一浮以为熊十力"必谓（曾国藩）涤生贤于（王）阳明，是或兄一时权说，非笃论也"。马一浮尤为阐明，举而措之天下之民的事业，不可安排；建功立业有见于变，"所谓变者，即是缘生，儒者亦谓时命，故言精义则用在其中。若专谈用，而以义理为玄虚，则必失之于卑陋无疑也"；"今欲对治时人病痛，亦在教其识仁、求仁、体仁而已。任何哲学、科学，任何事功，若不至于仁，只是无物，只是习气"。

四
一九三九年八月二十六日

四日惠教至。弟适在病中，气力顿乏，故未能即复。兄之所教皆是也。然君子作事谋始，永终知敝，亦皆就理言之。至事变无常，世缘难测，谁能逆料？吾辈亦尽其在己而已。

兄之来与不来，但当问理，不须问势。今曰"于理则可，于势则疑"，则弟之惑也滋甚。居今日而欲讲习，斯事亦明知其不可而为之，至将来发生如何影响，本不可豫期。言契机，言致用，皆可，但皆不能取必。阳明、涤生往矣。彼其及身所成就，身后所流衍，皆遇缘而兴，岂假安排？虽当人亦不自知也。君子语默出处，其致一也。"唯几也故能成天下之务"，所当辨者在几而已，岂曰要其必用，责其必成哉！书院为讲习之事，有是非而无成败。今兄乃以成败为忧喜，此非弟之所喻也。

且兄既闵弟之陷于泥淖，以理则当振而拔之，而兄乃以翱翔事外为得，此亦非朋友相爱之道也。兄见教之言，弟即有不契者，未尝不反复思绎，知兄相厚之意，实余于词，何敢负吾诤友？但望兄于弟言，亦稍措意焉。察其推心置腹，无或少隐，犹不当在弃绝之科。如是，则兄意可回，必不吝此一行矣。

阴阳方位之说，使人拘而多忌。东看成西，南观成北，岂有定体？世俗命书，弟亦曾浏览及之。兄甲木曰元，木曰曲直，就金方，乃成梁栋之用，非不吉也。若弟为丙火日元，日之西沈，以俗言乃真不利，然弟不以为忧。日之西沈，非真沈也，明日复生于东矣。日无出没，世人见有出没耳，此何足计哉。朋初美才，而偏嗜日者之说，使利害之念日胶扰于胸次，亦愿兄能廓而清之，于朋初将来治学方有益也。

　　附奉关聘一通，依俗例为之，幸勿见摈。又汇寄重庆中国银行转奉国币百圆，聊佐舟车之费。闻宜宾尚须换船，由宜宾则可直达，至多亦不出四日。由重庆起算。兄行期既定，盼先以电示，俾便至江滨迎候，且可先为预备馆舍。日前方征选生徒，虽应征者人数不多，审查文字可入选者，旬日之间，才得六人。继今以往，一月内当续有至者，或尚不至相戒裹足。未来学子亦可念，弟纵不能启发人，有兄在此，则不患奄奄无生气。寺院式之流弊，请兄无忧也。

　　弟病疟良已，但苦中气稍乏。向来土木形骸，不重服食，然因略知脉证，自以为尚无足为患也。言不尽意，书到即盼立复，不胜神驰。己卯年七月十二日。

　　【编者评述】　　仍劝熊十力能来复性书院。熊十力以书院今后成败为虑，马一浮劝他，"兄之来与不来，但当问理，不须问势"。又以友道而喻之，以为"兄既闵弟之陷于泥淖，以理则当振而拔之，而兄乃以翱翔事外为得，此亦非朋友相爱之道也"。熊十力信中或以命理为由，以为自己不宜向西去乐山。马一浮讲："阴阳方位之说，使人拘而多忌。东看成西，南观成北，岂有定体？"并以熊十力与自己生辰八字的日干，为熊具体解释："世俗命书，弟亦曾浏览及之。兄甲木日元，木曰曲直，就金方，乃成梁栋之用，非不吉也。若弟为丙火日元，日之西沈，以俗言乃真不利，然弟不以为忧。"

五

一九三九年八月三十一日

十二日往一书，谅已得达。昨得兄十一日来教，详哉其言之，微兄吾不闻斯言。虽然，兄之所绳于弟者，似于弟言未加深考。

"尊德性而道问学"，岂有遗弃事物而驰心杳冥，自以为尊德性之理？但本末先后，不容不有次弟，对治时人浅薄混乱之失，尤不能不提持向上。若谓此言有弊，则颜、李真胜于程、朱。晚清以来，人人言致用，其效亦可睹矣。即兄所举如曾涤生之影响及人，亦由彼于体上稍有合处，虽未能得其体，初非专言用也。世间事虽至赜，理实简易。若必以随顺习气为契机，偏曲之知为致用，则现时学校之教亦足矣，何必立书院讲六艺邪？

兄必谓弟欲造成寺院式，在今日决行不通。弟往日诚有是言，意谓书院经济当为社会性，政府与人民同为檀越，同为护法，不受干涉，庶几可以永久，乃专指此点言之；无可比拟，乃比之于丛林耳，非欲教学生坐禅入定也。宋初四大书院，实有近于此。盖用半官款，而用在下之学者主之，不命于学官。其后私人自主者，如象山之象山精舍，朱子之武夷精舍，乃与禅师家住山结庵无别。所以不能久者，亦由于经济条件缺乏之故。今人艳称英之牛津大学，彼亦由中世纪教会之力所植养而来。儒者专以明道为事，不言檀度，故以规制言之，实于彼有逊色。然道之显晦，初不在是。侈言涌现楼阁广聚人天，末了亦只是以广厦养闲汉，何益于事？若今书院之寒俭，乃犹不得比于茅庵，何有于寺院？

弟以为教人若能由其诚，庶可使人能尽其才，虽成就千万人亦不为多，即使只成就得一二人亦不为少，扩大到极处，亦丝毫无足矜异。兄意必期扩大而后乃肯至，以弟为安于狭隘；弟虽陋，或不自知其陷于狭隘，然谓自始即以狭隘为心，此言乃非知我。谓吾智小不可以谋大，力小不可以任重，弟当自承其短。若谓弟以狭隘之心量距人，兄此言或稍过矣。扩大之计，第一即要经济条件，泥多佛大，水涨船高，俚语有之。弟既无福德，亦无神通，所谓风之积也不厚，则其负大翼也无力。创议筹备诸人，对书院无认识；即对弟个人，亦何尝有认识？弟不能强其认识也。未尝不言，而辄置不报，尚可数数言之乎？故今日书院只是行权处变，不得已而应之。愿力之弘，固在自心；人心之知与不知，不足为病。若因缘之广，须得人助，未能取信，何由自然而集？是不可以强也。

议者或疑当轴以书院私我，弟决不致以书院自私，此可不置辨。但以目前经济毫无基础，欲言扩大，其道末由。兄意欲使变为国立，此亦无从提出。纵使或有可能，则当隶属于现行学制之下，而弟前此所提之三原则，全成废话。欲不受干涉，必不可得矣。此书院立场，不可改易。欲求扩大，须得社会助力而后可，此岂望空祈告所能致者？或者能支持数年之后，渐为人所信，亦须时局不发生剧变，庶几足以及之，此时焉能骤几？若遽大吹大擂，所持者寡而所望者奢，岂非近夸而少实邪？兄谓弟始意即不欲扩大，不唯无此理，亦无此情。但此是事实所限，非空言愿力所能济。兄若有实在办法，弟虽至愚极陋，岂有距而不纳之理？但今即日言扩大，亦是空言。蔡子民之兼容并包，弟亦深服其度，但其失在无择。彼之所凭借者北大也，以今书院比之，其经费乃不逮十之一，而兄乃以蔡子民期我，吾实有惭德。非不能为蔡子民，乃愧无吕洞宾之点金术耳。此是笑谈，兄勿嗤其近鄙。譬如贫家请客，但有藜藿，坐无多人，今乃责其何不为长筵广坐，玉食万方，使宾客裹足，为富人所笑，此得谓之近情否？今日之事，无乃有类于是？

兄以狭隘见斥，今事实实如此，弟亦无词。但谓弟意志即系狭隘，不肯开拓，则兄不免于误。弟即不肖，未致如此。兄若因是而不来，则十余年来以兄为能相知，亦是弟之误。兄犹如此，何况他人？弟从此亦将藏身杜口，不敢更言学问，更言交友矣。

至兄来后欲专翻《新论》，不欲多所讲说以耗精神，此皆可悉如兄意。但居处饮食，未必能尽适，此亦弟之力所未能及者，亦不能不先声明也。不延张真如事，昌群深致不悦。昌群谓书院可不花一钱而致名讲座。弟意以为，如此因利乘便，在事实上为不可能；书院必假此以为望，亦非义理。

昌群因默然不悦而罢。然弟非不敬张真如，不重黑格尔也。彼之讲座脩金，乃由庚款委员会供给，指定国立大学由彼自择。承彼垂青于书院，但据蒙文通与昌群书，亦寥寥数行。但书院既非国立大学之比，须先请教部转询庚款委员会，得其承认方可。弟意由书院请求教部，已觉不揆其地位如何；若更欲得庚款委员会同意，此殆必不可能之事，以庚款委员会决不承认书院地位也。冒冒然求之，忽然碰壁，则书院与张真如皆难下场。故欲延张真如，非由书院自请不可，须先置庚款不谈。然庚款会指定讲座脩金甚优，决非今日书院力所能及。若张真如独优而其余讲座太戮，亦非敬师之道。若其有以待之，则又何不延贺自昭？且兄前书欲召周淦卿讲英文，招牟宗三为都讲，若能多加延揽，岂非佳事，岂患人多？无如蹄涔之水易竭，不能供养十方罗汉僧何！且书院力不能购西方参考书，学生并未注重外国文字，使听黑格尔哲学，亦毫无凭借，无受教之资，则讲者必乏兴。张真如及昌群均未顾虑及此。兄以是责弟之隘，似亦未之思也。固言以俟异日，俟学生稍有资藉，然后具礼以请，昌群怫然以弟为距人之辞，弟亦不与深辩。昌群与张初未相识，但重其为牛津博士耳。此真未免于陋，弟亦不能救之也。乃兄今亦以是责之。弟诚不能无过，过不在距人，乃在不肯因利乘便而求人耳。

　　大凡处事，但问义理之当不当，安能尽人而悦之哉？且书院所讲当自有先后轻重，并非拒西洋哲学不讲，以西洋哲学学生当以余力治之，亦非所亟也。凡前书所已及者，今亦不更分疏。总括言之，兄之所诤者，皆出于爱书院与爱弟之厚，即有未能苟同者，何能不接受兄之善意？乃若以狭隘为弟之意志，因而弃之不肯来，则弟实不能承此过。然扩大之办法，究宜如何，弟之智力，今日实思之未得其道，必待兄来从容讨论，决非一二日所能一蹴而几，责之创议筹备诸人皆无益也。兄必以弟为不足与议，遂终弃之，弟亦无可如何，但终望兄能相谅，攻我之病，当攻其实。弟非不能识病者，断无距药之理也。言多去道转远，仍盼决定明诲，不具。

　　此书写毕，意犹未尽，言语实不免重复。今更欲有言者，海若忘大，所以能成其大。今兄似犹有大之见存，必曰扩大，亦在此心能充扩得去耳。所谓充扩得去，则天地变化草木蕃；充扩不去，则天地闭贤人隐。此皆于规制无关，岂图门庭热闹而后为大哉。玄理且置，但论事实。吾辈所遇之缘，实太劣下，不必远引，以旧时尊经广雅言之，彼皆省吏自为，中央未尝过问。曾涤生于兵后设书局刻书，未闻须经通过或审计也。今之从政者尚未足以及此，一般社会其不能于书院有认识，亦无足怪也。此岂可以口舌争者？"呼牛则应之以牛，呼马则应之以马"，兄固尝言之矣。巽以行权之时，亦不宜大张旗鼓，遭人侧目，况空言邪？此其志亦不能不隐。故扩大之事，只可待时，此乃切于事情，非安陋也。己卯七月十七日。

　　【编者评述】　此信主要言及三事。一申言办院宗旨。马一浮指出，尊德性而道问学，绝非是以遗弃事物而驰心杳冥以为尊德性，而是强调其间的本末先后。书院"对治时人浅薄混乱之失，尤不能不提持向上"。并指出，晚清以来，人人言致用，结果不堪。至于熊十力举曾国藩为例，马一浮以为，"曾涤生之影响及人，亦由彼于体上稍有合处，虽未能得其体，初非专言用也"。二申辩办院形式。熊十力认为马一浮"欲造成寺院式，在今日决行不通"。马一浮申辩书院为体制外办学，经济上仰赖社会资助，"无可比拟，乃比之于丛林耳，非欲教学生坐禅入定也"。三说明书院规模。马一浮以为凭当时实况，书院无法大搞，今后有机会，再求扩大。熊十力批评马一浮"以狭隘之心量距人"，马一浮据实自述，并言及贺昌群建议延请张真如，以及熊十力曾经推荐的贺麟、牟宗三等具体人事，说明自己非心量狭隘，而是实际难行，并强调"大凡处事，但问义理之当不当，安能尽人而悦之哉"？此信甚长，可见马一浮待人处事的诚挚与规矩。

六
一九三九年七月二十日

十七日奉答一函，因兄开谕之切，弟亦不可不掬诚以告，其中言语或过于径直，非出辞气之道，虑或滋兄之不怿。然吾辈相交，固当推心置腹，何事不可尽言？即兄认为不当，因而指斥，乃是朋友切切偲偲之意。弟虽不德，何致不能服善？知兄之决不吾弃也。书院充扩之议，弟意志决无与兄不同之处。但目前为事实所限，不能骤几，此亦当为兄之所谅。但得兄来，凡事皆可商略，亦省笔札之烦。弟所望于兄之辅益者良多，兄岂能恝然置之乎？昨晚得兄飞示，允于旧历六月望前首涂，为之喜而不寐。馆舍一切，已嘱二三子速为预备。日来水涨，舟行益利，愿速驾，勿再淹留。濒行盼以电告，须示船名。俾可迎候。相见在迩，不胜引领伫望之情。先此驰达，唯善为道路，不宣。嫂夫人均此候问，世兄亦同来否？并念。

【编者评述】　熊十力终于答应到复性书院，马一浮甚喜，他在信中强调，"吾辈相交，固当推心置腹"；彼此"指斥，乃是朋友切切偲偲之意"。

∷ ∷ **丰子恺**

一九三九年二月八日

得廿二、三十两书，所以告我者甚详，快若暂对。地灵而人不杰，殆不独广西为然，全中国如此，恐全世界亦如此。有情不若无情，侈言征服者常是被征服。将来可以入公之画者，或只是山水树石而无人也。人生至此，地道宁论？天道隐，人道亡，故言"地道"。若深入现实，真令人废然而返、索然意尽。然理想中自有纯美境界超现实而存在，不离现实而亦存在，非现实所能夺。或因现实愈恶，而其反映可使理想愈美。在此恶现象中不被禁遏，此真美者忽然透露迸出，与他人内在之理想相接，可引起不可思议之感，廓然顿忘现实，此艺术最高之真谛也，亦艺术所以和调万物、泽润人生之大用也。公以为然否？

今人类普遍现象，自佛眼观之，只是愚痴之表现。此一幕戏剧、一幅图画，直是下劣，不堪属目。乃是非艺术的，无欣赏评判之价值，吾侪无端参加观众之列，早是不唧嘟也。非公无以发吾之狂言，但搏一粲，不足为外人道耳。黔滇皆在虏窥伺之中，无论于蜀两家，俱是屎棋，却无猧儿出来覆却秤，乃知杨太真真可人也，一笑。戊寅十二月十五日。

【编者评述】　因现实的恶劣而论及艺术之真谛。马一浮讲："理想中自有纯美境界超现实而存在，不离现实而亦存在，非现实所能夺。或因现实愈恶，而其反映可使理想愈美。在此恶现象中不被禁遏，此真美者忽然透露迸出，与他人内在之理想相接，可引起不可思议之感，廓然顿忘现实，此艺术最高之真谛也，亦艺术所以和调万物、泽润人生之大用也。"

一九三九年七月十五日

侧闻高义之日久矣，海内诵先生诗者，皆思一亲丰采为幸。浮于民国初年曾一遇先生于杭州车站，憾未及从容奉教也。今以避寇入蜀，遂至嘉州，喜近先生之居，冀得因间通谒门下，相从请益，以慰平生之愿。

会有书院之役，假舍乌尤，睹山中石刻几遍为先生手笔，知其地固先生游屐所常经，而寺主遍能，自称与其师传度，皆尝学诗于先生。私幸此地缘胜因先生而益显，又获遇江翊云参政于凌云，曾托其代达悃忱，将因而请谒，量先生当不以冒昧见斥。

三十年来，学绝道丧，世之所以为教者，拾异邦殊俗之土苴以为宝，后生小子几不知圣贤为何人、经籍为何物。今因寇乱之余，当路诸贤一念之发，因得于现行学制之外，存此书院。思藉此略聚少数学子，导以经术，使返求诸义理，冀续先儒之坠绪于垂绝之交，此亦人心之同然，有不可泯灭者在也。唯是草创之初，规制简陋，无足比数，而以浮之迂拙，暂供扫除于其间，实愧其不称。欲示未来学子，使知所向，非求名德如先生者为之矜式，不足以资兴起，而况去郑公之里又如此其近者乎？每与翊云参政言，欲因造门面陈，适又患疟，未能即路。今特具书，不揆僭妄，敢以诗教特设讲座为请。仍因翊云参政，以闻于左右。伏望先生恕其礼数之阙略，察其质野之由诚，惠而许之，不吝余诲，非特书院之幸，实斯道之光也。

诚知先生年尊，杖履不轻出，今亦未敢遽劳俨从，徐俟秋清，乘兴命驾，随意止息。或时一至，或岁一至，唯视起居所便，择而行之。至当洒扫堂室，以安几杖，选诸生之才俊可教者，使得进见，亦不敢过烦讲论也。古者飨更老于太学，宪老则唯仪刑其德，乞言则惇史书之。今欲于书院略存斯意。先生国之耆硕，典型所系，凡在后进，孰不承风仰化？推君子教思无穷之旨，必不恶其近野而弃之。率尔直陈，伫候赐答。敬颂颐安，不具。

敬再启者：前者政府诸公以书院筹备方始，欲屈先生为筹备委员。寄来聘书，属为转奉。窃病其词之不文，非所施于耆德，况又劳之以事，益非所安。书中径题大名，尤为不敬。因请易其词为名誉董事，改题表德，而后敢闻。今所易聘书尚未至，而前书留置已两月。终不为之达，于事义又不可，达之则嫌于冒昧。凡今之人，盖未可责之以礼。先生雅量，或不以为忤，故今遂为达之。实代诸公惶悚无地，亦愿恕其近野，不加深责为幸。

【编者评述】 赵熙是马一浮岳父汤寿潜的同年进士，擅诗，马一浮希望延聘为复性书院诗教讲座。此信措辞与安排，尽见马一浮对前辈的礼敬。

:: :: **蒙文通**

一九三九年十月十七日

承与熊子真先生书，并介绍范君午欲来敝院读书，附来范君所纂《张皋文词选评注》一册，既钦仁者爱才之挚，亦嘉范君读书之勤。惜敝院所讲习者，在经术义理，未遑及于词章。虽词亦乐府之遗，可附诗教之末；笺注之业，亦须博涉群书，心知其意，方足名家。范君好乐在是，则于敝院所讲，必嫌枯淡，恐非其志之所存。且院中蓄书过少，亦不足以资博闻。虽荷下问，实不能有所裨益。是以于范君之书，未敢加以评骘，而于其来学之意，则深有所愧负，不敢劳其虚辱也。范君原著奉还，并希代致歉怀。子真先生因灾后时苦警报频烦，不乐住嘉，现已暂往璧山，并以附闻。三峨在望，异日如巾车枉过，一览凌云、乌尤之胜，亦敝院同人所欣仰者也。专复，顺颂撰安，不具。

【编者评述】 蒙文通时任四川图书馆馆长，推荐学生来复性书院就读，马一浮未取，并说明原因。无论师资或招生，马一浮概决于办学宗旨与书院实况，决不因人而变。信中论及诗词及笺注，以为"虽词亦乐府之遗，可附诗教之末；笺注之业，亦须博涉群书，心知其意，方足名家"。

:: :: **云颂天**

一

一九三九年六月十八日

颂天足下：

　　来书具道所以缓来之意甚详。须知吾于颂天属望之切，亦犹贤之望我。然此事不在一时，书院诸缘未具，吾不得径行己意。吾虽因避难而来，岂不欲成就得一二人，庶几血脉不断？在今日世法中，乃绝无义理可言。吾所持为义理应尔者，他人视之或以为不合时宜，或竟毫不措意。以素相知爱之久如熊先生，犹不能箭锋相柱，函盖相合，各说各的话，何况余人？看来古人不得行其志，所以忧则违之，实是事缘如此，不能丝毫勉强。吾今所处已有可去之道，现犹忍而待之者，实惜此萌芽，欲稍尽灌溉之力，使可发生，不致生机遽折，初非为身谋也。若为身谋，久已远引为上。

　　今人不明义理，亦不足深责，不可过望，是皆可恕。

但因此实钝置煞人，触途成滞，令人不快，故前书有荆棘林之喻也。基金允而未拨。经常费欲请全年一期拨给，亦尚待商洽。能否慨诺，尚无把握。仅此区区开办费，无论如何俭啬，亦不旋踵而涸。且吾尚未接得正式聘书，一切措施无名义可以依据。今所行者实皆筹备委员之事，非吾所有事也。事不获已，简章发出，不能收回，后此进行如何，有无阻碍，实难逆睹。熊先生谓吾"但知有理法界，不知有事事无碍法界"，此言信然。吾戏答之云："今实是事事有碍法界也。"今姑置不谈。

若经常费能实拨到，在短时期或不致有陈蔡之厄。贤来未晚。至来时，似以由渝附轮径到嘉为便。长途汽车与长途滑竿，皆于妇孺非宜。若款项有着，月薪可开八十圆。现方就乌尤附近拟租一山家之屋，作公共宿舍。若能成，则住处不须另觅，但成否亦尚未能十分确定耳。路费贤能自谋，固不须论，万一实有困难，不妨见告，吾当于公款外为贤设法助其行。今且少待为佳。以风、立民既已来此，则已无所容其计。虑贤尚未发足，故愿且审慎。贤当深察吾言之忠，非不欲贤之早至也。此询阖宅安吉，不宣。浮启。六月十八日。

【**编者评述**】　马一浮讲："吾虽因避难而来，岂不欲成就得一二人，庶几血脉不断？"故承办书院，"初非为身谋也。若为身谋，久已远引为上"。由信中知书院开办，实乃困难重重，而马一浮但求理合，故熊十力称他"但知有理法界，不知有事事无碍法界"。

二

一九三九年九月十六日

颂天足下：

前来书介何清璠来学，已嘱立民通知。观其文字尚有思路，而好轻作主张，_{如谓中道为有让头之类}。乃是时人批评习气，全未体会，此即以不知为知也。书院录之者，以其尚有向学之心，加以熏习或可自知病痛所在。人之气质焉能全美？学问正是变化气质之事。识得救取自己，方解用力。在彼未来之前，愿贤以此意告之，此亦不徒为渠一人发药。凡病痛轻而能自知其为病者，变化易，容易得入；病痛深而不自知，必自执其所见以为得，此种人不受人言，难以救药。书院不怕病人，但恐其拒药。若拒药者，难与其处，必令出院，因于彼无益也。贤既与何生相处有日，须将此意剀切语之，此亦朋友之道宜尔。吾以本分事接人，从不欲孤负人，来意但有自己孤负自己者，则不奈伊何，此诚言也。

熊先生廿六日由渝附输首途，临行有信来。在宜宾须换船，计时今日必可到，邓子琴送之同来。书院前途须看时局是否能支持，在陈之厄，时时可能，然此事不由人安排，只好随分。前所以劝贤缓来者，亦是为此。今颇感觉人少，有事时不觳分配。贤之来于自己分上或未必有益，且生活或较苦，但于书院不为无助，故仍望其能来，然去就之间切须仔细斟酌。熊先生前有来书云梁先生不放贤去，张叔芝亦不肯，若是则贤自不能绝裾而来。吾前书所以谓必先得请于梁先生而后可，此则望贤量宜自处，吾初无固必也。行止决定后，速以书见告为盼。浮启。八月四日。

再：来书云下半年拟任何事不作，似民教事结束后，梁先生中学开办，贤亦不拟参加。然者，此时若幸无割交，道路可行，乌尤尚在，似有来嘉暂聚之可能。何处不可共患难，况今日若言择地，则安危实已无择，但细弱行路稍费力耳。如有妥帖安顿处，一身行脚，其事省易，即有自由分，又何焉而不可乎？傥或能来，予日望之。浮再白。同日。

【编者评述】　云颂天荐友来书院，马一浮观其文字以为可，但同时指出问题。马一浮讲："书院录之者，以其尚有向学之心，加以熏习或可自知病痛所在。人之气质焉能全美？学问正是变化气质之事。"只怕"病痛深而不自知，必自执其所见以为得，此种人不受人言，难以救药"。

:: :: **李笑春**

一九三九年一月二十八日

十月三十日来书，辗转逾月始至。吾来宜山已匝月，时局变幻益烈，桂林、柳州皆屡遭轰炸。此间为黔桂交通孔道，机关麇集，亦是岌岌可危。现在直是无处非岩墙，何从得一片干净土？要知危、乱、亡，皆是自取。今人所求之安乐，本是危道；所行之政事，本是乱道；所争之生存，本是亡道。自己造因，自己受果。无论夷夏，皆住颠倒见中，举世不悟。如抱薪救火，负石自沉，智者观之，深可哀愍。吾侪身当此厄，认识益明。应知先圣之言，决定不可移易。决当从自己身心做起。先将自己从习气中解放出来，然后方可谋人类真正之解放。贤来书所说病痛，只为习气缠绕；故令见地不明，不免心杂，心杂故信道不笃，信不笃故行不果，行不果故守不固。主一无适者，不杂之谓也。欲治此病，只有竖起脊梁，猛著精采，日用之间，随时随地无论上课下课，或忙或闲，朋友聚谈，家人共处，乃至吃饭穿衣、屙屎放溺，念念摄心，住于义理。才觉稍有放失，即便提撕。如是久久，心自纯一不杂，气自安定不乱矣。能依此言行之，一月二月必见效。此即孟子所谓"必有事焉"。

至于读书体究，每日无论如何忙，必须抽出一二时从容玩味，勿令间断。字字涵泳，切勿匆遽求速贪多。只要每日不间断，亦尽多也。若只读书时心在书册上，掩卷便忘，则是无事也。虽令记得多，说得相似，不与自家打成一片，仍是无事也。来书引朱子语，形容立志者已是放他不下，此亦必有事焉之意。如俗言人有心事放不下一般。禅师家有言，人若以好名利、求仕宦之心求道，则成道久矣。此言可发人深省。人只是被习气染得深了，熟处难忘，这边放不下，那边自然放下。君子谋道不谋食，忧道不忧贫，人有心事放不下者，即其所忧谋之事也。此重则彼轻，此轩则彼轻，果能忧道、谋道，自然放不下以道为事，则习气一边自然放下矣。此就贤来书之言亲切指点，若信得及，依而行之，则集义之功在是矣。

吾在此亦是暂局，然亦无处可去。川滇皆路远，旅费难筹，且无从得车。湘桂边县，情势相等。据今日言之，宁远在军事上无关重要，实胜宜山。且随分教学，居易俟命。吾行止亦因事变而决，初无一定。尝谓孔席不暖，墨突不黔，彼因行化，今则被驱。若寇势益逼，则吾亦不得不行。虏若由北海以取廉、钦，则南宁、柳州震剶，在势不得不去矣。行时亦只有黔中一路。届时如车航俱断，殊不堪设想。贤虽有相从之意，吾恐今日之阨或有甚于陈蔡者，非贤辈之所能堪也。

处困之道，致命遂志而已，然遂志为大。自俗谛言之，有致命而无遂志；自真谛言之，有遂志而无致命。何也？困极则致命，遂志唯心亨。古人处患难，亡身舍命而不得申其志者有矣。然得正而毙，求仁得仁，所谓遂志也。"尽其道而死者，正命也。桎梏死者，非正命也。"苟尽其道，正命常存。性自不亡，何致命之与有？故生死一如，语默一致，行藏一德，忧乐一理。志固无往而弗遂也，心固无时而弗亨也。吾唯于此理体会得亲切，故虽遭乱颠沛尚能安定自持。若所求非仁，何谓遂志？桎梏非正，亦不得为致命。如今言牺牲，甚于桎梏，其所求者何事，得谓之仁乎？吾侪所以尽其防虑之道者，有时而穷，则非人之所能为也。可检伊川《易传》困卦大象词下读之。苟犹可以防虑，不可不尽也。吾今所以自处、所以告贤者，如斯而已矣。

在宜山出会语数则，今寄去两份。一份可与苏君。此皆鞭辟入里之言，今日学子正是背驰。吾自言其所欲言者耳。唯努力进修，不一一。戊寅十二月九日。

【编者评述】 此信因批评现实而论集义之功与处困之道。马一浮讲："无论夷夏，皆住颠倒见中，举世不悟。……吾侪身当此厄，……决当从自己身心做起。先将自己从习气中解放出来，然后方可谋人类真正之解放。"马一浮论集义之功，以为人之所有病痛皆只为习气缠绕，以至心杂不明，对治之法便是于日用之间，"念念摄心，住于义理"，"此即孟子所谓'必有事焉'"。这一摄心工夫用于读书，则须无论如何忙，每日都抽出一二小时从容玩味，不间断，不贪多，不能"掩卷便忘"，又须"与自家打成一片"，如此一二个月必见效。马一浮强调，平常人心里所放不下的，都是名利中事，摄心于义理，则自然将习气一边放下了。对于处困之道，马一浮讲："致命遂志而已，然遂志为大。"因为"困极则致命，遂志唯心亨"，亡身舍命者不一定遂志，现实的境遇非自己能掌握，而心志则全系于自身。故马一浮说："吾唯于此理体会得亲切，故虽遭乱颠沛尚能安定自持。"

∷∷ **王培德** 星贤

一九三九年五月二十二日（节录）

写得书院缘起叙及草案寄渝，至今尚未得复。当轴虽有意提倡，但于书院之性质未能认识明了，又无魄力，真乃所持者狭而所欲者奢，未足与语。吾之三原则：一、不隶现行学制系统之内；二、不参加任何政治运动；三、任何仪式不随俗举行。与彼实大相径庭。其关于学术统类，尤非时人所能骤喻。故知其未必能相容，或且以为忤、以为谤己，亦未可知。然彼无如予何，吾自行吾素，不能枉道徇人。书院之成与不成，于道无所加损，于吾亦无所加损也。人生聚散本属无常，佛氏归之缘业，儒家安于义命，俱不由私意安排得来，只好随缘随分。有时在义则可，而在势则不可者，事亦难行，故"无适无莫，义之与比"。"何其处也，必有与也；何其久也，必有以也。"此在贤自己审度，吾不能为贤悬决也。己卯四月四日。

【编者评述】　信中明确办复性书院的三原则："一、不隶现行学制系统之内；二、不参加任何政治运动；三、任何仪式不随俗举行。"马一浮自知此三原则与现实大相径庭，甚至会引起误会，但他强调"吾自行吾素，不能枉道徇人"；"书院之成与不成，于道无所加损，于吾亦无所加损也"；"归之缘业"，"安于义命"，可矣。

∷ ∷ **袁心粲**

一九三九年二月一日

前在桂林得书，并说"学而时习之"文字，尚未作答。来宜山已匝月，一切粗安。但虏已深入堂奥，西南一隅岂能独完，川、滇、黔、桂皆在彼窥伺之中。桂境密迩湘、粤，故势尤杌陧。孔席不暖，墨突不黔，昔为行化，今则被驱。若钦、廉有失，则此间不可复留。此后羁旅漂泊，殊无有定。"明夷于飞，垂其翼，君子于行，三日不食。"义则然也。举世以危为安，以乱为治，以亡为存，曾不一悟，皆由自取。无分夷夏，一例沉迷，陷此深坑，至堪悲愍。贤辈昔日慷慨奋发，只是随人，若忆吾言，当知自反矣。

在宜山所出《会语》数篇，今以寄览。望著实体究，或有助发。此本不为一时一地所说，平日为贤辈言之者亦久矣，终似未甚得力。然吾言无所不与，今亦岂能有加也。其中提出伊川、颜子所好何学论义旨，即因贤前次来书引发学以至圣人之道。伊川年十八时，便已说得分明如此。贤谓《论语》所言学者，君子之学也。试取伊川此文读之便知。贤前文尚是揣摩影响之谈，而伊川则实实指出所以学之之道。急须着眼，不可守其一解自以为得也。

观贤此次来书，已能知所用力，有进于前。而旧时卑陋习气犹在，总未廓落，此于"学樊迟"一语见之。樊迟在七十子中最下，至于"请学稼"，孔子直诃为小人。问仁问智，告之不喻。唯其问崇德、修慝、辨惑，孔子乃善之，似有长进，亦未见其有若何成就也。贤自谓钝根，乃当学曾子，所谓参也以鲁得之。虽鲁何碍，奈何学樊迟？即依贤前书论学，谓学为君子。君子者成德之名，仅下圣人一等。孔子未尝轻以许人，几曾以君子称樊迟邪？孟子曰："乃所愿则学孔子也。"濂溪教人志伊尹之所志，学颜子之所学，皆实实指出其所志、所学为何事，今贤欲学樊迟，学其何事邪？二程年十五六时，便有志于学圣贤。圣贤并非奇特，人人可学而至。人只是安于卑陋，不肯承当，遂终成暴弃。朱子曰："学者不可安于小成而不求造道之极致，亦不可骛于虚远而不察切己之实病。"今贤能察切己之实病矣，而不求造道之极致，是安于小成也。非教贤骛于虚远，须知即此不肯承当之一念，亦即是切己之实病在所当察者也。诸葛武侯气质美矣，而自比管乐，吾尝惜之。其后只能成就得一个法家。若以彼之资，能志伊尹之所志，学颜子之所学，合下规模不同小小，乃真可为王者师，恨其自安于管乐也。

昔有禅师，人问之曰："公座下参学人众将来成就得何事？"答曰："个个教伊成佛作祖去。"此是何等气概！故曰"狮子窟中无异兽，象王行处绝狐踪"。吾平日提持向上，只为如今学子陷溺太深，不肯自拔于流俗。一味从人起倒，自心本具之义理，总被外境习气夺完了，没个主宰处。是以遇威武则为威武所屈，遇夷狄则为夷狄所制，而犹虚憍矜伐，装点门面，此病乃不可救药，可至万劫沦亡。

王船山有言曰："病莫大于俗，俗莫甚于偷。"三十年前出一梁启超，驱人于俗，十余年来继出一胡适之，驱人于偷，国以是为政，学校以是为教，拾人之土苴以为宝，靡然成风，不待今日之被侵略，吾圣智之法已荡然无存矣。故谓克己复礼，正如收复失地战胜攻克一般，须是扎硬寨、打死仗才行。否则日月一至，乃是今日游击式之战也，济得甚事？孔子之告樊迟者，皆是应病与药。如告子路"不忮不求，何用不臧"。子路终身诵之，便谓"是道也，何足以臧"，乃是进之，不欲子路以此自足也。今观贤于孔子告樊迟之言，自谓知所用力，用力是也；其谓愿学樊迟，不敢学颜子，则非也。吾欲贤之有进而毋画也，故为下一针札如此。所怀不能罄言，诸唯自爱。戊寅十二月十三日。

【编者评述】　袁心粲是马一浮学生，此信就袁安于小成而论所以学之之道。马一浮指出，"君子者成德之名，仅下圣人一等"，学为君子虽嫌不够，但也差强可行，而袁来信"自谓钝根"，愿"学樊迟"，则完全是因为卑陋习气没有廓落。孔子少贱，多能鄙事，为什么樊迟愿学稼，则直诃为小人？孔门教人，旨在成就智仁勇的人格，故学在"崇德、修慝、辨惑"，而不问是否成就一项具体技能，否则便落入工具导向，而此正是卑陋习气。马一浮特意说明，《会语》中专附一节讲程颐的《颜子所好何学论》，便是针对着袁心粲的立志问题而发的。马一浮强调，学就要"有志于学圣贤"。他讲："圣贤并非奇特，人人可学而至。人只是安于卑陋，不肯承当，遂终成暴弃。"马一浮引朱子语，"学者不可安于小成而不求造道之极致，亦不可骛于虚远而不察切己之实病"，阐明朱子的"骛于虚远"并不是指学圣贤，而是不把学落在切己之实病上，自我暴弃，不肯承当。马一浮以"个个教伊成佛作祖去"的禅师与诸葛亮作正反之例，警示"如今学子陷溺太深，不肯自拔于流俗。一味从人起倒，自心本具之义理，总被外境习气夺完了，没个主宰处。"马一浮最后引王夫之的话，"病莫大于俗，俗莫甚于偷"，痛诋"三十年前出一梁启超，驱人于俗，十余年来继出一胡适之，驱人于偷，国以是为政，学校以是为教，拾人之土苴以为宝，靡然成风"。所谓俗，就是世间功利；所谓偷，则是苟且无主，此处恐不仅指自我心性的放倒，且指胡适的全盘西化，"拾人之土苴以为宝"。

:: :: **吴敬生**

一九三九年一月十六日

敬生老弟足下：

自前月底得二十七日来书后已逾半月，未有往复。闻桂林仍频有轰炸，满目疮痍。吾辈虽居处幸完，何以为心，忧劳可想。知其不可奈何而安之若命，此庄生强为自解之言。当思人类何以至此，谁为为之，孰使致之？孟子所谓生心害事，乃不易之理。唯其智大，所以悲深。举世以危为安，以亡为存，以乱为治，颠倒迷惘，不知所极，良可哀愍。圣贤之道不明，众生永无宁日。

今夷狄患难纷然交乘，吾辈唯有讲明义理，亲切体究，庶几自己有安身立命之地。至于化民成俗，乃有时节因缘，不可强为。但力愿常存，血脉不断，其效非一时可睹也。孟子曰："中天下而立，定四海之民，君子乐之，所性不存焉。"君子所性，虽大行不加，虽穷居不损。此是实有这个道理。吾愿贤辈深体此言，自能不为一切境界所动，确乎其不可拔，至此则参学事毕矣。

此次来桂，虽共处之日尚浅，行旅之际得贤助益甚多。今将入蜀，相去渐远，念之实难为怀。属书手卷，讫未暇落笔。然穷理之功不必定在博览，须于简要处用力。大约每日治事之余，总须有一二时放教闲静，令可从容涵泳体味此理，久久自觉气定神凝，虽酬酢万变而方寸自然宁帖，所谓气质清明，义理昭著。象山言得力处便是省力处，是指出这个消息，自无许多劳扰。

吾观今人通常病痛，只是太忙。终日胶胶扰扰，即无事时亦是忙，此心念念起灭不停。无主则不定，孟子所谓气蹶则动志也。法家之失烦，烦则乱矣。道家胜之以简，儒家持之以敬，本领皆在虚静处，此仲弓所以可使南面也。贤字敬生，敬则自然虚静，虚清则清明，道自生矣。念当远别，聊持此言为赠。此理贤所自有，亦即贤之自名。他日受用全在此也。

吾因毅成来电云：陈部长已嘱西南运输管理处为拨车两辆。现据宜山站站长云：明日十七日车可到，后日十八日便拟首途到贵阳。拟暂留三日，换车赴渝，已托嘉定舍表弟何茂桢觅屋。拟过渝暂住数日，便由水道赴乐山。途路既遥，费用亦巨，约到渝须二千元。然为避地计，不得不尔。书院事未必可成，且俟到渝再看。若有可办之道，吾亦不辞，但恐未必相合耳。浙大精神涣散，吾本客体，去住无关，然欲蔚成一种学风，似非现在诸人所能及。

星贤来甫一月而吾遽去，渠以聘约有定期，亦不能相从。子恺亦已受浙大聘约，二月中可至，吾亦不及待彼之至，不能无歉。但聚散无常，亦是恒理。精神所寄，虽千里不隔，似未足深嗟也。令弟欲来傍听，前得信后，便与郑晓沧兄商量。因竺校长赴滇未返。据云无此前例，且教部新章，限制较前益严，未便通融，碍难如命。其实新生来者，人已过多，渠辈已觉无办法。吾意即彼允通融，亦不欲令弟来此。以此种教育实无意味也。

《泰和会语》若已印成，俟子恺来宜时属其带两百部交星贤，便足以应此间诸友之索。邮寄太慢且太费。此事深劳贤与叔谋、允明、赐芝诸君出资费力，谨当致谢。《宜山会语》共有十次，但讲八次，有两次未讲。除前寄者外，今捡奉四份另寄，贤自留一份，余以分致曹、詹、陶诸君。行色匆匆，诸事待理，不复缕缕。此颂潭吉，不宣。浮顿首启。己卯一月十六日。

【编者评述】 此信写于由桂入川前，为弟子吴春桐讲为学用力处。马一浮先由战争的批判，指出"当思人类何以至此，谁为为之，孰使致之"？认为一切皆源自人类自身心性的迷失，而作为个体，"唯有讲明义理，亲切体究，庶几自己有安身立命之地。至于化民成俗，乃有时节因缘，不可强为"。继而讲为学用力处。马一浮讲："穷理之功不必定在博览，须于简要处用力。"他强调无论怎么忙，每天也要有一二小时闲静下来，使自己从容涵泳体味此理。吴春桐字敬生，旧时有说字的传统，"吾观今人通常病痛，只是太忙。……他日受用全在此也"。此段可视为马一浮对"敬生"的阐释。其中，他讲法家失烦，道家胜之以简，"儒家持之以敬，本领皆在虚静处"，实乃他对"敬"之工夫的把握。信中自评在浙大讲学的成效，"浙大精神涣散，吾本客体，去住无关，然欲蔚成一种学风，似非现在诸人所能及"；并"不欲令弟来此。以此种教育实无意味也"。此非专论浙大，而是马一浮对当时整个体制内教育的失望。

:: :: **寿毅成**

一九三九年七月二十二日

德裕来，承洪思伯君见赠《泾舟老人年谱》五十册，甚荷甚荷！琴西先生文章、吏事俱卓然可传。其为金陵官书局提调最久，平生最喜刻书，校勘俱不苟。如涂仲瀛刻《二程全书》《朱子大全集》，皆出其手校。虽出曾文正门下，而一时理学名宿如倭文端、吴竹如，皆尝相从请益。陈魏编次年谱亦具有体例，可见咸、同间号称中兴，士大夫多熏习义理。至光、宣而此风遂寂，争言时务，无救于危亡，可为今日之殷鉴。稍暇，当本此意赘一跋，以答思伯不忘祖德之意，今尚未遑下笔也。晤时先为道谢。

　　吾自病疟后，至今觉中气衰乏，不耐暑热，顷移居城中，仍苦湫隘。老来气衰，本是常理，且今日亦何暇为居处计？熊先生于月内来嘉，或不日可至。恐贤太忙，未暇往鹿角场，然熊先生来时必过渝，当可一晤。日来征选肄业生仅得十余人，审查文字俱由昌群、立民等相助，吾精神亦不济。后此一月，续有以文字来者，或二三十人当可得也。文六昨有书来，知基金尚未拨下，保管章则当已拟定。教部常费何日始发，一期、分期是否可以通融？百闵还渝云：当力商之陈部长。此事亦望早决。知贤辈事繁，然不能不以相劳也。熊先生斥吾狭隘，不求充扩，然书院前途，关系实在贤等。此非老夫坐而论道所能为力也。忧中诸宜爱摄，不具。

　　【编者评述】　因收到《泾舟老人年谱》而论及晚清仕宦风气变化。泾舟老人即洪汝奎（号琴西），是晚清官吏，曾参与曾国藩军事。马一浮由《年谱》而见得，"咸、同间号称中兴，士大夫多熏习义理。至光、宣而此风遂寂，争言时务，无救于危亡，可为今日之殷鉴"。

:: :: **王紫东**

一九三九年七月二十九日

古人但有自叙，无自传。传者，传也，谓其可传于世也。作者年甫逾冠，才质甚美，新毕业大学，以言学问，今方始有资藉，未遽能有立也，岂遂谓其言行可传乎？此为时人习气所误，无足深责。如欲入书院，须改作志愿书，自陈志趣及涉学经过。言须切实，无涉文饰，无涉批评。又孟、荀论性，乃儒家绝大公案，非体究真切，实有见地，不可轻易开口，非可用客观方法以文字训诂求之也。且书名直拟东原，似以戴氏自况。作者既有志于学，且当虚心求理，弗可轻言著述。如以鄙言为然，乃可商量共学耳。

【**编者评述**】　此下所选二十余信，皆马一浮回复申请入复性书院读书者，无论取否，皆能因病施治，言简意赅。此信中，马一浮告知："孟、荀论性，乃儒家绝大公案，非体究真切，实有见地，不可轻易开口，非可用客观方法以文字训诂求之也。……当虚心求理，弗可轻言著述。"

:: :: **徐赓陶**

<h1 style="text-align:center">一九三九年八月一日</h1>

详所述涉学经过，其得于学校诸师讲说者，并足以资多闻，然未为知要也。毕业论文及读我书斋记，援引非不广，然意在考据，未能抉择，行文亦似不免芜蔓。所举近时风会三端，未能明其得失。皆由未尝致力于经术义理之故，此今日学子之通病也，书院正欲救正此失。贤者如有志来学，当知旧日所习，于身心实少干涉，须重新立志，一以义理为主，切己体究，方能有入。又须自计于生事无妨，甘此澹泊，方可共学。因见足下嗜书好古，质美意诚，故言之无隐如此，幸再加思择为要。

【编者评述】 徐赓陶的毛病，所学足以资多闻，然未为知要；作文意在考据，却未能抉择；论时事也未能明其得失，原因就在于未尝致力于经术义理。马一浮告知，"须重新立志，一以义理为主，切己体究，方能有入"；"甘此澹泊，方可共学"。

一九三九年八月十六日

览来书自述涉学经过，知贤者早岁已好读书，慕古人之风，欲一一跂而及之。无时下学校习气，是不可不谓有志。然其所向往者屡迁而不定，未能遽有得也。辞气之间，有近于汰，虽成学之士，未敢以是自居也。盖年少气盛，骛于饰文辞以襮其长，而不自知其为失，此非修辞立诚之道也。书院所讲求者一于义理，虽因来书略见贤者才质之美，未有以信其果能虚中如不及、笃志而不移也。君子爱人以德，故直指贤者病痛所在。若能不以斯言为过，亟求自反，刊落虚辞，收敛向内，乃可商量共学，幸平心察之。须知此非相距之言，乃是不肯孤负来意，不使贤者虚劳跋涉。俟抉择既定，然后相就，未为晚也。

【**编者评述**】 许息卿好读书，慕古人之风，无时下习所，可谓有志，但所向往者屡迁，故未能有得，又辞气之间透露出年少气盛，故马一浮告知修辞立其诚，"刊落虚辞，收敛向内，乃可商量共学"。

一九三九年八月十六日

大著两册及目录一册均至。贤者从刘鉴泉先生久，自谓夙昔用力于文史，未遑治经，此诚言也。书院所讲求者，一以义理为主，不尚文辞，不贵著述，务在向内体究，暗然自修。贤者必欲来学，须一志研精，不求闻达，辨取决心，舍去旧习而后可。然津贴甚微，恐于贤者学业未必有补，而于生事或不能无妨。今遽欲辞职而来，虽求道之勇可嘉，亦当期于无悔。此所以劝贤者慎重考虑也。累书辞旨恳切，不欲孤负来意，不敢不以诚告，尚希自择。

【编者评述】 张国铨已有著作且有工作，自知"用力于文史，未遑治经"。马一浮告知书院宗旨与方法在于"一以义理为主""务在向内体究"，要求"须一志研精，不求闻达，辨取决心，舍去旧习而后可"。

::::**袁谕尊**

一

一九三九年八月十八日

　　览足下自陈书，似乎博而寡要。变易不易义，题目甚大，此非实见本体流行之妙者，不足以言之。大著虽博征旧说，无所阐明，未有以得其旨也。《易》教洁静精微，不关依文解义之事。足下虽有志于此，惜其平日用心，唯务求多闻以自见，恐于极深研几之道，未能真有所入也。书院所讲求者，一于义理，重在体验。不轻未学，不贵多闻。此于足下治学夙习不合，不妨各从所好。虽承虚怀自抑，实愧未足仰酬下问。又规制简陋，不足以屈高贤。来文附还，尚希鉴谅为幸。

　　【**编者评述**】　袁谕尊寄来《变与不变论》，申请入学。马一浮以为"博而寡要"，指出"《易》教洁静精微，不关依文解义之事"。并告知，袁"务求多闻以自见"，与书院"一于义理，重在体验。不轻未学，不贵多闻"不相符合，建议"各从所好"。

二

一九三九年八月二十九日

前寄《变与不变论》已复去。今寄来《礼记论情》一文，结论乃谓仁义是欲，不可舍欲而求仁义，真乃旷古奇谈。作者之言礼，其诸异乎吾党之言礼也。仁义是性德，礼者天理之节文，亦是性德，今乃谓之本情制情而归之欲。作者殆欲自创唯情论者，正与书院宗旨舛驰，何能引与共学？请各从所好可也。来文附还，更勿再寄。若再寄即原函退转，更不披阅，希谅之。

【编者评述】 袁又寄来《礼记论情》一文，"谓仁义是欲，不可舍欲而求仁义"。马一浮讲："仁义是性德，礼者天理之节文，亦是性德。"袁的唯情论主张"本情制情而归之欲"，"正与书院宗旨舛驰"，不可能相与共学。

∷ ∷ **金景芳**　晓邨

一

一九三九年八月二十五日

贤者志趣近正，寄来《国学研究概论》中，论近人研究国学之得失一条，语多中肯。其余诸条，虽不免稍疏，亦有思致。既欲专求义理，须知此是自己本分事，要直下体认亲切。如近人用客观的整理批评方法，乃与自己身心了无干涉也。贤者若能于此点辨明，知所用力，方可来书院共学。又枯淡之业，亦须自审是否能堪。书院于贤者期望甚厚，故不觉言之削切如此，尚希详虑抉择为幸。

【编者评述】　金景芳寄来《国学研究概论》，马一浮以为"志趣近正"。示知"欲专求义理，须知此是自己本分事，要直下体认亲切。如近人用客观的整理批评方法，乃与自己身心了无干涉也"。

二

一九三九年九月十日

　　来书陈义甚高，有以见足下之志。然孔颜乐处，正未易言。未至安仁，难为处约。记问之学，只益谀闻；闻见之知，不关德性。足下虽求道甚勇，恐择术未精。遽欲舍皋比而就北面，弃修脯而乐盐齑，或非高才之所能安也。书院经始草昧，百无足称，非特远愧先贤，抑亦近惭时彦。来书乃以清华研究院相望，实为拟不同科。将恐虚劳下问之勤，无裨多闻之助，与其来而不餍，何如慎之于初？故劝足下仍其旧贯，幸勿轻辞教职，唐费光阴。在敝院不欲强人以必同，在足下亦不妨各从其所好。盖观足下见勖之言，似犹滞在见闻，于义理之学，未必骤能信入也。此实推诚相与，非有拒却之意。若必不弃肌陋，则遇寒暑休假之时，一来参扣，固无不可，不必屈意来学。如此则足下可无绝学捐书之过，亦有从闻入理之期，岂非两得之道邪？专复，诸唯谅察，不具。

　　【编者评述】　金景芳"陈义甚高"，颇具远志，但马一浮示知："孔颜乐处，正未易言。未至安仁，难为处约。记问之学，只益谀闻；闻见之知，不关德性。"其中"安仁"实为关键，只有安心于仁道，才可能"舍皋比""乐盐齑"。金景芳"以清华研究院相望"，马一浮告知"实为拟不同科"，可知"舍皋比"亦非泛指；并指出金景芳"虽求道甚勇，恐择术未精"；"似犹滞在见闻，于义理之学，未必骤能信人"。因此，建议不要"轻辞教职"，如果实有心于求学，可于寒暑假来参扣。

:: :: **吴玮楼**

一九三九年八月二十七日

来书文辞甚美，而涉学未醇。老氏之旨，未可轻言。玄学自名，多难辨析。足下已自得师，守之可矣。一常四御，诚所未闻。然古之道家，未必如是。学人通患，竞逐名言，苟欲循是以为说，非必体之而可安也。书院所治，乃在六经，务以反之身心，不欲腾诸口说。此与足下所学异撰，各从其好，无取强同。所请置名学籍，自无庸议。有孤来意，辄附贡所疑，尚希谅察为幸。

【**编者评述**】　马一浮将"文辞甚美"与"涉学未醇"对举，以明"学"是切己之事，故"书院所治，乃在六经，务以反之身心，不欲腾诸口说"，而"学人通患，竞逐名言"。又，"老氏之旨，未可轻言。玄学自名，多难辨析"。老子旨意深远，玄学自成概念，马一浮多用佛教来印证，原因或亦在此。

:: :: **周伯铭**

一九三九年八月二十八日

足下谨愿之资，求学志亦甚笃。惜来书属词未能简净，自谓平日涉学散而无统，诚然。然既尝治礼，便当从此研精。礼者履也，在伦常日用间实在践履，不患不能立。专事训诂名物，于身心无涉也。刘、章之书不关经术，谓宜暂置，而专读洛闽诸儒书，细心体验，向后方有商量处。书院人满，实不能容，非有吝于一席之地。足下即来，所以相告者亦不过如此。但能知所用力，不必定以相从为重。不敢孤负来意，故以此语相勖，幸察之。

【编者评述】 "属词未能简净"，则往往"学散而无统"，马一浮治学尚统，近乎综合概括，故尤强调精。治礼学，则重在日常践履，"专事训诂名物，于身心无涉也"。故马一浮强调，"刘（师培）、章（太炎）之书不关经术，谓宜暂置，而专读洛闽诸儒书，细心体验，向后方有商量处"。

一九三九年八月二十八日

足下笃学之志殊堪嘉尚。但书院经始，资力不充，肄业津贴止有此数，别无通融办法。故于足下所请，未能勉徇来意，实深抱歉。足下既尝受学于余杭章先生，留意制度，尤好法家，勉为有用之才。宜先求之经术，俟蓄养深醇，然后发为著述，见诸行事，规模自然不同。无欲速，无近名，成就方能远大。书院于足下未能有所裨益，敢以斯言奉勖，如能虚受，亦与来院共学无以异也。

【编者评述】 张聿声"尝受学于余杭章（太炎）先生，留意制度，尤好法家，勉为有用之才"，虽与马一浮宗旨相异，但马一浮仍希望他能补上义理切己之学，"宜先求之经术，俟蓄养深醇，然后发为著述，见诸行事，规模自然不同。无欲速，无近名，成就方能远大"。

:: :: **龚海雏**

一九三九年八月三十一日

来书具见闻善则徙，深堪嘉慰。贤者既欲一志义理之学，所贵求之在己，亦可私淑诸人，不必定以宦学事师为重。果能舍除旧习，知所用力，亦必能自得师，否则虽终日相从讲论，又何益哉。来书谓今日少可北面，此语实误。不唯推挹太过，亦见足下自视之高。圣人学无常师，乐取于人以为善，是亦师也。道岂一二人所得专乎？书院爱人以德，初无拒人之意，若以贤为未可与语，则亦不以斯言进矣。书院斋舍无多，已患不能容席，实憾无以相待。贤者既能虚受，他日若刊讲录，当以一分寄览，与来院亦无异也。又足下前次来书，系交本院讲座熊十力先生披阅，答辞奉勉，即出熊先生之手，此亦须告贤者知之。专此奉复，诸唯谅察为幸。

【编者评述】　"既欲一志义理之学，所贵求之在己，亦可私淑诸人，不必定以宦学事师为重"。不然，"虽终日相从讲论"，亦无益。又，道非一二人所垄断，对一二人"推挹太过"，其实也是"自视之高"。"圣人学无常师，乐取于人以为善，是亦师也"。

:: :: **游端敏**

一九三九年九月三日

　　来书具见求学之意甚殷。书院因未有女生宿舍之设备，又讲堂逼促，坐位无多，故不特住院不可能，即院外特许听讲亦感困难，深憾未能勉徇来意。且贤所习者诗词文艺，于书院所讲义理，亦未必能感兴趣。学焉而得其性之所近，是亦不必尽人皆同，初无男女歧视之见也。

　　荣县赵尧生先生当代词宗，本院延为特设讲座。但赵先生年高，不能时至，异日傥能惠来，须得赵先生许可，或当例外通知贤，以父兄之命来一谒赵先生，于所业必有进。外此书院实不能于贤有所裨益也。

　　古来贤媛甚多，皆由家庭父兄之教，或聪颖天成，自能力学，初无出就外傅之事。今学校男女教育均等，而其成就或反不逮古人，此其故亦可思也。书院之教，非谓女子不能及，但妇学实礼中之一目，今尚未能设置。故于女子来求学者，不能无所遗耳。言已馨尽，后有来书，恕不置答，幸察之。

【编者评述】 "古来贤媛甚多，皆由家庭父兄之教，或聪颖天成，自能力学，初无出就外傅之事。今学校男女教育均等，而其成就或反不逮古人，此其故亦可思也"。马一浮对新式教育一以西学为是，专求外务，不切己身，深为不满。

:: :: **张善述**

一九三九年九月四日

览所为《章太炎原学书后》一文，文字颇修饬，于时人之书亦多所涉猎。然其所谓学者，盖指知识而言，以物质、理性释文化二方面，以至善为幸福完满之称。此皆非中土之言，以是而欲研究经术，恐扞格而不胜。书院所讲求者，重在明体，与足下素所习者异趣，不能有所裨益。且斋舍已不能容，虚负来意，实深歉仄。证件附还，诸唯谅察，不具。

【编者评述】 张善述文字与读书都不错，"然其所谓学者，盖指知识而言，以物质、理性释文化二方面，以至善为幸福完满之称"，"皆非中土之言"。"书院所讲求者，重在明体"，即切己之学。

:: :: **刘克蘧**

一九三九年九月四日

览所撰《性论》，盖以西洋伦理学家之方法出之，意
在批评分析。中土先儒之为学，不如是也。虽足下意尊孟
子，以孟子之言性为近之，则亦非能深信其言者。而谓本性
之扩大，有为恶之因素在其中，何其与孟子之言相背也。
《孟子书后》一文，辞不达意，殊为不类。足下盖为时人
著述所误，今欲舍去旧习，更治经术，反之义理，诚恐多
所扞格。虽有志来书院讲习，未必有深益也。又本院征选
人数已逾额，斋舍隘不能容，足下来文过晚，实有后时之
叹，深憾无以相接。若能虚己择善，熟读《论》《孟》，
究心洛闽诸贤遗书，熏习日久，必能有入，不必定以来
院受学为重。因足下为香宋先生姻属，又重以先生手书介
绍，虽以未能引与共学为歉，不敢不尽其诚，故言之无隐
如此，幸详察焉。

【编者评述】 刘克蘧以西学论中国思想，"意在批评分
析"，因此即便推尊孟子，"亦非能深信其言者"，从而分析
出"与孟子之言相背"的观点。马一浮讲："若能虚己择善，

熟读《论》《孟》，究心洛闽诸贤遗书，熏习日久，必能有入。"

:: :: **张宿昭**

一九三九年九月七日

得书知慕道之意甚殷。足下年将及艾，犹思发愤读书，其在平日固不失为劬学之士，亦既教授乡里，有以自淑。观所为文章，义颇近正，而属辞比事，间有未安，未能文从字顺也。义理之学，本不重文辞，然修辞立诚，亦贵能达，无取刻意撷藻，转失质实之趣。书院取录生徒虽不限年龄，然人生五十始衰，以足下之年，不可更以博涉为务，但须精熟《四书》朱注，字字体会，切己用力，必能有入。简要之道，无逾于此。若能信受，实有余师，不必远劳跋涉也。书院斋舍已满，苦无容席之地，实憾无以相待。来件附还，诸希鉴谅，不具。

【**编者评述**】 张宿昭"所为文章，义颇近正，而属辞比事，间有未安，未能文从字顺也"。马一浮讲："文理之学，本不重文辞，然修辞立诚，亦遗能达。"因为张宿昭已年届五十，马一浮示知"不可更以博涉为务，但须精熟《四书》朱注，字字体会，切己用力，必能有入。简要之道，无逾于此"。

:: :: **苟克嘉**

一九三九年九月十二日

足下既在乡村服务团任工作队秘书，不可弃职就学。须知"言忠信，行笃敬"处处皆可用力。即今任一职务，能尽力所事而无负，只此便是学也。书院已患人满，不能徇足下所请。附来证件奉还，诸希谅察为幸。

【编者评述】 马一浮示其"不可弃职就学。须知'言忠知，行笃敬'处处皆可用力"，"能尽力所事而无负，只此便是学也"。

:: :: **曾朗宣**

一九三九年九月十二日

览足下志愿书及所为《学易篇》，自谓尝遇隐君子授《黄庭》，讲《易》道，习导引之术，行之有效。及愤时而问，又腹诽隐君子之言，而疾复作，因欲来学于书院。此足下之寓言邪？果有其人，则足下信而事之，亦有以自得于己，何为屡迁邪？《学易篇》大致欲会通老氏之指，而文字艰涩费解，莫知所云。若足下胸中洞然，其言决不如此。以此知足下于《易》道未有所得也。论精微而畅朗，说理之文贵乎能达。果见得端的，自然说得明白透露，切忌徼绕晦涩。病在见地不明，不关文字优劣也。书院于足下不能有所裨益，又斋舍已满，现于来求入院者并皆谢却，非于足下独异。来文附还，尚希谅察，不具。

【编者评述】 "论精微而畅朗，说理之文贵乎能达。果见得端的，自然说得明白透露，切忌徼绕晦涩"。论《易》"文字艰涩费解，莫知所云"，必是"于《易》道未有所得也"。

∷∷ **张德钧**

一九三九年十月二十一日

看明道答横渠《定性书》末段"人能于怒时遽忘其怒，而徐观理之是非，则于此道亦思过半矣"数语便是无上法门。"心有所忿懥，则不得其正。"《信心铭》曰：欲得现前，莫存顺逆。今日怒后辄悔，异时仍不自制，亦知甚苦，是诚何心？知悔知苦者谁邪？知悔即当改，知苦即当断。徒然留此悔苦而无法以遣之者，由于不观理耳。若能观理，自当知非，怒自无从著，而悔与苦皆可免矣。起倒皆由自己，急须自救。若如此，安有了期？可哀也。"遽忘""徐观"字，须着眼。

古德言句，迥出常情，非可以情识卜度。教家义解若拘于一宗，犹太远在，何论祖师门下事？初地犹不知二地事，果位中人境界，非实证实悟岂可妄判？此问太早，待无舌人解语，即与汝说。

闻道即见性也。闻道非耳，见性非眼，强名见闻，就自证义说也。今汝见色闻声，亦由自证，无人替得，大好参取。性外无道，道外无性，已屡言之。今犹问此"道"字作何解，乃是滞在名言，故知讲说无用。凡人不感觉闻道之必要，与汝无干，可置勿问。今当反问，汝自己亦曾感觉有闻道之必要否？若与凡人同无感觉，此问又自何来？贤者自答。

【编者评述】　人每每于过错、后悔、痛苦中循环，不能自拔，马一浮以为"由于不观理耳"。观理如同见道，马一浮强调，"闻道即见性"，这个"闻"与"见"，是切己的体会，并非耳闻与眼见，闻与见只是借用；因为是切己的体会，所以"性外无道，道外无性"，若定要追问"道"是什么，那么就是"滞在名言"，任何讲说都是无用的。

:: :: **李顺斋**

一九三九年十二月十四日

来书并大著一册，具悉足下有志治《易》，颇能致思。然其言驳杂枝离，未能入理。释"学"字义，实病穿凿。《连山》《归藏》自先秦即已亡佚，人间安有是书？足下如欲治《易》，请专读《伊川易传》，切近人事，慎勿舍义理而专求象数，流为阴阳方伎之学。须知《易》教洁静精微，若如大著所谈，不胜安排勉强，错用心力，深为足下惜之。且当了解文义，慎勿轻言著述也。大著奉还，率答勿怪。

【编者评述】　"如欲治《易》，请专读《伊川易传》，切近人事，慎勿舍义理而专求象数，流为阴阳方伎之学"。

:: :: **徐启祐** 徐定　王起　雷霖

一九三九年十二月二十日

徐君启祐、徐君定、王君起、雷君霖同览：

来书具见诸贤立志之笃，求学之勤。不惮道远，欲来相就，至堪嘉许。诸贤既从王复僧先生游，又尝亲炙李维贞先生，熟闻义理之说，何为舍近而求远哉？王先生虽以忧罢讲，徐俟既祥之后，当可仍住请业。诸君才美，年皆甚少，虽所为文辞字句尚有未安，观其楷法甚谨，则平日所渐习者可知也。义理之学，当求之《四书》《五经》及濂洛关闽先儒之书，反躬体验。人皆可以为圣贤，但患不肯用力，未有用力而患不能入者。师友讲习，只能示以趋向，至功夫全在自己，非他人所能为力也。书院远在蜀中，况此时寇乱未已，不特道路难行，途中艰虞，非可逆料。诸君年少，不谙行旅之苦，岂可轻身尝试，以贻长老之忧？故劝诸君且就乡里随分读书，浙东一隅，今尚安全，慎勿冒险远出。他日寇乱若平，书院得迁还江浙，诸君有志来学，亦未为晚，此时实非所宜也。书院爱人以德，遇人以诚，其视来学与远方未能来者无择也。诸君慎勿以此自沮，须知此学贵在自得，诚能求之在己，何患不能得师，况诸君已有师邪？来文及相片姑暂留，诚言奉答，幸各自爱，不具。

【编者评述】　"义理之学，当求之《四书》《五经》及濂洛关闽先儒之书，反躬体验。人皆可以为圣贤，但患不肯用力，未有用力而患不能入者。师友讲习，只能示以趋向，至功夫全在自己"。"此学贵在自得"。又，"诸君年少，不谙行旅之苦，岂可轻身尝试，以贻长老之忧"？

一九四〇年

：：：**龙松生**

一九四〇年三月七日

衰病日深，百事俱废，士友之以书见及者，往往累月经时，不能置答，不唯世情所不可，亦义理所不安。然精力有限，无可如何，无所逃责也。向承见示与友人论学书，答印光法师书，皆足为儒者张目。然此学在今日亦已成为方外。吾曹在人间，人亦以黄冠缁衣目之，以为与世事初无所与。而长生久视、庄严福根之说，儒者所不道，故与俗情所求大相径庭，望望然去之，无足异也。羁旅既久，默观众机，直一事不可为。洞山家每好举"梆枥横担不顾人，直入千峰万峰去"之句，今乃知其信然耳。入泥入草，徒增忉怛，有何饶益？只有荆棘，而无龙天，如来出世，亦唯面壁杜口而已。书院本不得已而后应，念法从缘起，亦冀勉为后生作缘，使不断绝。今乃知时命所不许，近于无绳自缚，炳烛余光，蹄涔微沫，决难为继。顷方力求解免，在不久间或可脱然。仁者相去远，容有未悉，每以古德相期，不知今非其时，亦非其人，当使扫踪灭迹，更不留一元字脚。若慈悲忒煞，不免曳尾涂中，转增碍塞也。竿木随身，逢场作戏，此自过量人神通自在者之事，拙劣不具福智二严，唯有息机归寂耳。知劳仁者远念，不容不告。尊著《循吏传论》，邮寄辗转，逾年始得入手。今恐遗失，未敢轻交邮局寄还，容谋之毅成，当俟茶叶公司有妥便赴沪时，托其携致，想不责其缓也。心湛属题阳明学，昨往一诗，亦不言之言。处乱久，日睹波旬业力增上，凡属有心，能无悲咤？山中景物萧索，病榻草草，不尽欲言。敬祝仰事俤福，顺时珍重。

【编者评述】 先讲待人之道，"士友之以书见及者，往往累月经时，不能置答，不唯世情所不可，亦义理所不安"。又讲："此学（义理之学）在今日亦已成为方外。吾曹在人间，人亦以黄冠缁衣目之，以为与世事初无所与。而长生久视、庄严福根之说，儒者所不道，故与俗情所求大相径庭。"虽然因缘而办书院，"冀勉为后生作缘，使（儒学）不断绝"，但"知时命所不许"，"决难为继"。

::　:: **钟泰**　钟山

一九四〇年六月八日

　　二月廿五日曾航寄一书，经时未蒙垂答。诚知讲论鲜暇，廖君倚重至深，区区求助之情，未容更渎。积思既久，仍有不能已于中者。辄复申其鄙怀，唯兄熟虑，可否更与廖君商之？

　　书院所以异于学校者，学校造士，唯求适于时用之才；书院求师，乃在继此绝学之绪。在今日虽学校为重，书院为轻，然可以任学校之师者，尚不乏人，可以为书院之师者，实难其选，故虚席以待兄者为日久矣。前书未敢敦促，窃望于暑假前从容毕讲，不我遐弃，惠然肯来。而嗣音寂然，我劳曷极？书院虽百无足道，一年以来，仅讲得《论语》《孝经》大义，已别寄请正，未知达否？近方择讲《戴记》，粗示治经涂径。学子颇增于前，苟得兄来，施以法雨，茂厥灵根，未始不堪雕琢。其中来自学校者，诵数所记，未能尽毕五经。是以于章句训诂，犹多疏略，骤语之以义理，不免隔阂者有之。欲得兄来共相商略，谋所以诱掖之道。浮精力既衰，深惧多所阙失，尤赖兄辅益，庶免贻误后进。此其所以日夕仰望。幸兄一鉴其诚，尚或许之。至讲说之多寡，一唯兄之所命。但使诸生得就炉锤，固不必如学校占毕之烦也。

山寺虽临江，林木蓊翳，且多岩穴，可避飞鸢。院中更别赁村舍，虽陋，亦粗可栖止。傥危局尚可支持，即今道路犹未梗塞，夏月江水方涨，轮舶可通。旧历八月则水退不通轮。自渝达此，不过二日。若得廖君见谅，兄当不厌津梁，万一不可舍游，亦望暂屈期月，或于人情未至过拂。其有曲折应商之处，并希见谕罄言之。恃相爱厚，不觉其言之直遂如此。书至伫盼继教。渐燠，唯道履安和。临颖神驰，不具。

再有白者，书院征选肄业生办法，去年开始试行。以文字来求甄别者八百余人，可录者不及百分之三。现有学生二十余人，参学在外。仍苦程度不齐，根柢欠阙。其中质美而肯用功者，虽亦有之，终患读书太少，领解力不深。今欲就现有学生略予沙汰，更征一次，一律为预备生，教以应读基本书籍，不拘时限，以课试法就中选拔。如此，或可得少数真正学人，易于成就。弟精力有限，不能不求助于友朋。然实苦相知者少，或鄙其固陋，或嗤其迂阔，或别作主张，欲根本不谈经术，以为不合时代，实有道孤之叹。此其所以仰望于兄者独至也。时人不谅，吾无所憾。念此事阒绝，欲使血脉不断，亦今日所不容已。以兄之知我，乃因缘阻，不见匡益，能无惘然兴喟乎？所欲就诹百端，非笔札可罄。冀廖君能圆融无碍，且暮期兄凤驾。幸深察此情，无金玉尔音也。书不尽意，复赘数言，勿以絮聒为罪。

【编者评述】 此信言及书院师资与生源之难。马一浮讲："书院所以异于学校者，学校造士，唯求适于时用之才；书院求师，乃在继此绝学之绪。在今日虽学校为重，书院为轻，然可以任学校之师者，尚不乏人，可以为书院之师者，实难其选。"学生中"来自学校者，诵数所记，未能尽毕五经。是以于章句训诂，犹多疏略，骤语之以义理，不免隔阂者有之"，"诱掖之道"实需研讨。"以文字来求甄别者，可录者不及百分之三"，如此，"仍苦程度不齐，根柢欠阙"，即便有"质美而肯用功者"，"终患读书太少，领解力不深"。

∷ ∷ **梁寒操**

一九四〇年七月二十日

寒操先生左右：

前荷惠教，并见示近著《三民探讨》，涉月经时，阙然未报，负歉实深。四方士友以书见及者，积累盈箧，皆须手自作答，颇苦日不暇给，此情或荷曲谅，不责其慢也。

大著极有精采，中山先生建国之道，如此阐发，益能深入于人心矣。中间以智仁勇配真善美，以心物不二、理想与现实不违为说，尤见卓识。其言骏快，不独长于辩说，益有以见恻怛之怀。

大凡世界哲人，无论古今，其言足以感人者，必有其独到之处。但其所用诠表之名言，各因其所习，不能无异，是在有以观其会通。《易》曰："唯深也，故能通天下之志；唯几也，故能成天下之务。"此即尊书所谓"力量"也。《孟子》曰："始条理者，智之事也；终条理者，圣之事也。"由中山先生之言推之，岂非最科学底邪？

时人之浅妄者，往往鄙弃圣贤经籍，以为与时代不合，是坐不读书，非但不知古义，亦悖于中山先生之训。甚盼尊论多所牖启，力救此失，必能发扬民志，增进民德也。

志士仁人之毅力，与元恶大憝之暴力，二者恒互为消长。毅力出于大愿，暴力出于大欲，即君子小人、仁与不仁之辨也。《易·杂卦传》终于《夬》，孔子系之曰："夬，决也，刚决柔也。此以刚表直道，柔表阴谋。君子道长，小人道忧也。"此真革命精神之第一义谛。今世界方有暴力哲学，故国际间恒以侵略为患，此乃一时现象，终久必归消灭。吉凶之道，贞胜者也。今言奋斗，但秉此仁心以抗暴力，有刚大之气，必可以济蹇难，乃所谓贞胜也。中土先哲具此信念最坚，故不忧不惧。

因览尊论，辄抒所感，信笔及之，此亦仁者之余义，或不斥其迂阔耳。闻行都虽空袭甚烈，而朝野镇定如常，此是佳象。山中仅有少数学子相与讲习先儒旧说，无足比数，来书深执谦冲，过见推挹，殊不敢当。率复，并谢稽答之咎，唯千万为国珍重，不宣。马浮谨启。

【编者评述】 　马一浮论梁著《三民探讨》"以智仁勇配真善美，以心物不二、理想与现实不违为说，尤见卓识。其言骏快，不独长于辩说，益有以见恻怛之怀"。马一浮以为，"大凡世界哲人，无论古今，其言足以感人者，必有其独到之处。但其所用诠表之名言，各因其所习，不能无异，是在有以观其会通"。并举《易》与《孟子》语为例，说明与现代词汇及思想的相通。进而批评"时人之浅妄者，往往鄙弃圣贤经籍，以为与时代不合，是坐不读书"，不仅不知古义，而且也往往悖于今人真正有意味的思想。马一浮指出，毅力与暴力彼此消长，"今世界方有暴力哲学，故国际间恒以侵略为患，此乃一时现象，终久必归消灭。吉凶之道，贞胜者也"。所谓贞胜，即"秉此仁心以抗暴力，有刚大之气，必可以济蹇难"。信中最后讲，"闻行都虽空袭甚烈，而朝野镇定如常，此是佳象"，马一浮之重气象，亦由此可见。

∷∷ **乌以风**

一九四〇年三月三十日

来书具悉。诸生出于爱敬，吾亦知之，但惜其未加深察耳。吾昨始得闻，以为犹可寝罢，故告沈先生属贤为婉谢。今若此，是使吾拂乎人之情而以为礼，乃重失之。贤辈何不早见告，使可中止？君子爱人以德。非特吾不欲以生日受贺，亦不愿在此患难之日使诸生烦费，有近于苛捐杂税也！顾亭林有言："《小弁》之逐子，始说我辰；《哀郢》之故臣，乃言初度。"今请切勿再以贺生日为言。此由贤辈谨默太过，乃使情有睽隔，后此望直告无隐。吾之所望于贤辈者，在可裨补吾之阙失，今乃增吾过咎，甚非教学相长之道也。诸生处希善为慰喻，务使有以知吾之用心，斯可矣。来人立待，草草付此，诸唯亮察，不宣。浮拜启。三月三十。

【编者评述】 马一浮谢绝弟子们为他庆祝生日，他讲："君子爱人以德。非特吾不欲以生日受贺，亦不愿在此患难之日使诸生烦费，有近于苛捐杂税也！……吾之所望于贤辈者，在可裨补吾之阙失，今乃增吾过咎，甚非教学相长之道也。"中引顾炎武《与友人辞祝书》喻之。

∷ ∷ **寿毅成**

一九四〇年三月十九日

六日航信、七日复电，计均达览。凡所当奉告者，亦既言之甚详，日内定有以见答也。顷有闲事奉托。阅报，知行都诸贤将于廿四日为蔡子民先生开追悼会。按《礼》："知生者吊，知死者伤。"浮于蔡先生为雅故，而其诸子则未尝识面，是在"知死者伤"之例，故未徇俗致唁其家。然邦国殄瘁之思，耆旧凋零之感，固亦不能已于怀。今追悼会既登报收礼，似当录及哀挽之词，浮有挽语一联，辄交航寄尊处，欲烦贤代为致之。仓卒写成，未及装裱，嘉定亦无缣素可购，乃以旧纸黏成，仪不及物，贵心达意，吾自志其感悼而止。然语颇不苟，可以对逝者。投之败篋，固亦无憾。因不知当送何处为宜，故以劳左右，想不厌其渎也。余不一一。

附　挽蔡先生联

学海众流归，今也则亡，闻者尽为天下惜；

家山多垒在，往而不反，伤哉未见九州同。

【编者评述】　阅报知将开蔡元培追悼会而撰书挽联寄转。民初，蔡元培出任教育总长，马一浮受任蔡秘书长，因理念不合，马一浮辄辞；后蔡元培出任北大校长，又延聘马一浮任教，马一浮谢辞。信中所语"浮于蔡先生为雅故"，即指此。挽联"语颇不苟，可以对逝者"，但马一浮与时异趋，故又有"投之败篋，固亦无憾"之语。

:: :: **谢振民**

一九四〇年一月二十六日

前得十二月六日来书，以其时甫将《讲录》寄去，足下所问求端致力之方及通治群经应读何书，敝院所讲《学规》及《读书法》中皆有之，后并附有《必读诸书举要》。足下览此，如能虚心领会，由此亦可得其涂径，故不另行作答。顷得本月廿日续示，乃知是项《讲录》尚未收到，岂为邮局所误邪？查敝院所得重庆寄来印刷物类，亦有经月始至者，此时或已收到，亦未可知。傥其竟未寄达，足下如需要补寄，即请示知。至足下所询课试题目一节，照敝院定章，每年举行课试以定去留，系以在院肄业生为限，即参学人亦不必与，故此项题目自无奉告之必要。其院外许寄《讲录》者，如对于所寄《讲录》志趣不合，并无来书表示者，即停止不更寄。傥欲继续阅览，除此次奉赠外，须俟来函声请照纳纸张费方可续寄。但刊刻需时，出版亦不能定期。敝院讲学旨趣重在体验，不同于现代研究院专重研究某一问题，唯务搜集材料撰成答案，便为能事已毕。须知义理之学，知之则日用不离，行之实终身不足。治经虽有次弟，入理则难以克期，非如俗学有一定程序，可预为之限也。足下果有志此学，但求之在己，必能自得，无假取证于书院。天下学人甚多，自由抉择，各从所好，敝院岂能尽人而喻之邪？第二次《讲录》系《论语大义》，尚在刊刻中，并以附闻。其余恕不一一具答。

【编者评述】　复性书院对校外参学者有资料函寄。除事务说明外，马一浮讲："敝院讲学旨趣重在体验，不同于现代研究院专重研究某一问题，唯务搜集材料撰成答案，便为能事已毕。须知义理之学，知之则日用不离，行之实终身不足。治经虽有次弟，入理则难以克期，非如俗学有一定程式，可预为之限也。"

∷ ∷　**贾题韬**

一九四〇年

辱书示以学道之经历甚详。既因阅《大慧语录》有省，赞叹直指之妙，何以谓尚涉光影？未知平日得力语可举示否？古德恒言："从门入者，不是家珍。"此事决不在言句上。一切教语、祖语，并是缘熏；其余世谛流布，徒增知解。诸佛垂慈，只要人剿绝情识，更有何事？巨岳不乏寸土，不可从人觅佛觅道。但不被知解系缚，胸中不留一法，一切人我、爱憎、违顺、取舍、圣凡、染净诸境，无从安立，自然田地净洁，触处全真。赵州所谓"与伊下载"，程子所谓"我这里只有减法"，无有二致。不敢孤负来问，不可更添葛藤，即此亦是闲言剩语，仁者速须扬却，切勿留碍。相见已了，诸唯珍重。

又作答稽迟，幸勿为罪。承询书院事，亦只随顺世缘，无足挂齿。语默不二，何所容心？梦幻空华，无劳把捉。时方屯难，何济艰危？仁者方赞戎幕，运智兴悲，正菩萨道中所有事也。率复不具。

【编者评述】 贾题韬"因阅《大慧语录》有省，赞叹直指之妙"，却又表示"尚涉光影"。马一浮引禅林用语"从门入者，不是家珍"，喻示学道之事决不在任何外物上求，而须在自己身上体验。

∷ ∷ **唐若兰**

一九四〇年四月十五日

曩年在杭州及去春在鹏初处两次相见，但知仁者从事教育。顷承惠教，乃知曾发大心。当世善知识甚多，不慧何足当先觉之目。令弟效实先生谬许，实以告者过也。

书院寒陋，但接初机。且唯谈儒学，不涉佛老，亦未录女生，故无宿舍设备。凡仁者所见询，皆恨无以奉答。但有一语相告。来书谓欲求三教圣人之旨，志则大矣，言似太涉广泛。非读书用力之久，何足窥其藩篱？既有人生是苦之感，似仁者夙根，或与佛法为近。不如径读佛书，可以息诸尘劳，远离烦恼。谓宜先读《起信论》贤首疏，力求通晓，方可再及他书，泛览殊无所益也。聊答下问，无劳远涉，衰陋之言，亦止于此耳。率复，不具。鹏初先生便为问候。庚辰三月八日。

【编者评述】 "欲求三教圣人之旨，志则大矣，言似太涉广泛。非读书用力之久，何足窥其藩篱？既有人生是苦之感，似仁者夙根，或与佛法为近。不如径读佛书，可以息诸尘劳，远离烦恼。谓宜先读《起信论》贤首疏，力求通晓，方可再及他书，泛览殊无所益也"。

∷ ∷ **孙国辅**

一九四〇年三月二十五日

孙伯岚君交到来书，并附所论撰。知师承有自，涉览多方，尚复有志研精，思进于道，良堪嘉许。唯书院讲习，一于义理，枯淡之业，与时异趋。且征选早停，斋舍已满。自本年起，凡愿来参学者，皆住院外，一切须自为谋。山中荒陋，觅屋亦颇不易。足下若径辞禄仕而来，或非人情所安。恐未有闻道之益，而转增生事之累，是不可不先事考虑者也。其实古人学道，不辞下吏，果能笃志，何尝不可随分读书。士者事也，职思其居，只此亦便是学，安必以精舍请业方为弦诵之地哉。书院遇人以诚，为足下计，似未宜轻辞所事，定以来学为亟。若能缛温旧业，尽有余师也。大文暂留，率复，诸唯善择，不宣。

【编者评述】　孙国辅欲"辞禄仕而来"，马一浮劝止，"恐未有闻道之益，而转增生事之累"。并示知，"其实古人学道，不辞下吏，果能笃志，何尝不可随分读书。士者事也，职思其居，只此亦便是学，安必以精舍请业方为弦诵之地哉"。

::　::　**颜慎之**

一九四〇年三月三十一日

来书并示所论撰，知足下故为绩学之士，歉然不以自足，而有意于谘诹，此诚今日所罕觏。详足下持论所及，于时贤著述涉览颇广。其平章今古，亦既高下在心，有确乎其不可易之概。若书院讲习，一以义理为主，乃与时人异趋。经术则祖述洛闽，亦与晚清诸儒涂径迥别。此恐非足下之所好也。天下之为学者亦多术矣，约之不出二涂：一则资多闻以求时用，一则重体究而贵自得。二者不可强同。今观足下之所尚，似取前者，而书院则主后者，是其未必有合也亦明矣。足下虽怀下问之心，恐不足以餍旁求之望，是以未敢轻徇来命转误足下。至书院规制之陋，益无足言。征选既停，尤患不能多所容接。但讲录则略有刊布，任人购览。足下若不以为陋，似不妨浏览及之，亦恐未必遂有所益耳。大著恐有遗失，谨挂号奉还。诸希谅察，不具。

【编者评述】　马一浮讲："书院讲习，一以义理为主，乃与时人异趋。经术则祖述洛闽，亦与晚清诸儒涂径迥别。"又讲："天下之为学者亦多术矣，约之不出二涂：一则资多闻以求时用，一则重体究而贵自得。二者不可强同。"

∷∷ **高矜细**

一九四〇年七月二十二日

来书承欲入院肄业，附来作品四篇，知足下涉览颇多，文笔亦畅，信为美材。唯第四题乃游戏之作，过嫌不庄，不可以是为文。所惜者，论断太易，囿于时人见解，未能端的。如第一题全系揣测，第二题极有思路，而判为静底文明，亦未是。盖取径于历史社会之客观研究，与经术义理之学，涂辙迥殊。今欲别行一路，须决然舍去旧习，恐非易事。书院讲习，重在向内体究，期于入德，不是专以多知多识为学。须知穷理尽性之事，非如今人所目为政治学说、伦理思想遂足以该之也。

足下即欲降心相从，虑或不免扞格，未必遽能甘此枯淡。且方今由浙入蜀，旅行极感困难，赣湘未详，至桂黔境内，沿途候车，每有经旬累月不能得者。途中费用，无有定限。足下方在本省服务，若弃其工作而来，恐于学未有所益，而于事已不能无损。虽足下向学之志可嘉，然如此间关远涉，实人情之所难。为足下计，诚不如其已。非书院于足下独有所遗也。义理本为人心所同具，非能取以与人，不可徒恃讲论，用力终在自己。以足下颖悟之资，果能立志屏去俗学，专依先儒言语为主，尽可自己求之。但勿以成见读书，勿轻为揣测批评之辞，虚心涵泳，着实理会，必能有入。岂必来院肄业，然后可以为学哉？

今寄奉书院《讲录》首卷一册，中间略示为学涂径，聊资助发，不负来问。至寄来文件，因系印刷品，故不检还。此复，诸唯亮察，不具。

【编者评述】 马一浮告知："书院讲习，重在向内体究，期于入德，不是专以多知多识为学。须知穷理尽性之事，非如今人所目为政治学说、伦理思想遂足以该之也。"又讲："义理本为人心所同具，非能取以与人，不可徒恃讲论，用力终在自己。"又讲："勿以成见读书，勿轻为揣测批评之辞，虚以涵泳，著实理会，必能有入。"

一九四一 年

:: :: **王培德** 星贤

一

一九四一年四月二十九日

昨因听鸟声得二诗，聊与诸贤一览。此非好事之过，
亦是自然流出，不特可悟唐贤三昧，亦可由此兴之旨而得
取象之道耳。辛巳四月四日。

【**编者评述**】 此下三短笺皆谈诗。"因听鸟声得二
诗"，"亦是自然流出"，"可由此兴之旨而得取象之道
耳"。诗重观物起兴，马一浮强调"自然流出"，同时喻示
《易》"取象之道"。

二

昨复得歌行一首。汉乐府有是题，少陵拟之，其义似未及今日之广。《诗序》："言天下之事，形四方之风，谓之雅。"此或可几变雅之遗音，初不为一国一人而作也。诗成自咏，音节天然，似尚有元气。此理终不可灭，但可为知者道耳。贤辈听吾讲说，似尚不及读吾一诗。若有入处，亦堪与古人把手共行矣。结语不暇自哀而哀他人，此《春秋》广鲁于天下之旨也。辛巳四月十一日。

【编者评述】 诗是形象语言，因时因物而发，但又足以超越具体的时空，故读者"若有入处，亦堪与古人把手共行矣"。马一浮常强调，义理的把握往往是超乎逻辑语言，唯有诗性语言差强，他对自己的诗似更看重，故讲："听吾讲说，似尚不及读吾一诗。"

三

一九四一年九月二十六日

昨夜月色甚佳，睡醒闻雷雨，于枕上得一律，聊以写示。世事皆作如是观，以平淡处之，诗自圆转无碍，此乃渐近自然。看来欲拔俗，非深于诗不可。胸中着得数首诗，亦可减去俗病少许。亦有诗而俗者，乃非诗，诗与俗觌体相反，犹阳虎之论仁富也。贤辈谓如何？辛巳八月六日。

附　诗

初更才坐月，后夜又闻雷。竹影窗前没，江声枕上来。

飘风恒自起，高岸或先隤。雨势明朝住，芭蕉几页开。芭蕉闻雷雨则展，验之信然。

【编者评述】　此信较前更多创作描述，且以诗说理，强调世事当以平淡处之，发为诗则圆转无碍，渐近自然。马一浮以为，"欲拔俗，非深于诗不可"；"诗与俗觌体相反，犹阳虎之论仁富也"。为富不仁，为仁不富，诗心与俗气相背悖。

:: :: **王紫东**

一九四一年十二月九日

紫东贤友足下：

顷得长寿来书，知有重来相就之意。前此方以贤得回里省亲，深为之喜，不谓因附车后时，遂成留滞。然既任教于十二中学，且宜安之，俟得后缘，再谋归计，方是正理。岂可倏往倏来？坐席未暖，便欲辞去，甚非所以处己处人之道。

留院同学，概以住至本年十二月为止，贤岂不知之？仆且当去，诸子虽欲留此，何益？况如贤计，则方其襆被重来之日，正同学星散之时，更将何以为情？是为计之左莫有甚于此者。吾岂拒贤而不纳，实无以为贤地也。贤为归觐而去，虽因事阻暂羁，何悔之有？凡为义理之学者，于去就之间，自当断之以义。即有困塞，切须堪忍，以义胜之，何躁扰不宁至此？向谓贤于义理熏习日久，似有所入；以今观之，殊未也。力谋归觐是义，因道阻且暂习教事，积束脩之所入，曲折以赴之，亦是义。若以归计未遂，而遂改其初心，又以教事为苦，不顾书院之将散，径欲重来，此何义邪？且谓书院不许，则将自裁，此是何等语？岂学义理之人所宜出者！言之不择如此，此两年中真于贤一毫无益也。书院于贤未尝加以摈斥。贤之去为省亲，且正值书院结束期间，安有处分之可言？

今之相告，乃甚诧贤之一时迷惘，欲有以解慰之，仍是爱人无已之心，否则何为如是之不惮烦邪？若犹以鄙言为是者，请澄心静气一思之。旅中千万自爱，不尽。湛翁手启。辛巳十月廿一日。

【编者评述】 王紫东离别书院归里省亲阻于道，遂成留滞教书而生悔。马一浮因事明理，指出："凡为义理之学者，于去就之间，自当断之以义。即有困蹇，切须堪忍，以义胜之。""力谋归觐是义，因道阻且暋习教事，积束脩之所入，曲折以赴之，亦是义。若以归计未遂，而遂改其初心，又以教事为苦，不顾书院之将散，遽欲重来，此何义邪？"义理之学的工夫，由此信可获一见。

::∷ **童第德** 藻荪 藻孙

一九四一年一月二十五日

山居苦哀病益甚，遂疏于书札，士友之以书见及者，往往经时不答，非独于贤为歉然也。属题《思旧馆图》，今于病中率成一绝句附去，聊以塞责而已。写示新撰《贵阳重修阳明祠记》，文字修洁可喜。唯"东邻且袭取其说以强国"，此句当删，彼虏非能知阳明者，妄以王学为标榜，其诬实甚，贤亦误摭时人之说耳。辱问不敢有隐。岁暮，唯珍重，不宣。来稿留览。

【编者评述】 童第德撰《贵阳重修阳明祠记》，有"东邻且袭取其说以强国"句。马一浮指出："此句当删，彼虏非能知阳明者，妄以王学为标榜，其诬实甚，贤亦误摭时人之说耳。"这不仅因为时值抗战，而且日本明治以后脱亚入欧，步入与儒家仁学截然相悖的西化道路，而时人多以明治维新与阳明心学相联系，马一浮以为这是对阳明心学莫大的诬化。

一九四二　年

：：：：**乌以风**

一九四二年六月十九日

以风贤友足下：

　　相去日久，念乱日深，寻常颇恨书札之少。春前曾荷电问，电文讹略，未详何意，竟未置复，至今歉然。久求《胡传》未得，闻贤有之，因嘱星贤函问，逾三月始蒙寄到，_{书寄到未旬日，审封面，寄出之日在三月以前。}邮递迟缓如是，可怪。而贤寄书之日，未附一字，何其忙也？向欲刻是书，苦无佳本，今欲请贤即以此本捐赠书院，亦是功德，想所乐从。现已付排印，若时变不亟，秋后或可印成。山中学人寥落，百无可为，唯以刻书为一线之延耳。闻贤在重庆大学任事少暇，暑中例假若有兴，何不暂来山中相聚少时，足慰岑寂。行旅虽难，一衣带水之隔，果欲相即亦非不可能也。或言贤中馈有仳离之叹，疑是误传。又闻将入天柱山为归隐计，益远于事实。非特腥膻满地，豺虎塞途，不可以行，皖中气象非复前时，以贤之智，宜不出此。凡人经乱，久习事惯。拂逆困横，皆足以锻炼身心，变化气质。嗜欲减则计较渐轻，私吝退则怨尤自寡。中虚则感易通，理显则事愈切。若秦越人之相视而无动于中者，只是一念之隔耳。与贤两年不相见，宜必有进于前，不知贤亦曾念及之否。书不尽意，诸唯自爱，不宣。浮顿首。

【编者评述】 "凡人经乱，久习事惯。拂逆困横，皆足以锻炼身心，变化气质。嗜欲减则计较渐轻，私吝退则怨尤自寡。中虚则感易通，理显则事愈切"。

:: :: **王培德**　星贤

一九四二年四月一日

刻书底本小有疏处，由于仆未寓目。二子不须深自引咎，但此后共勉多留意可矣。若因是留碍胸中，无益于事，翻成过患，甚非仆之所望也。凡事以豁然洒然处之，何咎之有？所谓直心是道场，不习无不利，亦不患不精审也。四月一日。

【编者评述】 工作失误，刻书底本出错，马一浮引责自负，宽解王培德，"此后共勉多留意可矣"。马一浮讲："若因是留碍胸中，无益于事，翻成过患。""凡事以豁然洒然处之"，"所谓直心是道场，不习无不利，亦不患不精审也"。

:: :: **陈刚** 兆平

一九四二年十一月七日

立民见示来书，喜授课不忙，尽有余暑可以读书，甚善甚善！唯颇以群居嗃嗃为碍，此乃在己所以处之如何耳。颜延之作陶靖节诔，谓："在众不失其寡，处言愈见其默。"此语深可寻味。盖和光同尘，不失其在己；随波逐流，则至于徇物；豪厘有差，天地悬隔矣。荀卿云："君子之学以媺其身，小人之学以为禽犊。"

书院昔时讲习，来者志在以义理自淑，非将以为羔雁也。足下岂不知之？今乃欲俯同流俗，以在书院之日为一种资历，求为证明，何其与平日之趣相远也？几曾见程、朱、陆、王之门有发给文凭之事？德行道艺乃为取得资格之途径邪？若要实据，何待于他！贤者平日言行乃是绝好证明，安用此废纸为？从前有一俗士，以此相渎，曾一度与之，此与给游僧以度牒无异。心恶其俗，尤矜其愚。足下雅士，何乃言此？所以不辞饶舌，正是相待之厚，愿足下勿薄于自待也。余详立民答书，不悉。

【编者评述】　身处喧闹之中，如何自处？马一浮讲："盖和光同尘，不失其在己；随波逐流，则至于徇物；豪（毫）厘有差，天地悬隔矣。"关键终在自己。陈刚来信索取书院学习证明，马一浮视读书证明为寺院度牒，"以恶其俗"，以为"平日言行乃是绝好证明，安用此废纸为"？

∷∷ **丁国维** 安期

一九四二年十二月九日

安期贤甥览：

　　十一月十八、廿三两书均至。渝事尚无眉目。顷得敬生十二月二日来书，云有书劝甥先行来渝。虽是好意，事实上则为非计。此事去就，待汝自决，吾初无成心。望汝来川之意虽切，亦须待缘会自然，未可勉强。吾所以致书与陈者，亦以敬生先有此意，不附一书，近于自外，故遂迳直言之。

彼以众人相遇亦是人情之常，不足深较。吾与陈本非深交，彼又不知甥为何如人，安能特示优异？汝与敬生书，欲其以荐任明令调用，且指定外勤工作，此意敬生决不能向陈提出。君子不竭人之忠，不尽人之欢。敬生有此好意，汝当感之。似此题目，彼却办不到。此事且宜待缘，亦勿遂觖望。"不患人之不己知，求为可知也。"

古人长于吏事者，皆本之经术。今汝之所习者，亦俗吏之事耳，不可以此自高。为贫而仕者，辞尊居卑，辞富居贫，且亦仕于乱世之道。但升斗之计，亦不能不顾及。若到渝反不如黔，则一动不如一静。凡人饮啄有定，亦不须强求。委吏乘田，抱关击柝，皆可为之。但授之以事，必当尽分，所谓职思其居。如是则进退绰绰然有余裕矣。因汝来书不免俗情，故不避词费，为汝更进一解，勿谓迂阔而远于事情也。若不甘滥竽，不肯苟进，乃是自重，合当如此，吾亦岂欲汝与鸡鹜争食者。

陈于书院事，至今亦不置答，其不以吾言为重可知。今人大率如此，何足责哉。戚之来此将匝月，近已就武大书记，俾可就近事母。但恨汝犹在远，吾未能多为汝作计耳。某之病体较前为差善，其弟来亦足以减其所患也。敬生如续有信，仍宜婉词答之。冬寒，诸宜自爱。舅氏湛翁手书。

【编者评述】　马一浮喻示外甥，请托于友人，应当感谢友人，而理解友人的不便处，"君子不竭人之忠，不尽人之欢"，至于事情成否，则宜待缘。又论从仕之道：一要学习，"古人长于吏事者，皆本之经术"，不可以所习之俗吏之事而自高；二要甘居下位，"为贫而仕者，辞尊居卑，辞富居贫"，这也是"仕于乱世之道"，"但升斗之计，亦不能不顾及"；三要安分敬业，"凡人饮啄有定，亦不须强求"，低级岗位"皆可为之"，"但授之以事，必当尽分"。

一九四三 _年

:: :: **王培德**　星贤

一

一九四三年三月十九日

昨立民来，闻贤得令祖仙游之讯，如何不淑，遭此闵凶。"靡室靡家，狁狁之故。"使天下为人子孙者，生不得致其养，没不得申其哀，曷可胜计？此仁人之所恫，不独于贤而厄之也。然令祖春秋高，厌乱辞尘，适去而顺。戚者为礼，达者为玄，玄胜有忘戚，而礼得无过情。忘戚则害性，过情则伤毁，二俱失中。此非俗士所知，甚愿贤进于此义，则所以全其孝事者，为道方遒，勿区区自束于俗也。未能躬往慰唁，辄命慰长赍此冀缓哀思。外附薄奠，亦顺俗情，未足以为敬，敢纳于下执事。慎勿来谢。

唯量力自节，不宣。癸未二月十四日。

【编者评述】 至亲去世，"戚者为礼，达者为玄，玄胜有忘戚，而礼得无过情。忘戚则害性，过情则伤毁，二俱失中"。马一浮以为，只有"进于此义，则所以全其孝事者"。

二
一九四三年

来书凄恻，览之增怀。《礼经》繁博，一时岂能遽尽？鄙意贤今在忧中，似可读《丧服传》。此义久废，然礼以丧祭为重，不可不明也。看贾疏如犹嫌略，可与胡培翚正义同看。二十日申。

【编者评述】 王培德在丧忧中，马一浮建议读《仪礼》中的《丧服传》，因为礼以丧祭为重；同时建读唐代贾公彦的《仪礼疏》与清儒胡培翚的《仪礼正义》。

三
一九四三年七月十八日

"意生身"本谓菩萨境界。天上人间，随意寄托，生死自由，不同众生随业受生，为业所缚，不得自在。不论善道恶道，皆属"业根身"也。诗乃借用，但谓祸福无不自己求之，即业由自作之义，非用其本意也。七月十八日。

【编者评述】 大概是解释诗中借用"意生身"这一佛语，表达"祸福无不自己求之，即业由自作之义"。

四
一九四三年

贤问何药可益心神，将无欲服天王补心丹、孔圣枕中散邪？平时言语何处非药，岂能别有？若此不足为药，则请更觅世医可矣。新愈，深宜加意调摄，不可使形病及神也。廿五日酉。

【编者评述】 可益心神之药，不是天王补心丹、孔圣枕中散，而是平时言语。马一浮以为，养生贵在养神，身体康复过程中，"深宜加意调摄，不可使形病及神也"。

一九四三年五月十八日

紫东贤友足下：

　　得四月廿四日泰和来书，良为欢庆。嘉礼初成，归
觐有日，既慰慈闱倚闾之思，亦遂佳妇承欢之志。此为人
子致养最宜之时，慎勿轻言去亲为客也。当贤之来辞，曾
谆嘱婚后宜在乡里就近择事，以资事蓄。上纾尊翁在外之
劳，庶可稍尽子职。读书求义理而不以此为重，何以学
为？贤当时犹执重来依止之说，吾再三切喻，始无异词，
何以此次来书乃欲更筹路费？吾非拒贤，诚见义之所在。
以为贤必由之，不谓不重吾言，必用己意；如此则往者虽
相依止，吾言实贤所不受，适足误之，依止何益邪？事亲
之义重于事师，况吾言未足以相师邪？

　　尊翁慈爱，徇贤之意，更汇路费五千。由贤之说，假
之于人，再得此数，或犹未足。轻言举债，何以偿之？况
道路多虞，来蜀之后，岂能不别作计校？此在愚者亦知其
不可，而贤乃为之乎？无论书院垂绝，不能助贤之家计，
就令别有良图，何必舍近求远，冤枉掷此路费而不丝毫爱
惜邪？蜀中局面又岂能胜于珂乡？此计决非人情之所安，

贤岂未之思邪？今为贤破例作一书致辛心禅，闻辛方主贵省通志局，或能为贤道地。吾虽与辛交浅，因亦有可言之道，不为分外。所虑辛君志局是否有变动，及其事是否果能为力，俱不可知。姑附此书，听贤自择。舍此之外，随分教学，不患无之。贤若犹以吾言为不妄，愿且取消行意，徐图所以自处于义理之安，则继此犹可往复，否则仆亦不复更饶舌矣。逆耳之言，却是一分最好贺礼，幸鉴之。顺颂潭禧，不庄。辛函并附。浮顿首。

又前者贱辰，伯尹见告，贤托其共同致馈，尚未函谢。后此幸勿以是为敬。若能行其所知，胜于遗我兼城之宝也。

【编者评述】 王紫东完婚后即想离家求学于书院，马一浮深斥之，以为此时最应该就近工作，承担起家庭责任，同时替父母减轻辛劳。"读书求义理而不以此为重，何以学为"？同时告知，"事亲之义重于事师"。为了劝服，马一浮破例写信请人为王紫东谋事。马一浮致力于义理之学，世人多以为迂阔，其实马一浮不离日用而论学，对人对己都是著实而不蹈虚。

一

一九四三年七月六日

来书以难忘为言，只是观理之念未真切耳。观起则情自忘，何不可遽之有？滞于习，动于气，乃觉无下手处。其实，观理即是集义养气功夫，争容得些子客气邪？

【编者评述】　"滞于习，动于气，乃觉无下手处"。若观理，则情自忘，便能从习气（客气）中脱出来，使得真气凝聚，故马一浮讲："观理即是集义养气功夫。"

二

一九四三年七月二十二日

昨得书，示及谢氏父子暨德钧、硕井诸札，是皆于贤良厚，朋友之道固应尔也。德钧及张医拟方，亦各有理，但治病宜凭色脉，辨证而后议药。犹虑其未必中病，是以知者慎之。否则古方之善者多矣，曷为不可尽人而服之哉。子巽望贤切，行止须自决。若不畏道路，一往就之，以答其意。暂游成都，亦足写忧，不必定为治病也。诸函附还，樊纸亦并往。别附二纸，以助调药之兴。伯尹足下。浮白。

德钧劝贤勿剗心于文字，却是良药，胜于所拟方剂也。

明道自扶沟召判武学，李定、何正臣劾其学术迂阔，趋向僻异，罢之。时伊川方病，明道谓人曰："在他人则有追、驳、斥、放，正叔无此等事，故只有病耳。"古者贤者处乱世遭困厄者甚多，病缘却是最轻。贤若有志此学，病自不能为心害。又伊川尝言："吾受气甚薄，三十而始盛，四十、五十而始完。"象山曰："学者能完聚得几多精神，才一霍便散耳。某平日如何样完养，故有许多精神难散。"看他古人是何气象！诸子虽殷勤，却无有此等意思。试一思之，其效或不在龙骨、牡蛎、地黄、阿胶之下也。

【编者评述】 药虽好，还须对症。心神上的问题，往往不是方剂能治，而在自己体悟。马一浮特举二程与陆九渊故事，示知"若有志此学（义理之学），病自不能为心害"；而且，即便先天受气甚薄如程颐，亦能于后天完养；或如陆九渊，精神不会轻易涣散。

三

一九四三年九月十五日

念佛亦是胜方便，要在都摄六根，净念相继，久久可证念佛三昧。《楞严》第五卷末后，大势至"说圆通"章最精。莲池《弥陀疏钞》亦宜尽心，专看龙舒文不觳。念，自是心念，不是口念。若持名则亦出声，总以都摄六根为主，方可得力。梦境不足凭，只是杂念稍减耳。任何法门，决无不下一番功夫而即得相应之理。切勿求速效，只要绵密用功而已。伯尹足下。浮白。十五日申。

纸已到，恐是伯珩先寄到者，前次送来一批，立民将此一件遗漏耳。明日写。并及。

【编者评述】 念佛是一方便法门，"要在都摄六根，净念相继"；"念，自是心念，不是口念。若持名则亦出声，总以都摄六根为主，方可得力"。即以念佛使其他根于感官的杂念消尽。马一浮讲："任何法门，决无不下一番功夫而即得相应之理。切勿求速效，只要绵密用功而已"。

一

一九四三年二月二十三日

公纯吾友足下：

去年腊月廿五日来书，逾旬未报，今日稍暇，聊作简语奉答。据贤疑处，仍在文字边，被他名言所碍。不知文字只是筌蹄，先儒一期方便，不妨小有异同。只要得个入处便休，不须苦苦分疏。古人孰得孰失，却与自己无干也。

念庵、念台之释"几"，皆本阳明"知善知恶是良知"一语而来，故斥动念之说，以为转见亲切。然《易传》固明明曰"动之微"，周子变其文曰"动而未形"。有无之间者曰几，谓之无动可乎？圣人之几与常人之几，亦不须苦苦分别。盖其为动一也。动以天则圣，动以人则凡。"吉凶（之道）者，贞胜者也。""天下之动，贞夫一者也。"圣人分上，吉且无，安得凶？然所谓"贞夫一者"，试定当看，将何指邪？"唯几也，故能成天下之务"，直是难明。以其不可见，故曰幽。来书未得《通书》语脉，以幽属众人，非是。

释氏谓诸佛以愿力持世，差为近之。若在众人分上，一念不觉，即名为恶。然依觉故有不觉，喻如因水相方有波相。若离于水，亦无有波；若离于觉，亦无不觉。觉与不觉，皆就动念上分途，故几亦通圣凡而言。若念念是觉，安得有凶？《坛经》所谓"真如自性起念"，"真如即是念之体，念即是真如之用。"二语甚精。乃专指圣人之几耳。近溪"先知觉后知""两个合成一个"之说，亦别无奇特，即谓背尘合觉，前念后念不异而已。来问：如何方能使两个合成一个？答云：若念念之中不思前境，唯此一念炯然现前，自不见有两个矣。然此语恐贤今日尚未能亟相应。既谓看得不远，复较前亲切，已知于起念时自己管带，久久纯熟，自觉省力，则近之矣。上蔡所举名利声色关语，大有粗细。五欲乃其粗者，若言其细，则法执未尽，已见犹存，皆是名利；一切玄妙知解语言，皆是声色。有一毫未透，总被伊缚，无自由分。贤所患乃在其粗，但熟看《楞严》，不但可治此病，亦可渐启悟门。切勿信时人之言，以此为伪经也。

　　时事不可问，山中事亦无足言。随分度时，别无他道。所憾者，生平言语皆无益于人，既不善观机，亦未能应理。垂尽之年，无复可遣，偶亦托之篇咏。因思六十年来，学得一个"兴于诗"亦未成，真成空过耳。星贤送来贤所馈币三百，已留之。尚未遽作饿夫，后亦无劳多耗，顺此致谢。孟春犹寒，唯珍重，不宣。浮顿首。

　　【编者评述】　马一浮指出，"文字只是筌蹄"，先儒讲论往往各因方便，不免有所差别，后人体悟时"不须苦苦分疏"，纠结于古人的得失，而应该从自己身心上获得亲切的见证。他以"几"为例而加以阐明。马一浮讲，（罗洪先）念庵、（刘宗周）念台解释"几"，都是由王阳明四句教中"知善知恶是良知"转出，故"斥动念之说，以为转见亲切"；其实《易传》与周敦颐早已以"动之微""动而未形"作有明白的说明；然后进一步对"动"作了圣、凡二分，说以吉凶，最后点出"几"与"能成天下之务"的关联。为了进一步说明，马一浮又引佛教的"以愿力持世"对"几"加以印证。几，因其动之微、动而未形，故不可见。佛教发以愿力，便是要使得不可见的"几"能够呈现。这种愿力，便是觉。"若念念是觉，安得有凶"？但念念不断，要功夫精熟，不仅要尽除五欲之名利，而且还要摆脱语言的阻碍，因为"一切玄妙知解语言，皆是声色"。

二

一九四三年五月一日

公纯吾友足下：

月前得书，复劳以贱辰致馈。此在俗情难却，而实非愚心所安。自今以往，若暮齿犹存，愿勿更以是为爱也。经月尚未答谢。世上事与山中事皆令人邑邑，无可为言。谬欲鬻字以助刻书，不惜贬损以役人之役，亦罕有过而问者。拙书固不足重，而时人于刻书之举淡漠视之，亦可知矣。刻书既不能行，书院更无复存在之意义，又不能立与停罢，真乃进退维谷，自悔其无智。相从诸友但有长饥之色，而无暂悦之心。使贤今日犹在山，未知将何以为怀也。

承方阅《憨山集》，甚善！《楞严》刊本甚多，求之当不过难，古德多于此发明心地。明赵大洲掌教翰林院，唯教诸庶吉士读是经。先儒中能如此破除情见者，殊不易，虽阳明犹逊其勇。不解今人何以必斥其为伪。若得《正脉》或《宗通》读之，尤为易入。《长水疏》简洁，亦不可不看。总之，知解必须荡尽，方有少分相应。今言哲学，正是古人所破斥者。习气缠缚自己，若无对治法门，必日见增上，永无解脱之期也。因来书语及《楞严》，聊以助发道意。藉祝精进，不宣。

【编者评述】 马一浮主持复性书院，受限于经费而困顿，退而求其次，希望刊刻古籍以保存文化。为刻书筹钱，马一浮尝破例鬻字，但"亦罕有过而问者"。"时人于刻书之举淡漠视之"，马一浮深感"书院更无复存在之意义"。信中言及《楞严经》，马一浮以为"古德多于此发明心地"，但前人因主观偏见，很少能用此经。马一浮申言："知解必须荡尽，方有少分相应。今言哲学，正是古人所破斥者。习气缠缚自己，若无对治法门，必日见增上，永无解脱之期也。"马一浮引佛论儒，就是因为他认为诸如《楞严经》能有助于儒学的体认。

:: :: **童第德** 藻荪 藻孙

一

一九四三年五月九日

藻孙先生左右：

　　上月奉来教，知俞部长慨捐书院刻书费三千元，以助经传流布，为后学津梁。所以成此美举者，盖先生赞襄之力为多，曷胜钦佩。书院于收到捐款之后，即具函申谢，分致俞部长与左右。其交以道，其接以礼，初不意昨日来示，乃附来收据式一纸，嘱为盖章寄还，以便报销云云，何其前后异辙邪？往者左右与俞部长来函，皆郑重声明，以捐助刻书为词，并未提及此款系后方勤务部所出，书院同人方深敬俞部长之好文重道，今若是，是使俞部长不得专美，而书院谢函为误施也，岂足下之初旨固如是邪？至教以将别具收条，盖马先生名章而不必以告，则尤不敢闻命。此在别种机关或不足为异，书院乃讲学之地，凡事必循义理，本院同人皆致谨于此，不敢苟且徇人，欺罔长者。

　　来书亦似惮于马先生之方严，欲某不告而便宜行事，此某之所不能从也。若必以前言为戏，请将书院所致俞部长谢函退还，另由俞部长来函声明前书之误而后可。今欲于书院谢函之外，再使马先生盖章别具收条，马先生必怫然以为非礼，必命将捐款退还，本为雅道而尽失初心，似非贤智所宜出也。总之，书院已有谢函，无使再具收条之理。若不以谢函为重，必索收条，在人情如以为安，亦不妨各行其是。但有俞部长正式来函声明，某可负责向马先生陈述，将原寄捐款如数奉璧，庶使俞公既免虚掷，贵部可不列报销，足下亦省麻烦，是或一道。凤叨知雅，不当匿情，故径直言之。敬俟后命以取进止，幸垂谅察，勿怪其戆也。

又前有别教，欲使某言于马先生，乞作书特赠俞公，并及诸僚友。似因有捐款之举，责其以是为酬，踌躇久之，终未敢以彻于马先生之听。盖捐款是一事，求书又是一事，二者不可并为一谈。马先生认今日刻书意义，至为正大，故对于直接捐助刻资者，极重之。书院例于捐助刻资诸君，无论多寡，如用其资以刻某书，皆敬志其姓名于卷后，若马先生移润以刻者，则但题移润数目而止，以其非直接捐款也。至鬻书受润，乃不惜贬损，不辞劳苦，以易此区区梨枣之资，其取之甚寡，非如时下名流，动辄尺幅千金，自标声价也。视世人之重其书法，不如重其刻书之志，故于向者俞公是举，尤致赞叹，今若以赠书之言进，则索然矣。当其兴到，偶亦自动作书赠人而却其润。如俞公者，自当在所愿赠之列，窃谓不如不言之为愈，非独以爱马先生，亦所以爱俞公也。

足下于俞公为府主，于马先生为故人，君子成人之美，某愚，窃愿足下能使俞公保留直接捐资之雅。而患马先生无自动赠书之缘，若近似有挟而为；曾无一纸之致，而又欲遍及僚友。是乃捐款其名，而求书其实。何如直接照例致润，得书犹可较多。既名为捐，则事非同例，况乃更索收条乎？某之所以不敢言于马先生而敢言于足下者，乃欲以全足下与二公之交也，足下若有疑于吾言，亦愿有以教之。附来收条式一纸，仍谨以附还，方命之愆，尚希曲恕。幸甚幸甚！

【编者评述】 重庆政府俞飞鹏部长捐书院刻书款，马一浮甚感钦佩，具函申谢。不意又寄来收据请盖章，以便报销。事情皆由童第德代办，童怕马一浮行事方严，便与书院具体办事人员詹允明联系，嘱其不告马一浮而便宜行事。同时，又要允明向马一浮求字，以赠俞及诸僚友。此事令马一浮甚为不快，故以詹允明名义复函。马一浮强调："书院乃讲学之地，凡事必循义理。"私人捐赠与公款性质截然不同，而且也不可将捐款刻书与求字混同，求字自有润格。

二

一九四三年六月四日

前辱惠答，不以戆直为忤，益见坦白之怀，甚善甚善。习俗徇人，不知其失，若得贤者示之以礼，未尝不可复于正也。昨马先生以分书陶诗一幅嘱寄左右，转奉俞部长，兹以寄呈。尝见马先生偶作赠人书，皆系行草，罕有作分书者，并告。以俞部长前有惠函，已在书院陈谢之后，故不另行具复。今此赠书，聊答雅意，亦以俞部长一人为限，辄据以闻。肃此，敬颂撰安。不具。

附：书后示复性书院办事处

顷作分书一幅赠俞飞鹏，并代允明草致童藻孙书一通，同附去。明后日即烦允明照此缮寄，了却俞、童一段公案。非但俞不能怪童，童亦决不能怪允明。与人交之道，固义合如此也。

【编者评述】 前信寄出，收到回信，示之以礼，马一浮回复表示肯定，并以分书陶诗一幅赠俞。信后专附说明，留书院办事处，强调"与人交之道，固义合如此"。

:: :: **李芳远**

一九四三年九月九日

来书谬欲相师。所以见呼者，忽曰座主，忽曰师叔，皆非所当施。吾非讲经法师，何来座主之号？与尊师弘一虽为朋友，然在俗素非同门，出家更非法眷，师叔之称，尤为不伦。凡世间名字称谓，各有所当，岂得掍滥而施？

又贤固未尝及吾门，未具师资之礼而遽自称弟子，亦为不可。若依通俗以先生见称，自称后学，此犹不失于礼也。

向者尊师以贤年少聪颖，远以书为介，因寄一诗奉劝。今观贤书札，似未有进于昔。恐自许才高，亦无人告贤以正，吾甚为贤惜之。好文艺，必先读书，识义理，谨言行，久久方能有成。切忌慕虚名，好交游，习于浅薄，空腹高心，翻成自误。来诗尚未入格，恕不奉答。如贤之年，且宜多读古人诗，蕴蓄深厚，乃能成章，勿轻下笔，亟亟以投赠为事也。

弘一师毕生用力，乃在于律，而世人每称其艺，此实不识弘师。刻篆尤其小者，《西泠葬余》之辑，亦近好事。且以是为题，微嫌近纤，似不如老实径题"弘一法师印存"为妥。题签之字，不必责之老朽，以老朽固非印人也。西泠印社名流与弘一师有雅故者，尚不乏其人，幸别求之。因贤与弘一法师有旧，辄不避怪责，直言相告，期不负法师，亦不负贤。若以为不近人情，则请将此书毁弃可也。诸唯孟晋自爱。不具。癸未白露后一日，马湛翁启。

【编者评述】 李芳远是弘一法师弟子，来信中为表示尊敬，称呼不合礼，马一浮循循示知。以前弘一曾向马一浮介绍李，但马一浮由来信见李没有进步，故示知："恐自许才高，亦无人告贤以正，……好文艺，必先读书，识义理，谨言行，久久方能有成。切忌慕虚名，好交游，习于浅薄，空腹高心，翻成自误。"因寄来诗作尚未入格，马一浮讲："宜多读古人诗，蕴蓄深厚，乃能成章，勿轻下笔，亟亟以投赠为事也。"信中评及弘一法师，以为"弘一师毕生用力，乃在于律，而世人每称其艺，此实不识弘师"；并指出，"刻篆尤其小者，《西泠葬余》之辑，亦近好事。且以是为题，微嫌近纤，似不如老实逐题'弘一法师印存'为妥"，表示不愿题签。马一浮自知自己循理而行，与俗情难合，但决不妥协，故信末特示，"若以为不近人情，则请将此书毁弃可也"。

∷ ∷ **丁国维** 安期

一九四三年

安期贤甥览：

棻之屡次将汝来书呈阅，知旅况安吉，稍慰老怀。丰子恺现在重庆沙坪坝国立艺术学院任教，月前曾来山相视，询汝近况，意甚关切，因以敬生前事告之。丰言重庆事不成，亦不足为意。以虽同属在川，交通仍感不便，总以就近在乐山就事为宜。吾言此事自属吾之素愿，但不欲轻于干渎人，且亦无人可干。去年破例致书太丘，结果如此，益令意沮。丰言只要汝能回来，彼可为设法。事虽未必可恃，其意良厚。今将彼来书附汝一览，汝且考虑，将汝意思直截告我。

吾因见汝来书谓黔省边县不靖，已悟前此视察之不可为。又言税局事务颇繁，亦少兴趣。如此似不如舍去，亦无所惜。但在去就未决以前，仍宜安心服务，毋亏职守。然如前者汝致敬生书所云，必争荐任资格，且指定外勤事务，则大是难题。人之为汝谋者，岂能尽如汝意？鲜不望而却步矣。龚滩事亦未谐，无论待遇如何，其地交通不便，治安不佳，亦不愿汝为之。吾意税局事亦大不易。以吾闻见所及，今时税法本不善，主之者又多非其人，弊窦百出，实为怨府。就令操守足以自信，亦难免有联带关系，或至代人受过分谤，并非意外之事。故亦不甚愿汝久在此中。

　　凡今之人，何足以言吏治，只是混饭吃耳。混而不得饭吃，尤为不值。治生之道，最正当者莫如务农。然此是理论，为农亦须有土地始得，但商贾决不可为。为公务员求仕宦，则汝经历当亦略知之。其余若教书，若办工业，皆非专门不可。前者，今亦不足自活；后者，亦要资本，失败者多有之，故择业实非易易。但退一步想，卑之无甚高论，为人司笔札，比于佣书，从前尊为幕友，今则无论机关大小，皆有秘书，其实皆古掾吏之职也。此在略通文墨、稍识事体者，皆能为之。如汝今之所任，亦此类也。但有人需要，有人道地，可不限定某种资格，颇能广泛应用。

　　吾意汝若不争资格，不择机关，则其事或容易谋。但有一条件，实际所得薪水是否可以自给，则不容不考虑。苟勉强可给，则就之，亦可省却许多计校也。吾在书院，亦是巽以行权。今虽勉强维持，其困难亦非言可尽。人到六十以外，朝不保暮，故望汝来川之意较前更切。汝亦离家五年，儿女皆已长大，安能不念?

今有一意思告汝，待汝考虑既定，若决计来川，吾当以鬻字所得划出一部分汇汝作川费。本为刻书，吾不自用。然吾欲自用少许，人亦不得议之。趁夏间江水满时，重庆轮船可直抵乐山，此时能作归计，最属相宜。汝若不欲舍去税局之事，则作为请假亦可，但不可因此忐忑不定，一切听汝自择。时局难知，向后交通必日难一日，书札往复亦动辄经月，故不惮烦琐告汝如此。书到熟思即复。舅氏湛翁手泐。

【编者评述】 此信对外甥谈及治生择业事，大致以为除了"商贾决不可为"，其余行业都可以，但"薪水是否可以自给，则不容不考虑"，如"混而不得饭吃，尤为不值"。信中言及战时各行业状态，深以为"择业实非易易"。

:: :: **李先芳**

一九四三年十月十四日

凡人有志于学，须先知敬肆之辨。若出言不谨，便是自暴自弃，不可救药。观近日所呈诸语，有同狂呓，据理便合严斥，姑以一时病态目之，不遽切责。宜自知收敛，速改前非。若再肆然无忌，书院不可一日留也。此告先芳。十月十四日，湛翁。

【编者评述】 此信训示李先芳，"凡人有志于学，须先知敬肆之辨。若出言不谨，便是自暴自弃，不可救药"。并警告："观近日所呈诸语，有同狂呓，……若再肆然无忌，书院不可一日留也。"

:: :: **丁慰长　丁镜涵**

一九四三年十月

吾八岁初学为诗，九岁能诵《楚辞》《文选》。十岁，先妣指庭前菊，命作五律，限"麻"字韵。应声而就曰："我爱陶元亮，东篱采菊花。枝枝傲霜雪，瓣瓣生云霞。本是仙人种，移来高士家。晨餐秋更洁，不必羡胡麻。"先妣色喜曰："儿长大当能诗。此诗虽有稚气，颇似不食烟火语。菊之为物，如高人逸士，虽有文采，而生于秋晚，不遇春夏之气。汝将来或不患无文，但少福泽耳。"今年逾六十，幸不违先妣悬记之言。追念儿时光景，已如隔世。才慧日减，神明日衰，将同秋后之菊矣。幼时所作，都不省忆，仅忆此篇，以母训故不敢忘也。

今为汝曹举之，涉笔不觉泫然。观汝曹颖悟似不如我，然幼慧不必定佳，古人多重晚成，但勿安于流俗，气质亦自可变。今汝已及志学之年，勿更荒嬉废日矣。前此俱为小学所误，习于俚俗教科书。屡遭乱离，无学校可入，得从王、刘二先生受经，俗情便以不得入学校为憾，不知此乃未始非福也。凡人好文艺，亦出于天性，但须有以养之。熏习既久，自能了解，且未责汝以义理之精微。若于文艺能有所解，亦可免于俗也。今学校之教，略不知此，故令汝曹少启发耳。观汝曹于诵诗习字，亦尚知好，因告汝以此，汝曹其勉之。书示弥甥慰长、镜涵。癸未秋九月，蠲叟。

【编者评述】 此信中马一浮回忆"吾八岁初学为诗，九岁能诵《楚辞》《文选》"，并具体举了十岁应声立就的一首五律。但重心在于示知二甥："观汝曹颖悟似不如我，然幼慧不必定佳，古人多重晚成，但勿安于流俗，气质亦自可变。今汝已及志学之年，勿更荒嬉废日矣。"又云："凡人好文艺，亦出于天性，但须有以养之。熏习既久，自能了解，……若于文艺能有所解，亦可免于俗也。"

一九四四 _年

:: :: **张立民**

一九四四年九月十一日

今之学校，犹昔之科举。自唐宋以来，士子无不应科举者。子弟有志入学，亦何足为病？但由儒术不明，故令学校、科举同为俗学，汩没人才，此后之为教者所宜知反耳。昨日星贤有书问人情物理与世故之别，答书颇为分析，曾见之否？甲申七月廿四日。

【编者评述】　"今之学校，犹昔之科举。"应科举、入学校，不足为病。"但由儒术不明，故令学校、科举同为俗学，汩没人才。"

:: :: **王培德**　星贤

一

一九四四年二月十三日

未刻来示悉，连日饶舌，致成相苦。老夫方自惩多言之失，望诸友勿咎其不恕斯可矣。事来须应，亦是避不得。诸友能学象山于人情物理上多下功夫，异日当思吾言。二月十三日申。

【编者评述】　马一浮对身边学生要求甚严，"自惩多言之失"，但示知学生："事来须应，亦是避不得。"希望"诸友能学（陆）象山于人情物理上多下功夫"。

二

一九四四年七月二十五日

大凡说义理，举即有，不举即无。义理决不在言语，言语直饶说得分晓，全不济事。此在日用间逢缘遇境，不自放倒，随事勘验，自心义理必渐能显现，然后应物无差。但一有自是之念存，则全被障覆，故不能发用而成颠倒，徒增烦恼。只在日用上恒思尽分，尽得一分便有一分受用。所以造次颠沛必于是，不是难事，但切勿自许为已能日月一至便休。此最是障也。七月廿五日申。

【编者评述】 　此信虽短，但对义理之学实紧要。一、义理决不在言语，而在日用间不自放倒，随事勘验；二、不可存自是之念，否则全被障覆，且成颠倒，徒增烦恼；三、不能以偶尔做到为是，此最是障。

三
一九四四年八月三十一日

吴竹园书殊不泛泛，自书院刻书，能著眼而自具认识者，仅得此人。然彼自是好仙道者，非能为经术之儒也。古之外道无不读书，若论神仙家，若葛洪、陶弘景，皆极博雅。今不独儒书束阁，即好外道者亦只求单传口诀，不解读书，故无往而不自安下劣，真可慨也。八月卅一日申。

【编者评述】 　吴竹园虽好仙道，但学问甚好。马一浮由此感叹，"今不独儒书束阁，即好外道者亦只求单传口诀，不解读书，故无往而不自安下劣"。

四

一九四四年

两贤书并至。午前与星贤泛论，不觉怛怛太过，亦自病其激切，非巽语之言，令人寡欢。贤辈犹能受之不以为忤，斯固朋友相爱之道也。若以为拂于人情，吾亦自承其过。孔子于宰我，发"今吾于人也，听其言而观其行"之叹。贤辈且勿多为自咎之词，须求日用间相应始得。同在流离，各已老大，吾今未能杜口，他时或难再闻直言耳。少陵诗云："江边老翁错料事，眼暗不见风尘湾。"时局之危，有甚于此者，而昧者方偷安侥幸。即此一念，便足亡国而有余。但愿吾言不中，吾辈或尚可存身。若自己身心尚安顿不下、约束不来，就令有所凭藉，亦成不得一事，况在塞难而能济乎？廿四日申。

【编者评述】 与学生泛论而动感情，怛怛太过，自病激切，不够和缓。马一浮希望"贤辈且勿多为自咎之词，须求日用间相应始得"，强调"若自己身心尚安顿不下、约束不来，就令有所凭藉，亦成不得一事"，更何况在塞难之时。

:: :: **刘锡嘏** 公纯

一九四四年四月九日

公纯足下：

去冬得书附来四问目，久未置答。前月得继示，知移住市区。沈先生来，备闻近履，复承齿及贱降，先后馈遗稠叠，何德以堪之？所以不敢固却者，厚意不当拂，然若尔后尚有余年，更勿以是见施。祝贤亲见法身，定知如来寿量，春秋不涉，诸供养中，法供养最，更不须世财也。

来问有未惬鄙意者，在一"觅"字。洞山云：悟即不无，已落第二头。就己犹然，何况从人觅悟？今贤第一问便向老夫觅悟缘，不辞为贤说，只恐将来悟后笑我，宁可此时遭贤怪，却不相妨。第二问谓不觅又争得？此是贤实语。"但向己求，莫从他觅"，古德言句，总是一时对机方便，悟后一字用不著。但可藉此引起疑情，切莫向他言句上觅，转觅转远。忽然捉得自家鼻孔，方知死尸原是活人，到此方不被天下老和尚舌头瞒也。

三关之说，自古无之，清世宗选语录，自述悟缘，乃大张三关，其实杜撰，勿被他瞒。至黄龙三关，所谓佛手、驴脚、生缘者，乃是举以勘验学人，并无初、中、后之异。所言大悟、小悟者，亦大慧呆败阙处。大抵乍有省发，如言曾点、漆雕开，已见大意，尚未透脱，故有重悟之说。末后一句，始到牢关，把断要津，不通凡圣，到这里三世十方一齐坐断，岂复更落阶级次第？若准教义，正是志圆至顿，不须更觅甚圆顿教。

大凡言教，总是别峰相见也。若水不洗水，金不抟金，无有一法与汝为缘为对，更不用说道理，谈玄妙，只是一切平常。但见虽齐于诸圣，日用行旅，大有事在，不是一悟便休耳。"识法者惧"，古人十度发言，九度休去，诚恐人将作道理解会，反成系缚，故谓：百千玄妙，不如一句无义味语。到后来举著无义味语亦成窠臼。即如赵州柏树子话，觉铁嘴闻人举著便道："先师无此语，莫谤先师好。"岂如今人牦牛爱尾，自己顶上戴铁枷不肯卸，转与学人安枷锁邪？故曰："亲者不问，问者不亲。"然又不可绝却言语，只是应病与药，病止药亡，何劳重举？只此答来问已竟。这一络索总是葛藤，逢人切忌举似，转见不堪也。贤自勘今在市区与在歌乐山时有异否？来书谓将于闹处磨炼却是，须知静处闹处只是一般妄生分别。然对境施为，须是应缘不错始得，到这里亦与言句无涉也。

书院事不足言，问沈先生便知崖略。吾今退处无为，不再仰食于人，只图鬻书暂活。世间事始谅终鄙，向来如此，争怪得人？吾只不合学南泉向异类中行耳。沈尹默先生去年在成都晤谢鲁庵先生，曾和一诗，交谢先生见寄，又助刻赏，仆寄诗谢之。贤近来亦曾晤及否？若晤时，为我道念。别纸写春游五言一首奉赠。又去冬草诗自序亦奉一本。世谛文字，亦不足深留意。若尹默先生见问，可以示之，勿与不知诗者看。物候渐暄，诸唯慎卫，暇答数行，不具。浮顿首。

【编者评述】　马一浮以为，一旦提"悟"，便已是预设了一个东西在，不是空了，故"悟即不无，已落第二头"。但要意识到这一层，又须讲悟，此为不得已。讲悟，不讲"觅"。讲觅，便又落一层，容易引人向外求，故强调"但向己求，莫从他觅"。马一浮强调，"古德言句，总是一时对机方便，悟后一字用不著"。此外，开悟不存在什么"三关之说"，所谓的层级只是"举以勘验学人"。悟便是悟，不悟便是不悟；志向圆满则自然顿悟，不是别有什么完美的顿悟法，"正是志圆至顿，不须更觅甚圆顿教"。此外，言教总是不断面对新挑战，作出新回应，"别峰相见"，体验者不必陷于其中，因为没有一种说法是完全针对自己的；另一方面，一旦由某一种言说获得启悟，便须将它放下，否则反成束缚。总之，"不可绝却言语，只是应病与药，病止药亡"。马一浮更举刘锡嘏身处闹市与静处为例点示："须知静处闹处只是一般妄生分别。然对境施为，须是应缘不错始得，到这里亦与言句无涉也。"关键终在日用上把握。

一九四五_年

∷∷ **张立民**

一九四五年七月十七日

立民、士青两贤同览：

　　贤辈到安谷后来书均得见。知写书甚勤，食住差安，良慰。十一日两贤书至今日始到，捡邮局乐山戳子为十二日，是十二日已到邮局，乃逾六日而后捡出，如此稽搁，可异。其小有未便，如士青因蔬食太单调至胃纳欠佳之类，可设法调剂，当无大苦。两贤俱每日及三千字。习久熟炼，必不觉吃力。至所抄之书，义或未解，决不可心存厌倦。当知日睹未见之书，宜生欢喜。象数之学，至赜而不可乱，康节唯能精于此，故有洒落自得之趣。士青喜读《击壤集》，宜思邵子何故能乐。今绎其遗义而反苦之，何也？立民极称颍滨《诗》传文字。须知古人说诗，各有其得力处。温柔敦厚之旨，当反之自心，看能体会到甚处？若有一豪刚忿，则遇物扞格，去诗教远矣。以仆自验过去，每日读书作事，遇人接物，无时不是下功夫处。但随事自反而求义理之所安，自然于境界之适与不适不生计校，何处不可进德修业，何事非自受用处？甚望贤辈能体味斯言，自必渐能不觉其苦而有进矣。且于所抄书决不可先存捡择之成见。若人多书多，分配岂能一律？必若各择其所好，则无事于仆之选定矣。

附去书目一纸，俟两书将抄毕时，可请欧阳先生预为检出，下月如吴林伯、张知白能来，便可分抄。至两贤续抄之书：立民可抄《诗童子问》；士青可抄《观物篇解》。此二种毕后，再由仆为贤辈选定。抄成者宜送院装钉备阅。钟山先生已罢滇行，俟董会电聘，便可到山，届时当偕往安谷一视贤辈。多雨甚凉，诸宜珍重，不悉，浮白。

应请续检书目

经部诗类：《诗童子问》十卷　宋　辅广

经部礼类：《周礼新义》十六卷　宋　王安石

子部儒家类：《丽泽论说集录》十卷　宋　吕乔年编

　　　　　　《迩言》十二卷　宋　刘炎

　　　　　　《朱子读书法》四卷　宋　张浩、齐熙同编

子部术数类：《〈数学·观物篇〉解》　宋　祝泌

以上六种请随时捡出，以便继续分抄。

【编者评述】 前人常有读书不如抄书的说法，此信马一浮与学生谈抄书。"习久熟铢，必不觉吃力。至所抄之书，义或未解，决不可心存厌倦。当知日睹未见之书，宜生欢喜"。抄书时应细加体会，如此"自必渐能不觉其苦而有进矣"。马一浮具体以例说明，比如，"象数之学，至赜而不可乱，（邵）康节唯能精于此，故有洒落自得之趣。士青喜读《击壤集》，宜思邵子何故能乐。今绎其遗义而反苦之，何也"？又比如，"须知古人说诗，各有其得力处。温柔敦厚之旨，当反之自心，看能体会到甚处？若有一豪刚忿，则遇物扞格，去诗教远矣"。马一浮自言心得："以仆自验过去，每日读书作事，遇人接物，无时不是下功夫处。但随事自反而求义理之所安，自然于境界之适与不适不生计校，何处不可进德修业，何事非自受用处？"

∷ ∷ 王心湛

一九四五年九月二十九日

心湛老友足下：

积年音问梗阻，空山寂寥，非复人境。比闻强寇自却，邮讯渐通，日望故旧书至，而以贤九月十六日航信为最先。发函伸纸，喜可知也。君子之道，或默或语，穷居讲习，乃处乱之常。其效不在一时，唯求尽己，乃可及人。暗然日章，行所无事，庶乎免于今之世。切宜远于标榜，不居讲学之名，而有讲学之实。期于泯然无迹，而体物不遗，乃为得之。来书所举心斋之言，亦只是具一只眼。愿贤百尺竿头，更进一步，是区区之所望也。闻新复诸地尚未宁帖，虽归思甚切，犹未知所以为计。又书院相从诸友，义不能使各自为谋，故下峡之期尚待缘合。若幸来春得遂所期，过沪当与贤作十日谈，以慰契阔。未晤以前，时盼来示。唯珍重，不悉。浮顿首。

附　示王培德等

心湛好与后生讲阳明之学，阳明学亦当从躬行体验入，而心湛乃以杂志导之。恐后生唯务口说、堕标榜，故因其来书，颇与箴砭。心湛年已六十，吾已悔其言之晚。此书前半段言虽约，颇有义，可嘱羽翔录底存之。

【编者评述】　王心湛好阳明学，大概对王艮（心斋）特别有心得，心斋是阳明门下著名弟子，好标榜，故马一浮不仅提示王心湛，而且专门转示王培德，强调："阳明学亦当从躬行体验入，而心湛乃以杂志导之。恐后生唯务口说、堕标榜，故因其来信，颇与箴砭。"马一浮针对王心湛喜讲阳明学，在信中讲了他以为"言虽约，颇有义"的一段话："君子之道，或默或语，穷居讲习，乃处乱之常。其效不在一时，唯求尽己，乃可及人。暗然日章，行所无事，庶乎免于今之世。切宜远于标榜，不居讲学之名，而有讲学之实。期于泯然无迹，而体物不遗，乃为得之。"

:: :: **王准** 伯尹 白尹

一九四五年九月二十九日

伯尹足下：

八月廿九日南温泉来书，逾半月始至，盖因九月初大水路坏，邮电均阻也。知已辞东北就边疆，去住随缘，但自处以义而不徇人以取容，何往而不可？寇虽退而境未安，闻新收复诸地，俱未宁帖。东归犹尚需时，羁旅中且宜自宽。书院东迁，须待董事会计划，仆乃无能为役。以私人言，无论求舟车不可得，且无以为道路资粮之备。去卫返鲁，在今日乃为虚言，只能少安，俟时而动耳。理有往复，物无成坏。愚者执之，则触涂成碍；智者妙观，则一相齐平。但除人我之私，自无违顺之异。然不得坏世间相，日用间唯求尽己分。凡事各有个是当处，逢缘遇境，顺理而行，自然能渐脱习气缠绕，一切爱憎计较无自而生。所谓"君子安处善，乐循理"者，此之谓也。寄来诗文俱留览，不复寄还。承欲于来篇字句之间加以绳削，今实未暇。所以答贤者，不徒在文字之末而已。濠上屋已为水坏，暂移尔雅台，乃似巢居。忽忽过冬天，冀于明春得遂归计，亦殊未能逆睹耳。旧疾想已全除，渐凉，仍宜慎卫。因暇以书见及，足慰岑寂。不宣。浮白。

附　致书院办事处诸友

顷答伯尹一书，亦是对治悉具，送与贤辈一阅。

【编者评述】　抗战虽然胜利，但个人仍处于动荡之中，如何"君子安处善，乐循理"？马一浮讲："去住随缘，但自处以义而不徇人以取容，何往而不可？……理有往复，物无成坏。愚者执之，则触途成碍；智者妙观，则一相齐平。但除人我之私，自无违顺之异。然不得坏相间相，日用间唯求尽己分。凡事各有个是当处，逢缘遇境，顺理而行，自然能渐脱习气缠绕，一切爱憎计较无自而生。"

一九四六_年

∷ ∷ **吴敬生**

一九四六年二月四日

敬生老弟足下：

十二月廿一日付平快一信，计可达。顷得廿八日来示，闻将有济南之行，未知何时始得相见于杭州？未行以前，颇望有暇再有寄示。董会开会后，仅得一电，亦尚未闻其详。贤离渝后，基金保管总干事拟交何人代理，想必与沈敬仲先生熟商。至仆私人小款，月息有限，尽可滚存，无须汇来。但请贤于临行前将存款单据及所兑存之金，均面交沈敬仲先生代为保管，以便东归时到渝取用。盖仆近年鬻字所入，仅供日用，归途资斧不能自办，故必附书院乃得成行。届时将不名一钱也。书院前途赖董会与基金保管会善为之，仆实无能为役。所望于董会诸公者，但欲助我东归，别无余愿耳。毅成留渝，久暂如何？东北之行，何时发足？渠亦仅有一电，简略不详。贤近月以来，亦似较忙。

仆观古之儒者，无论出处语默，动静闲忙，只是一致。应事接物，从不怕多，所谓居敬则行简。只缘心气安定，思虑自然详密，义理充沛，用之不竭。故事虽多而无失，日应万几，其本领只在唯精唯一，无他奇特也。今时通病，只是以散乱心读书，以散乱心应物，故不能得力。无事时且不免胸中扰攘，义理无由得明；有事时则喜怒为用，计较横生。以是而求其简，宁可得邪。此是泛论，然亦是良药。因贤颇有乐简恶繁之意，聊为一发之。留取他日证验，或以吾言为不谬也。手此顺颂潭吉，不宣。某顿首。丙戌一月三日。

【编者评述】　吴敬生是马一浮门下具体做事的人，故常陷于事务之中，马一浮信中示知身忙心闲的工夫："仆观古之儒者，无论出处语默，动静闲忙，只是一致。应事接物，从不怕多，所谓居敬则行简。只缘心气安定，思虑自然详密，义理充沛，用之不竭。故事虽多而无失，日应万机，其本领只在唯精唯一，无他奇特也。"无论忙闲，时间对于每个人都是一样的，忙与闲看起来是事的多少，其实却是自己的心境；无论怎么忙，事情也总是一件一件地做，做事又自有事情的道理，循理而动，急也没用，因此心境自然平和；而做事情最重要的道理，就在公与私的处理，公是事情本身的道理，私是个人利益的计较。马一浮讲："今时通病，只是以散乱心读书，以散乱心应物，故不能得力。无事时且不免胸中扰攘，义理无由得明；有事时则喜怒为用，计较横生。以是而求其简，宁可得邪。"马一浮这番点示，似乎是"泛论"，但用心体会，其实"亦是良药"。

一九四七年

:: :: **王准** 伯尹 白尹

一九四七年

　　详《乐记》"音之所由生，其本在人心之感于物"一节，举哀、乐、喜、怒、敬、爱六心所感，其声不同，终之曰："六者非性也，感于物而后动。"此明感在声先。下文是："故先王慎所以感之者。"以礼乐刑政合说，皆所以同民心而出治道。今所举"民有血气心知之性，而无哀乐喜怒之常"一节，义与上文相应。所谓"应感起物而动，然后心术形焉"。下举六旨亦是平列，"思忧""康乐"云云者，此明感在声后，乃告作乐者慎其所以感之者耳，初未就存养之功言之也。其下"土敝则草木不长"及"奸声感人而逆气应之"两节，其说自然感应之理尤明。

"是故君子反情以和其志，比类以成其行"至"使耳目鼻口心知百体，皆由顺正以行其义"，方说到存养之要，承上文"正声感人而顺气应之"而言。"然后发以声音"至"天下皆宁"，乃是结"顺气成象而和乐兴焉"之义。其文义大段脉络如此，非如来旨以"康乐"为"思忧"之反，及先之以"刚毅"云云也。凡说经，须与本文相应，勿添出枝节。此六者皆言其应而非感，且无展转生起之义。如"乐之所至，哀亦至焉"之谓，与此全不同也。以上就《乐记》大略消文竟。来旨特重刚毅，谓在敬先。此亦未是。若就功夫言，敬可至刚毅，刚毅不能生敬。刚者无欲，毅者强忍；谓为敬之效验则可，如程子云："敬则自然和乐。"亦可变言"敬则自然刚毅"。谓为敬前先须刚毅则不可。若就气质言，刚毅是美质，然养气功夫则在敬。孟子曰："其为气也，至大至刚，以直养而无害。"然是气是集义所生，集义功夫在"必有事焉"。"勿忘""勿助"则是敬摄，非如来旨所谓"好善恶恶之一念即是刚毅"也。如曾子有刚大之气，其功夫只在"三省"。贤若能体验，久久自可得之。欲作意为刚毅，亦不可得也。此乃就贤意申晰，初与《乐记》文义不相涉耳。其余连日晤语亦多可触发，不劳多举。盛暑挥汗奉答。不悉。

【编者评述】　此信就《乐记》的"文义大段脉络"的梳理，示知"凡说经，须与本文相应，勿添出枝节"。马一浮以为《乐记》的脉络，首先是说明哀、乐、喜、怒、敬、爱这六种情绪反应（六心所感）只是"感于物而后动"，不是人性本身，因此"作乐者慎其所以感之者耳"，礼乐刑政也是如此，应该"同民心而出治道"。然后是说明"存养之要"，"反情以和其志，比类以成其行"，从而"使耳目鼻口心知百体，皆由顺正以行其义"。最后是由此达到"顺气成象而和乐兴焉"。针对来信所提的"刚毅"与"敬"的关系，马一浮指出："若就功夫言，敬可至刚毅，刚毅不能生敬。刚者无欲，毅者强忍。""若就气质言，刚毅是美质，然养气功夫则在敬"；而养气功夫，马一浮引孟子思想，"气是集义所生，集义功夫在'必有事焉'"，"'勿忘''勿助'则是敬摄"。

一九四八年

:: :: **刘世南**

一九四八年

辱书见贤者胸中所蕴有异于时人，且过示执谦，乃欲远道相即，自居参学之列。虽嘉贤者好善之切，恨仆非其人也。书院在今日已同疣赘，非特无以待学人，即刻书亦将辍矣。仆罢谈已久，向时学子俱已星散，无复有讲习之事。仆既引去，不日将谋结束，敢劳千里命驾？及今犹可中止，幸免道路之忧。相见有缘，或当俟诸他日耳。大著《庄子哲学发微》，独具只眼，诚不易及，其间抑扬似或少过。仆虽未足以知之，私谓足下既揭天人之目，合下便可略于人而详于天，庶可与庄子同得同证。凡言皆寓，不可为典要也。

至无己、无功、无名之义，唯佛氏三德、三身之说颇近之。若拟以今之社会主义，无乃蔽于人而不知天，恐非庄子之旨。一管之见，欲仰劝贤者稍稍涉猎《镫录》，留意禅宗机语，直下扫荡情识，必可与《庄子》相发。如啮缺问王倪，四问而四不知，乃是绝好公案。于此荐得，决定不受人瞒。未知贤者亦有乐于是否？不敢孤负下问，故不避怪责，聊贡刍荛。若其无当，置之可矣。诗以道志，亦是胸襟自然流出，然不究古今流变，亦难为工。须是气格超、韵味胜，方足名家。足下才高，向后为之必益进。见示诸稿已谨藏之，即不附还。老年目昏，仅能作简语奉答，幸恕其率易。不尽。

【编者评述】 刘世南《庄子哲学发微》"既揭天人之目，合下便可略于人而详于天，庶可与庄子同得同证"。所谓"略于人而详于天"，便是要就自然的道理上去理解，而不拘执于庄子所讲的话语，须知"凡言皆寓，不可为典要也"。刘世南以庄子的无己、无功、无名比之社会主义，马一浮指出这正是"蔽于人而不知天，恐非庄子之旨"。马一浮认为，"无己、无功、无名之义，唯佛氏三德（思德、断德、智德）、三身（法身、报身、应身）之说颇近之"；建议"稍稍涉猎《灯录》，留意禅宗机语，直下扫荡情识，必可与《庄子》相发。又言及，"诗以道志，亦是胸襟自然流出，然不究古今流变，亦难为工。须是气格超、韵味胜，方足名家"。

一九五〇年

:: :: **云颂天**

一九五〇年三月八日

颂天贤友足下：

　　立民、石君转来二书，得详近状，良慰！世事无常，隔阔弥久，相见无日，能不怃然？众生业力难思，三毒所感，苦报不可胜言。以今观之，对治法门当以三论为要，而《百论》破外见尤切，嘉祥疏亦以《百论》为最精。下劣所执，不堪一击，惜贤辈俱未能致思耳！膺中所惠能转着不？晤时为道念。梁先生是否返蜀？熊先生闻已赴京，想时通问。仆智浅悲深，无心住世，所欠者坐化尚未有日耳。他无足言，诸希珍重不宣。浮白。旧历庚寅惊蛰后二日。

【编者评述】　马一浮感叹："众生业力难思，三毒（贪、嗔、痴）所感，苦报不可胜言。以今观之，对治法门当以三论（《中论》《百论》《十二门论》）为要，而《百论》破外见（《百论》的方式是唯破不立）尤功，嘉祥（吉藏）疏亦以《百论》为最精。"

∷ ∷　**蒋国榜**　苏盦

一九五〇年四月十二日

苏盦老友足下：

　　辱书并以贱降致馈，雅意殷拳，良厚良厚。"新政征敛苦，急甘为怨府"，殆所谓"匹夫无罪，怀璧其罪"。无理可喻，无言可伸，但有嗟叹。唯以义命自安，顺受而已，勿过忧损。昔庞道玄自舍珍御，沈之于江，而身鬻漉篱以供朝夕，洒然不改其乐，举家化之。真旷士之楷模，虽有桀、跖，岂能困之哉！书院未了公案，无法安顿，微贤高谊，则壁中之简已为炊薪。承示约草已与冯兄面洽，稍稍增定数语，今以一份寄贤，一份寄毅成，请再合勘，便加签印，仍畀冯兄，完此美举。虽虎兕在侧，终不废我铅椠。天相名园，异日当谋共数晨夕。目前纵望而却步，彼当终不能为夺舍之计也。有论义五言一首，颇可荡涤烦

恼，并禊日罢饮一律，兹并录呈，藉以为谢。又小词二
阕，则系手稿，并附一览，或助忘忧。仍盼惠答，不具。
浮顿首。庚寅二月二十六日。

【编者评述】　蒋国榜（苏盦）小马一浮十岁，1947年
始从学于马一浮，1950年夏起，迎马一浮于西湖边的别业蒋庄
居住。身处易代变革之际，马一浮宽慰、开解有钱有产的蒋国
榜："'新政征敛苦，急甘为怨府'，殆所谓'匹夫无罪，怀
璧其罪'。无理可喻，无言可伸，但有嗟叹。唯以义命自安，
顺受而已，勿过忧损。"

一九五二年

:: :: **云颂天**

一九五二年二月二十日

颂天贤友足下：

　　得初四日书，远劳存注，良荷。忆去年曾写小诗奉寄，今来书谓经岁不得问，岂未至邪？吾自庚寅夏，移居苏堤定香桥蒋氏别业。主人蒋苏龛，谨厚士也。丁亥始及吾门，性好文艺，笃于朋友，故迎吾居此。坐卧一小楼中，山色湖光，四时在目，颇适野性。其地小有花木，任人游览，因划为风景区，故尚得保留。吾目不窥园，足不下楼，各不相碍，所苦者唯寂寥耳。旧时从游，都已星散，各不相闻。入此岁来，吾年已七十矣。目力大坏，已不能作小字，灯下不复能看书，乘化归尽之期或不在远，更无余念。贤辈大都俱为生事所累，然闻道不在早晚，苟不以饥渴害志，旧学尚未至禁断，何患不能读书？熊、梁二先生颇常通书否？动定亦希以时见告。来书可径寄蒋庄，勿再寄郭家河头也。壬辰雨水节，浮白。

【编者评述】 马一浮时年七十，"目力大坏，已不能作小字，灯下不复能看书"，他讲："贤辈大都俱为生事所累，然闻道不在早晚，苟不以饥渴害志，旧学尚未至禁断，何患不能读书？"并没有因时而改变自己的思想。

一九五七年

∷ ∷ **沈尹默**

一九五七年

惠书承语时贤留意朱子之学，儒术方为世所绌，微仁者不闻是言。盖经世之宜，各有所适。儒者务在修己，今乃急于治人。科学极旨，谓能尽物之性，而不知尽己之性。故不与格物，难与诚身。若夫本末兼赅、物我无间，而后可臻于大同，盖犹有俟。仁言虽未必取信于一时，其必有饶益于来者，可知也。浮绝学捐书，自比方外，形体日敝，友朋日疏。每于报端时见鸿笔，益征神明之秌，叹其弗及。啬庵亦久未通书。盛寒，唯颐卫多祜，远慰怀仰，不一一。浮再拜。酬六言，用容韵。

【编者评述】 "儒术方为世所绌"，马一浮以为："盖经世之宜，各有所适。儒者务在修己，今乃急于治人。科学极旨，谓能尽物之性，而不知尽己之性。故不与格物，难与诚身。若夫本末兼赅、物我无间，而后可臻于大同，盖犹有俟。"五四新文化运动以来，科学已成为信仰，马一浮指出其中的根本问题是"不知尽己之性"，因此他坚信，儒者"仁言虽未必取信于一时，其必有饶益于来者，可知也"。

一九五八^年

:: :: **沈尹默**

一九五八年一月

续教拜惠佳篇，叹美无致。高论自具先见，然愚心犹有疑者。今时措之宜，乃在工业化，所需者莫先于科学技术。若为之称道儒术，不重知识而贵德性，则闻者掩耳矣。管商进则孔墨退，尚力与尚德，不可同日而语。开物成务为亟，斯穷理尽性为迂。故可语显，难与入微，此亦物之情也。窃谓马列之最终目的，在国家消亡论。其言甚美，《礼运》无以过之。儒者所祈向，在使万物各得其所，其致一也。果使共产主义社会实现，则齐变至鲁，鲁变至道，儒术亦何所用之？或与希腊哲学同科，不废专家研讨，然非今日之事明矣。若夫河清可以力致，此机械之效，固非理论可期。儒者用舍行藏，无所加损，其不为某一阶级服务至明。道者天下所共，非由一家所得而私。儒术虽废，亦何所憾？"天下有道，丘不与易。"使今之持世者，用是道感人心而天下和平，决非虚语，又比河清为可喜矣。微来教无以发其狂瞽，幸勿为不知者道也。书院曩刻先儒书至少，雕板束阁，未即烂坏。然此类书无人问津，版片亦无可付托。如有人任流通古籍之事，犹重视木刻，不嫌其陋者，自可与之。但须主其事者来杭面商，辇之以去。童蒙求我则可，我求童蒙则不可耳。佳篇不可虚辱，更赘四绝，录呈四绝，录呈一笑。一时好语被公搜尽，今唯趁韵，却少意味也。赢懒常废笔砚，今雪后晴暄，辄就来教疏答，不觉乱冗，幸恕其荒率。顺候春祺不具。旧历腊月廿二日。

【编者评述】 马一浮深知近代以降中国的现代化已完全追步于西学，因此他对于儒术的现代命运也有深刻的洞见，"今时措之宜，乃在工业化，所需者莫先于科学技术。……开物成务为亟，斯穷理尽性为迂。故可语显，难与入微，此亦物之情也"。此外，马一浮早年曾读过马克思的著作，并带回《资本论》建议谢无量翻译；他认为在终极意义上，马列主义与儒术是一致的，"窃谓马列之最终目的，在国家消亡论。其言甚美，《礼运》无以过之。儒者所祈向，在使万物各得其所，其致一也"；"果使共产主义社会实现，则齐变至鲁，鲁变至道，儒术亦何所用之"？"儒术虽废，亦何所憾"？但他既不认同"河清可以力致"这样的机械论，也不认同阶级分析的立场与方法，强调"儒者用舍行藏，无所加损，其不为某一阶级服务至明"，因此，他对马克思的评定始终是认为对资本主义批判有力，而对社会建设无益。

一九五九年

∷ ∷ **云颂天**

一九五九年二月二十八日

颂天老友：

　　辱书存注，深慰阔怀。随分教学，应缘无碍，甚善。唯头痛旧疾未愈，良念。河北医外治方，想试之，尝有效也。吾衰已久，罕接人事。湖居往往经月不入城市。沈骥士有言"吾虽未能景行坐忘，何为不希企日损"，斯言吾实近之。去年患目疾，视物易位，因自题其壁曰："离形去知，收视返听；捐书绝学，息虑忘缘。"用以自省。贤若欲知吾近状，观此数语足矣。熊先生著书不辍，想时通问。立民在武昌华中师范，亦经年不得书。公纯在此无恙。旧友中唯王星贤曾来杭相视，*星贤留北京以译书自给。*

余俱散处四方。缘会靡常，自然之理，无足萦怀也。方春犹寒，诸唯珍重，不悉。浮白。旧历己亥正月廿一日。

【编者评述】　时年七十七，因患目疾，自题其壁："离形去知，收视返听；捐书绝学，息虑忘缘。"信中又引南宋齐间德清沈鳞士语，同样表达"希企日损"。虽然有年迈体衰的原因，但显然更主要是精神上对时代不认同，彻底归隐。

一九六二年

::: **梁漱溟**

一九六二年四月三日

漱溟先生侍右：

　　星贤来，辱手教，见示尊撰《熊著书后》。粗读一过，深佩抉择之精。熊著之失正坐二执二取，骛于辩说而忽于躬行，遂致堕增上慢而不自知。迷复已成，虚受无□，但有痛惜。尊论直抉其蔽而不没所长，使后来读者可昭然无惑，所以救其失者甚大。虽未可期其晚悟，朋友相爱之道，固舍此末由。亦以见仁者用心之厚，浮赘叹□□。夫何间然。尊稿仍嘱星贤奉还。草草附答，敬颂道履贞吉，不宣。浮顿首。四月三日。

【**编者评述**】 熊十力晚年著《体用论》《明心论》《乾坤衍》等书，梁漱溟有持论甚严的批评，马一浮表示认同，并因其著作而论及熊氏的问题，"熊著之失正坐（法我）二执二取（所取与能取），骛于辩说而忽于躬行，遂致堕增上慢而不自知。迷复已成，虚受无□，但有痛惜"。作为现代新儒家的三圣，马一浮（1883–1967）、熊十力（1885–1968）、梁漱溟（1893–1988）的思想与行履各不相同，细心体会，实富意味。

一九六三_年

∷ ∷ **陈毅** 仲弘

一九六三年十一月十五日

仲弘副总理阁下：

  不接杯酒，遂隔三年。侧闻体国至公，示民大信，远人慕义，殊俗归心。良由辅相之宜，益仰贤良之著。风猷所被，诵美同深。顷者海会宏开，群彦云集。浮亦忘其笃老，随众俱来。冀因宾退之余，复奉燕闲之对。曲承雅厚，足慰衰残；幸值明时，愧无献纳。亦有鄙怀，欲稍陈白，愿垂省览，不咎其渎。窃唯国家文教设施有取于艺术，书法虽末，亦在艺术之科。某少好金石，粗知碑帖源流，笔势利病；但学之未精，年逾耆艾，始少有进。六十以后临摹所积，尚百余册，众体略备，自余杂书屏连手卷等亦二百数十件，俱未装池。陋不自揣，差比雕虫，虽未足供专家评鉴，或者披沙简金，择付景印，以贻后学，亦可少助临池。不敢谬希著录，附于文物保管之列。谨别具草目，悉数捆载以进。如何措置，悉听平章。若付之司存，俾加甄采，以示陶铸之广，无弃秕糠；埃露之微，咸归海岳。是使流萤爝火，上与日月分辉；鸟迹蜗涎，不随草木同腐。其为嘉惠，何幸如之。率尔陈词，颙然待命。敬颂尊候禔福，不宣。马浮谨上。别附拙句一篇，并希莞正。一九六三年十一月十五日。

《蠲戏斋临池偶存》简目

初编八集：甲四册，乙九册，丙十二册，丁五册，戊二十册，己九册，庚十六册，辛八册，共八十三册。

续编四集：甲十册，乙十册，丙六册，丁八册，共三十四册。

以上共计一百一十七册，分装"蠲戏斋丛帖"木箱两扣。

《蠲戏斋剩墨》草目

谨案，谱录旧例，分类标题下应录所书文字，出其来历，以示不苟。又纸幅尺寸，亦应详书。今因临时编录，不及细检，仅列种类件数，其中各种字体，未及一一分别注明，览者谅之。

一、榜书类，共计六件；二、堂幅类，共计十件；三、条幅类，共计六十五件；四、小单条类，共计三十八件；五、横幅类，共计五件；六、屏条类，共计三十八件；七、楹联类，共计六十八件；八、手卷类，共计七件。以上八类，共计二百三十七件。

【编者评述】　新中国成立后，马一浮颇得陈毅关照。晚年马一浮将六十以后所临及书写的各体书法作品二百多件，委托陈毅捐献国家。马一浮认为："唯国家文教设施有取于艺术，书法虽末，亦在艺术之科。"并自谓"某少好金石，粗知碑帖源流，笔势利病；但学之未精，年逾耆艾，始少有进"。

一九六六_年

:: :: **王培德** 星贤

一九六六年三月十一日

贤手战，似不宜多作字。写字实费筋力，不如多习太极拳，或可使血气流通。服药欲达于四末，殊不易也。丙午旧历二月二十日。

【编者评述】 马一浮极擅书法，并通医术，他以为，写字费筋力，手抖不宜写，且服药也难以对四肢末梢有效，而建议"不如多习太极拳，或可使血气流通"。

一九六六年四月三十日

芳远仁者慧鉴：

　　来书并见示尊拟《音公本行记》例目，因目障如瞽不能阅览，倩人读一过，粗闻大概，深知仁者用力之勤。然鄙意于全书体例，未敢苟同处颇多。既承下问之切，不当有隐。衰朽垂尽之年，精力已惫，不能具举，勉起自行作答，请约言之。仁者既病时人不免芜杂，自当力矫其失，务求雅正。但举音公行谊荦荦大者即得，不可更涉觊璀。窃谓此类记事文体，当以僧祐《高僧传》及道宣《唐高僧传》为法，以谨严简洁为主，方与音公行履笃实相称，不可稍稍近夸近俗。溢美则近夸，徇俗则近俚。除此二过，方为实录。如时人每好称其出家以前佚事，有似小说，不但非所以重音公，乃反有近于谤，此类宜悉从刊落。如此则仁者此书方不为虚作也。辄附直谅之义，不避触忤，幸虚怀深察，恕其狂愚。老病亦惮往复，并希垂谅。顺颂安稳，不具。湛翁和南。旧历丙午闰三月十日。目录附还。

　　【编者评述】　李芳远撰《音公（李叔同）本行记》，马一浮以为全书体例颇有问题。他讲："此类记事文体，当以僧祐《高僧传》及道宣《唐高僧传》为法，以谨严简洁为主，方与音公行履笃实相称，不可稍稍近夸近俗（溢美则近夸，徇俗则近俚。除此二过，方为实录）。"李叔同出家，实颇得马一浮点示与安排。马一浮对弘一出家以前的行履颇不以为然，以为记录这些，"不但非所以重音公，乃反有近于谤，此类宜悉从刊落"。

未载年月

:: :: **刘雨山**

　　寝疾多暇，辄忆旧书。记向从文澜阁得见前明刘忠愍公球《两溪文集》二十四卷，其书似少传本。忠愍，安福人，在明正德间以翰林侍讲数上封事，皆有体要。后以忤王振下诏狱，卒被害，大节凛然。其文章温雅有法度，颇近杨东里。明公望出安福，忠愍之事宜具载谱牒，不省家集是否流传？伏念忠愍为令族先献，而明公今复旬宣斯土，表章固所宜先，收藏更不可阙，未识丛架有无斯帙？若其未备，似可就文澜阁本借抄，于令族文献不无少裨，傥亦明公所乐闻乎？

　　【编者评述】　刘球是明代英宗时的著名谏臣，江西安福人，有《两溪文集》留世，"文章温雅有法度"，马一浮建议同为安福人的刘雨山将此文集抄出。中国不是宗教文化，人的意义在历史中呈现，故表彰先贤是对后人最大的人生教育。

:: :: **陈子韶**

　　承示为子豪代草《象山祠记》，以文词言，已甚修洁，岂可复议？但来教勤勤，必欲使贡其所疑。不敢有负虚衷，谨以义理推之。谬谓此文但宜叙述祠之创始、沿革及今所以葺治之意。言先贤祠宇所在，系民观感，不可任其陨圮，是有司之责，邦人之志。而于象山学术政事，则可略而不述，以其有如日月之明，不待称颂而显，且亦难于为词。果欲为之，则必于象山之学深能发挥乃有关系，似不可泛然下语。如荷不以为谬，便请再加详定，并可以此意告之子豪。此文但取记事而足，不嫌简短朴质，无事铺张，乃为得体。尊稿有须改易者二处。如末段曰"伯雄忝窃一命，亦求庶几乎荆门之政身体力行"数语，此似近夸，谓或非子豪所安。又首段叙修葺缘起中"祠毁于风，先生裔孙某方欲来告，伯雄适至祠下，遇诸涂，一时闻者以为灵爽，实式凭焉"数语。但云一时闻者以为异，则可，不必言灵爽之凭。盖以圣贤之灵，与天地合其体，无乎不在，不关祠祀兴废。象山大贤也，此言乃有似乎小之。若作山川杂祀神祠之记，则无害也。中段叙祠之创始及徙建，可移置篇首。其下即继叙重修因缘及尊祀先贤之意，而芟其近夸近饰之词。如是则于义理不失谨严，而文章体制亦易入古。僭妄之说，不敢有隐于君子，不知其有当否？

附　为陈子韶改定代周子豪撰《贵溪县重修陆象山先生祠堂记》末段

窃谓先生道学之隆，与日月比曜，夫岂系于一乡一邑之祀。而袁刘诸君子所以区区托报于瞽宗者，岂不以先贤过化所及，濡泽无穷，欲使后之生斯土践斯邑者，瞻仰兴起，庶有以渐复其本心之善而无倍先生之教也邪？相承至于今日，使任其隳废而弗修，将何以远昭典型之寄，近收观德之效？是固邦人士所皇然弗安，而亦当官者一日之责也。伯雄窃用是惧，既幸得与于斯役，亦愿与邑之父老子弟勉思所以对越先生者，而不徒以骏奔庶事为遂能尽其职焉尔。

【编者评述】　陈子韶为周子豪代拟《象山祠记》，虽然文词修洁，但义理不当，马一浮详加指点，并亲为修改。马一浮讲："《象山祠记》……但宜叙述祠之创始、沿革及今所以葺治之意。言先贤祠宇所在，系民观感，不可任其隳圮，是有司之责，邦人之志。而于象山学术政事，则可略而不述。"因为陆象山学术政事，不需要称颂，而思想难以简单说明。此外，先贤祠记不可与"山川杂祀神祠之记"相混淆。

:: :: **汤孝佶** 拙存 兼山 天乐

释藏数部，聊以相奉。足下方苦缘累，吾乃进以微言。亦知名理虚玄，不裨事实，然从上哲人，冥契无为，不系于物，故能泛应而神不亏，欲使忧乐齐观，违顺并忘，无法当情，湛然恒寂。自心受用，道在于斯。

仁者处动不扰，实由天笃。中庸之择，所以成其智用。虽复吾言劣近，敢疑倦于听览而遂匿之？凡人相厚，意所嗜好，犹欲与共，而况大乘法味，可不遗之知德？

《起信》直抉性相，贤首疏、长水记会本最善。三论推明法空。足下般若气分甚深，必可由此证入。《楞严》原始反终，穷神知化，精义出入，直同《易大传》，必披云雾而睹白日，幸留省谛观，有不豁然意解者乎？中唯密咒力用，凡情莫测，不妨暂置，但莫生谤。

憨山《性相通说》，简而易毕，亦不以词朴见菲。余书方便，取导初机，随宜熏习，咸有资益。此虽巨溟一滴，咸味是同。譬华屋当前，要因门入。食少金刚，终竟不消。故虽一句经目，半偈过耳，皆不虚弃。若未暇肆览，宁置束阁。愿勿存异同，致堕疑网耳。达面不具。浮顿首。拙存足下。

【编者评述】 马一浮指出，名理之学，虽似虚玄而无用，但却能使人不为物累，忧乐齐观，实是真正有用的为己之学。又讲，仁是与生俱来，而中庸之德却是依赖于智慧的运用，因此经典足以开启智德。接着便介绍佛教的几种经典："《起信》直抉性相，三论推明法空。……《楞严》原始反终，穷神知化，精义出入，直同《易大传》，……憨山《性相通说》，简而易毕。"经典以外，其他书，"咸有资益"。

:: :: **彭俞** 逊之　安忍　安仁

　　久阙参承，分成乖隔。贤徒再至，自陈与某山长老不幸而有龃龉之事，仁者意不能平。夫修慈忍辱，梵行所先。斗诤瞋恚，恶法宜绝。故先圣刀割香涂，等心无异。不存顺逆，岂有冤亲。昔云居简初继膺公法席，闻主事僧不悦，立时远引。黄龙南以寺灾陷狱，备受楚毒，没齿不言。此真上德风规，人天叹仰。盖三毒净除，八风不扰，驰求已息，衅咎何来？今贤徒之事，或是先业所招，故令魔得其便。正宜从缘省发，痛划人我，悬崖撒手，万事冰消，即转烦恼成解脱道；安可推波助澜，驱使堕坑落堑增其结业邪？是非不系人口而在自心，果其内省不愆，则诬罔之来，有如把火烧天，无所施作，奚必皇皇求谅道路？况法道果隆，自有龙天拥护。今众缘未附，强之何益？身是白衣，岂能横预僧事？公等师资既方外之隽，固宜清净自处，亦当以礼处人。干请之不可为，宁有待于掩耳？已竭愚悫，切喻贤徒；若具善根，合当信受。与公交旧，何能不以道相期？亦推是心施之上足。虑公或犹未释然，故复粗申鄙怀。外致禅林宝训一部，可授贤徒，助发道意。攻取之议，无使复闻。迟日展晤，不具。

【编者评述】 彭逊之的学生来见马一浮，告知与某山长老争执而彭逊之"意不能平"。马一浮告知彭逊之不应也不必生气，"修慈忍辱，梵行所先。斗诤嗔恚，恶法宜绝"。贪嗔痴三毒净除，就足以八风不扰。学生与长老龃龉，"正宜从缘省发，痛划人我，悬崖撒手，万事冰消，即转烦恼成解脱道"，而不是相反，推波助澜，更陷烦恼。

∷∷ **金蓉镜** 潜庐 香严

辱示失子诗，见止慈之德。菩萨视众生如一子地，愿先生因而大之，即入慈行三昧矣。忆《史记正义》引张君相释老子名号云："老子者，是号非名。老者，考也；子者，孳也。言考校众理，达成圣；孳乃孳生万物善化济物无遗也。"按：考校众理之谓，义实曲凿。"考""攷"旧虽同音通假，不可以"攷"径释于"老"。老考子孳，实是古训。

盖考表性具，孳表新成。老即本觉，子即始觉，性修合举，始本不二，故号老子。老言寿量难知，子言妙用繁殖。老是德相，子是业用。依此广释，即同如来。老以会寂，子以明照。故洞上立王子，内绍外绍，皆在偏位，是知正位唯属于考。父南面，子北面，亦此义也。体用一源，理行一致，福智一身，故父子一性矣。张氏得一失一，盖犹未详夫此耳。盖古义乃与洞上宗石霜五位王子之说，若出一辙。求之内外经籍，义尽冥符，盖子孙众多云者，实表福德之聚，故王者广继嗣，即显示广修福德。《孝经》说"续莫大焉"乃同于内绍，此纯明法性边事，非情识所到。然则先生今日失子，依世谛则不无，依真谛则不有。若证法身，眷属无量，异日儿孙遍天下。在此乃诚谛之言，非是聊为譬遣。因本此意率成一诗奉答。雅厚大似偈颂，不由常轨。俟沪上还辕之日，忽若赐鉴，悲忻之情，或可顿易。渐热，伏维清凉自在为祝。

【编者评述】 金蓉镜失子，马一浮宽解。信中对老子名号作了训解，进而说明内外经典，皆以子孙众多为福德之聚，失子虽痛，但望如菩萨视众生如一子，扩大胸襟。

∷ ∷ **龙松生**

累书未报，懒性使然，幸未怪责。知皖游未果，客居不易。生逢乱世，但祈免死。吹箫卖饼，赁舂牧豕，犹可为之。必欲席上之珍以待聘，皋比之尊以为望，是自趋于枯鱼之肆也，甚为贤者惜之。虽曰翔而后集，然满目榛莽，将安适归。若夫采薇蕨、拾橡栗，岂必遂无术哉。仲尼素王，自名执御；大鉴玄悟，乃甘守网。今来书犹不屑为讲师，而必居教授，何其滞于名相也？名之贵贱，俗妄所成。呼牛任牛，呼马任马，于己何加损邪？曩尝告贤以今日谋生，事同力作，居卑苟活，不可以为名高。养贤贵士，岂能期之今人？况我之果贤，亦岂待人之贤我？遁世不见知而不悔，此关若不透过，终无洒落自在分也。吾力不足以济子之厄，使其言尚可纳，或犹足以释子之忧耳。人皆岌岌不自保，孰有闲情，更蓄名画？此事实不能为谋。毅成丧子，不免过戚。然沤生沤灭，二法本齐，惜毅成未明此义。闻其日内复将返杭，贤事当更与商榷，恐不得当耳。某拜启。松生仁兄足下。十一月十五日。

【编者评述】 龙松生"不屑为讲师，而必居教授"，马一浮批评："生逢乱世，但祈免死。"不可滞于名相，"名之贵贱，俗妄所成。呼牛任牛，呼马任马，于己何加损邪"？

颂天足下：

前得书良慰。读书穷理工夫，只是勿忘勿助，久久自然得力，得力便觉省力矣。性外无理，穷理即是尽性，今人以理为有外者，只是知有习而不知有性耳。性、道、教三义，《中庸》最说得明白简易。今唯以随顺习气为道，故于率性相违；以增上习气为教，故于修道益远。率性是尽己，不言尽人而尽人在其中；修道是成己，不言成物而成物在其中。未有徇人逐物而可以为道者，故儒者言求之在己，释氏亦言回机就己，只是这些关捩子而已。性焉安焉之谓圣，复焉执焉之谓贤，言复与执亦是回机就己之意。才有所得，心便是理外矣。大凡身心病痛皆气为之，理则浑然一体，气乃流形殊别。有私己心者，亦是执此气耳。理足以胜其私，斯德足以胜其气。横渠所谓性命于德，则一切气之为病者全消矣。贤脑病必能自愈，此理之可信者。尊阃所患，谢寿田言是行痹，较著痹为轻，但未详形脉，未敢悬拟方药，姑拟一外治方附去，可试之。谢方早已拟就，因未暇作书，迁延至今日始寄，甚歉。言不尽意，诸唯珍重。浮启。三月廿七日。

【编者评述】 马一浮讲："读书穷理工夫，只是勿忘勿助，久久自然得力，得力便觉省力矣。性外无理，穷理即是尽性，今人以理为有外者，只是知有习而不知有性耳。"接着，马一浮对性、道、教作阐明。他指出："性、道、教三义，《中庸》最说得明白简易。"世人"以随顺习气为道"，故与《中庸》"率性之谓道"相悖，习气是外，率性是内；"率性是尽己，不言尽人而尽人在其中"。《中庸》"修道之谓教"，"修道是成己，不言成物而成物在其中"。徇人逐物不可以为道。这在儒家，便是"求之在己"；在佛教，便是"回机就己"。马一浮又讲，理是浑然一体，气是流形殊别，"有私己心者，亦是执此气耳"，而"身心病痛皆气为之"。

:: :: **张立民**

一九四□年

敬方能觉，不可迳释敬为觉。

"独"乃对人所不知而言，若作觉体解，其上更不能著一"慎"字。佛氏所谓"照体独立"者，乃谓不依根境，此别是一义，不可牵附。

先难而后获，未可遽说到简。

念有善、恶、无记。一念而善，可说为觉，不可以念为觉体。阳明指出"知善知恶是良知",方是觉体,何等分明。

敬只是收敛向内,不令外驰,所谓"操之则存"也。存心养性,所以事天,故与尽心知性尚隔一程,其效何遽及此。

敬乃可几于觉,未有不敬而能觉者,不可说未有不觉而能敬者。敬与肆之分,乃所以为觉与不觉之分也。此语俱倒。

何不道"一念不敬便是不仁"?

常惺惺是敬之力用。

力行近乎仁,下功夫只在日用践履上,不在言说也。

【编者评述】 此信似语录,主要论敬与觉。马一浮提出"觉"与"觉体"有别,一念而善是觉,但不是觉体,阳明讲的"知善知恶是良知"才是觉体。换言之,良知是觉体,而觉是良知的活动。觉的实现,有赖于敬,但敬不等于觉。敬是收敛向内,不令外驰,与肆相区别,"敬乃可几于觉"。

:: :: **王培德** 星贤

见示《语类疑义》,手边无此书,无从检阅,不能臆定。唯第六条虽未详上下文如何,所谓"贪狠""廉贞"，乃齐诗翼奉说，可检《汉书·翼奉传》在七十五卷校之。北方之情好，好行贪狠；南方之情恶，恶行廉贞。此条"南""北"二字当互易无疑。五条气血魂魄之说，若欲详究，可取《灵枢·本神篇》阅之。彼谓随神往来者谓之魂，并精而出入者谓之魄，又与此条所下精质字不同。然《系辞》精气为物，游魂为变。精气乃谓气之精者，是形容词而非名词，与此又不同也。其余小小考据稍疏略，似无关宏旨。大凡校刊原则，阙疑无妨，最忌轻于改字，非有确据，不可以主观推测，不必尽求其当，书经传写摹刻，亦不可能无讹误也。

【编者评述】 举"贪狠"与"廉贞"，以及"气血魂魄之说"的例子，指出校刊原则，"阙疑无妨，最忌轻于改字，非有确据，不可以主观推测，不必尽求其当"。

∷ ∷ 袁心粲

凡人苟且偷心，皆不自觉，所谓安也。君子安仁，小人安肆，彼固不知其为肆也。有不自安之情，则不俟终日，乃可语于改过迁善，否则终身由之而不知其为肆，其日用间皆偷心也，哀哉。

"尽吾之诚以安吾心。"要看如何尽法。

"能是则乐，不能则悔，悔则必改之而后快，因此默默自修，颇有与习鏖战之概。"虽似费力，许有困勉之意。

今日所谓教育方针者，不知是何物。"学校青年在教职员一致之教育方针下，非绝对不可语者。"此语谬。

爱人者人恒爱之，理固如是。

敬、信只是一事，不须分疏。

体用一源，如此分疏亦未谛。敬信即仁也，皆从此心流出，才有一毫不敬信，便是不仁。

慎独即是存仁，不可以用言。

【编者评述】　此信似就袁心粲发问而答，共为八条。

:: :: **吴敬生**

一
一九四□年

敬生老弟足下：

得七月十日书，知将有桂林之役，此在今日犹为善地。然域中形势转变无时，亦正难料。古语云："茫茫大地，容身何所？"此言乃若为今日而设。盖劫火洞然，已遍大千。定业难回，真是佛来亦救不得。人心陷溺愈深，其痛苦亦愈甚。苟无悔过之机，亦无出苦之日。吾侪唯有安于义命，不失其在己者而已。康济之途，恐其来尚远也。来示颇以未能来山为惜，此亦无足深嗟。相契在心，而不在迹。志应则千里可通，情睽则觌面犹隔耳。仆虽颓老日甚，孤怀弥寂，此自俗情难喻，何所容心？

　　道之隐显，各在当人；事之从违，系乎缘会，非仆一人所能为力。但感讲论无益，不如刻书；刻书不成，不如停罢。俗情缴绕，不能直截。虚与委蛇，殊非山野所望。平生与人交，皆直抒胸臆，不存世故，以是言语不免忤人。然皆从爱人之心流出，唯恐其有不尽。人皆以我为不近人情，以是知忠信之道盖不能行于今之世。吾不能弃忠信以为道，则唯有杜口，然今未能也。来书关心于书院之困，欲因见陈蔼老而言及之，询仆有何意见，将为转述。仆最近有一书与董事会，已罄言之。大致即谓与其不能别求维护之道，不如早作收束，除此别无意见。盖义理既非后生所好，故讲习难于得人：经籍亦非时俗所需，故刻书亦难于集事。物力之艰日甚一日，不独剞劂无资，即粥饭亦难为继。天下当为之事甚多，能为之人亦众，何必为之自我。知其不可为而为之，是同体之悲；知其不可为而不为，亦是见机之义。生平不肯仰面求人，亦不欲强人就我。书院创议人及今董事诸公，果以弘道为心，自觉于此有不容已之情，有所当尽之务，非以是为敷衍我之具也。若其意在敷衍，则固非仆所能受。故再三求辞不获，转而径求收束。向来未暇与贤言及此，今承见问，不能不略述经过及仆之自处与所以处人者，使贤深明吾之用心，而后与蔼老诸公从容谈论之间，不致发生疑碍。否则不谅者或疑贤之出此，为仆所使，近于为私人说项，而非动于公谊，是贤之雅意，转成湮晦矣。此所以不避烦言，不嫌渎听，盖义合如此也。

星贤诸友相从在山者，虽于吾言未尝有疑，然各有生事之累，不能免于觭蹷而少优游涵泳之乐，新学者尤难语此。老夫兴会顿减，向尽之年，始知为人过切，实无益于人，不如因任自然之为得也。毅成经年无一字见及，亦无从知其留美住址。不久曾致书勉成询之，亦未见复。来示谓其年内可返，固深望之。然渠性本缓，今当益习于缓，未必归心如箭也。折扇一叶，写二绝句，皆为贤而作者，聊奉以拂暑。单条一幅，<small>写太白古风</small>。曩年所书，今并以往，藉当晤谈。此间笔墨俱不应手，亦写不出好字也。行止若定，详以告我。顺颂潭祉，不一一。浮拜启。

【编者评述】　此信作于复性书院陷于困顿之时，不仅讲学难以开展，而且刻书也难以为继。马一浮自述"平生与人交，皆直抒胸臆，不存世故，以是言语不免忤人。然皆从爱人之心流出，唯恐其有不尽。人皆以我为不近人情，以是知忠信之道盖不能行于今之世"。并讲"自处与所以处人者"，略有三：一、"生平不肯仰面求人，亦不欲强人就我"。二、"知其不可为而为之，是同体之悲；知其不可为而不为，亦是见机

之义"。三、"始知为人过切，实无益于人，不如因任自然之
为得也"。

二
一九四□年

敬生老弟如晤：

前月廿七日得十七日来书，适小病，未能即复……
书院今年益难为计，匪特刻书不能进行，即粥饭亦将无
著，物价影响，剧恶如是，马克思真成圣人矣。贤亦曾研
近人所谓经济学，今事势如此，将何以善其后？此乃有关
全局，非一时一隅之害。书院区区，真九牛一毛，无足顾
惜，身困而道亨可也，今乃庄生所谓世与道交丧。盖身之
困厄，吾犹能堪之，道之将丧，诚不能已于忧。然时人
以为迂阔而远于事情，吾尚何言。己既非贤，岂敢望人尊
孔；己既无德，亦难使人信从。唯有杜口结舌，卷迹藏
身，知难而退，不可强为。

此后刻书以延一发之愿，亦不敢更言，唯有期之贤
辈，不必定在书院。昨已以简语致董事会力辞，今嘱星贤
录一通附览。鬻字乃不得已而为之，今刻书既无望，捐款
亦无济，然相从犹十数口，不能任其饥饿，则亦唯有赖鬻
字以暂维之，至于力竭而止。然除老友谢啬庵及贤辈数人
外，董会诸公大都悠悠行路，或且以此为可贱。昔日之重

其书者，今更不欲以尘点其目矣。世情如此无足异，吾但自咎其不智，决不尤人。唯贤累为书院作计，如谋拨存基金及平价购物诸端，所与言者，皆如泥牛入海，永无消息，此后似可勿再以为言。盖凡今之人，其规模意度大率如此。彼直以此为无足措意，言之徒增其厌耳。书院取消，便永与若辈绝缘，岂不快哉。非信贤之深，亦不敢纵言及此。然此决不可使外人得闻也。病起率意直书，顺问潭吉，不尽。浮顿首。

此书所言，莫非义理，望贤辈勿误作牢骚语会。

【编者评述】 复性书院陷入困境，原先的承诺都已失效，令马一浮颇生感慨，"世情如此无足异，吾但自咎其不智，决不尤人"。他自己"身困而道亨可也"，"然相从犹十数口，不能任其饥饿，则亦唯有赖鬻字以暂维之，至于力竭而止"。

:: :: **王准** 伯尹　白尹

一

来书请益两则，语直下，会去便得受用；不会且置。切忌在言语边摸索，用意识卜度求解会；须知此非意识所能了也。不是无方便，只此即是方便。若展转下注脚，堪作甚么？今不孤来意，再为举一则公案：不记为何人语，忆或是南阳忠国师，亦未暇检书，然此却无关。问：如何是本身庐舍那？曰："与我过净瓶来。"僧过净瓶与师。曰："却安旧处着。"僧如师教作讫，再理前问，曰："适来会么？"对曰："不会。"曰："古佛过去久矣，若会得此，便会换水添香。"语并无两般。又赵州东院西杨大年，直是语拙，此与东山"水上行"亦无二致。若拈相似作注脚，转见荼糊也。来诗亦姑与改去，前为贤说王索仙陀婆故事，贤辈正少此臣宝也。他日用得熟时便不费力矣。伯尹足下。浮白。四月廿三日未。

【编者评述】 　此下十余封信皆与王准论学，所涉甚广。此信喻示不要纠缠于语言，语言只是一个提示，"语直下，会去便得受用；不会且置。切忌在言语边摸索，用意识卜度求解会；须知此非意识所能了也"。并为举禅宗公案以明之。

二

申刻来示并读程传札记札记容缓看。顷至，且喜所患已减，且能静坐，此必有益，胜于服饵。四大难调，人之通患。《内经》所重"治未病"之法，乃在五志六情，故外感六淫之气不能袭也。此义必人人知其切要，然后痰疾为已。慰长近日复受暑发热，童骏未足语此，日以药物调之，老夫益困耳。此询痊好。浮白。九日酉。

【编者评述】 论养病。马一浮以为，对于身体的康复，静坐"胜于服饵"。风、痨、臌、膈是四大难调之病，而《内经》所讲"治未病"主要在注意五志六情，使"外感六淫之气不能袭也"，此义如知其切要，则免生许多病。

三

《漫与》复得四首，附去请为续写。不一。既曰"漫与"，自非有所指目，不为一人而作。贤会处引归自己，果于贤有饶益者，亦许如此会，然初非鄙意也。楼子和尚闻山歌而发悟，歌乃与之无干。即沧浪孺子之歌，亦自称口而出，本无寓意；圣人闻之，便教弟子作道理会。诗无达诂，本自活泼泼地，不必求其事以实之，过则失之凿矣。禅语皆以到家喻见性，客子喻在迷。用惯亦不觉其赘。越鸟背南，乃谓向外；门前式蛙，实讥渎武：此皆甚显。见问第三首，系用《紫芝歌》，亦泛言天地否塞之象而已。今往四首大率皆刺时，亦许作道理会，但勿泥耳。今日无人磨墨，丙元须帮缚篲。不能作字，明日乃可写。樊纸已污损不堪用，姑听之。仍望摄意自广，足以忘疾，用慰所望。伯尹足下。浮白。廿七日。

【编者评述】 论读诗。王准楷法甚精，尤擅小楷，故常为马一浮抄缮诗稿。马一浮因王准谈读诗体会，告知读诗完全可以引发自己的体会，但却未必是作者本意，故不可拘执。他讲："亦许如此会，然初非鄙意也。……诗无达诂，本自活泼泼地，不必求其事以实之，过则失之凿矣。"

四

来书累牍并示二诗，知精神转佳，然写此莫嫌太劳否？方小愈，似未宜多构思作文字，恐有妨也。诗已为改奉，勿亟亟写之，养病且宜少思虑，但以书遮眼，亦无劳数往复作长书也。调心先息怒，甚善。明道与横渠论《定性书》：下手功夫全在"遽忘"两字。怒既已发，如何遽忘？最胜方便，乃在观理。但提观理一念，则怒自退听矣。同时不能起二念故。喜、怒、忧、悲、恐，《素问》谓之"五志"，皆气病也。"喜则气散，怒则气上，忧则气结，悲则气消，恐则气下。"贤之病气逆者，所谓怒则气上也。气有余便是火，火动则咳嗽唾血之因也。咳嗽多因火动，其气逆上者固是火象。凡药皆偏胜，故善治病者不用药。贤果能用调心工夫，心调则气自调，安用药哉！随宜少服，亦自无妨。但疑信参半，不如不服。须知药力决不能及心力也。此非劝贤不服药，但谓勿可专赖药耳。顺问痊好，不悉。浮白。伯尹足下。六月廿六早。写件久阁。如有气力，可将所积各纸编号寄下，拟抽暇作书矣。

【编者评述】　论养病，尤其是调心。"方小愈，似未宜多构思作文字，恐有妨"；"养病且宜少思虑"。"调心先息怒"。怒既发，如何遽忘？"最胜方便，用在观理"。人心无法同时起二念，因此起念观理，怒便退听。"喜、怒、忧、悲、恐，《素问》谓之'五志'，皆气病也"。心主情志，"心调则气自调"。又讲用药，"凡药皆偏胜，故善治病者不用药"；"随宜少服，亦自无妨。但疑信参半，不如不服。须知药力决不能及心力也"。用药，但"勿可专赖药耳"。

五

申刻来示悉。观未发，自须绵密"下功夫"，岂能直下便了？贤意思未免太急迫，此亦是一病也。如有疾服药，亦不可期速效。老氏曰："孰能浊以静之徐清？孰能安以久动之徐生？"亦是养气祛病之妙诀。程子下一"遽"字见功夫，断惑要勇猛；老子下一"徐"字见功夫，养气要从容。请合参之，必有益也。来书以难忘为言，只是观理之念未真切耳。观起则情自忘，何不可遽之有？滞于习，动于气，乃觉无下手处。其实观理即是集义养气功夫，争容得些子客气邪？此语可与立民一阅。慰长服理中汤加味甚宜，日来脉较和，形色亦较善，不欲劳萧先生远辱。贤明日若往就诊，或便道一见过可矣。仆所举丸药名都气丸，即六味加五味子。此间亦无购处，恐尚不甚切合也。伯尹足下。浮复。六日酉。

【编者评述】 论功夫。马一浮以为，观《中庸》所讲的喜怒哀乐之未发，不能"直下便了"，太急迫也是一病。他引老子所讲的"徐清""徐生"，指出："程子下一'遽'字见功夫，断惑要勇猛；老子下一'徐'字见功夫，养气要从容。请合参之，必有益也。"此外，"其实观理即是集义养气功夫"。

六

《乾凿度》"君人五号"一条，"大君者，与上行异"也，当以郑注为主。在卦辞，"大君之宜"系指《临》之六五。郑意，则明指九二，故曰"《临》之九二，有中和美异之行，应于五位，百姓欲其与上为大君也"。其义已足，不必更据《正义》说，转见迁曲。盖郑意以在《临》之时，九二实有君德，而与六五相应。《师》上六"大君有命"；《履》六三"武人为于大君"。君不定指五位。故以"大君"之名归之，不必定居五位也。可以此意答伯珩。变文"题德"二句，《会语》误记为郑注，校正甚是。此答白尹贤友。湛翁白。七月十二日。

答伯珩书附还。

【编者评述】 论爻位。通常以六爻之五位指君，马一浮举《临》之九二、《师》之上六、《履》之六三，说明"故以'大君'之名归之，不必定居五位也"。

七

"行异"谓才德出众，与上言"民归之"别无他义，若变文亦可曰"行异人归"，因与下文"圣明德备"为韵，故言"与上行异"。古书往往如此，不可以后世句法求之也。君人五号本非克定某卦某爻，郑君偶以"《临》之九二"为说，亦不可泥。郑以"中和美异"释"行异"，并无所遗，何言不得其解邪？《正义》以二五刚柔，其志不同，乃释象辞"未顺命"之义，与《乾凿度》五号无干涉，不必牵合，转失之凿也。白尹贤友。湛翁手答。七月十三日。

【编者评述】 接前信，《乾凿度》"大君者，与上行异"的释读。"'行异'谓才德出众，与上言'民归之'别无他义，若变文亦可曰'行异人归'，因与下文'圣明德备'为韵，故言'与上行异'。古书往往如此，不可以后世句法求之也"。

八

伯尹足下：

来书词意悱恻，书势亦佳，承抄地震诗，甚劳。此诗用经语，亦律中别格也。足见微恙无妨。前日所谈，乃不为书院而发，幸勿误会。凡人久客，无不思家，况撄小疾，医药调护皆须自任，尤易增客感。因闻乡人张处中言行旅尚非甚难，故聊为贤述之，亦"远望可以当归"之意，初非以依止为有碍也。吾意亦思早还乡里，谁能郁郁久居此哉。至刻书之计难以支持，此乃事势如此，无可奈何。写诗收到，赠子东诗略为点定，今送去以便早写。另有易县长求书五件，又册子一，亦烦列入登记册中。册子可不登记。彼乃自送来，袖出润资，如买菜然，虽恶其无礼，亦闵其无知。因告以某之鬻字，乃为刻书，依例，润须送书院收件处登记，乃可下笔，当面却之。彼谓日内须赴成都，要求留纸速写，彼于二日遣人带润到院取件。并指定两件须作篆。因不欲绳之太苛，遂允之。已为写好送贤处，留俟彼二日来取。彼盖以此馈送上官。其人为张岳军、李伯申、胡次威、邓鸣阶，及彼自己，共五件。恐未必照润例致送，俟彼来取时，如润额不足，不必与校，册子除外，其余指定加半可损。双款之加额则不可破例，必须算之。但云仆曾嘱格外

通融。与俗人为缘，亦不得不尔也。亦希告詹允明先生同
洽。浮白。伯尹足下。二月廿八日灯下。

【编者评述】　示如何与俗人为缘。"另有易县长求
书……彼乃自送来，袖出润资，如买菜然，虽恶其无礼，亦悯
其无知。因告以某之嬲字，乃为刻书，依例，润须送书院收件
处登记，乃可下笔，当面却之。……彼盖以此馈送上官……恐
未必照润例致送，俟彼来取时，如润额不足，不必与校……但
云仆曾嘱格外通融。与俗人为缘，亦不得不尔也"。

九

　　骨力谓峻峭特立，舒卷自如，如右军草书，体势雄强
而使转灵活，不可以粗豪刻露当之。试观义山近体，学少
陵非不温婉致密，然骨力终逊。山谷、后山力求矫拔而不
免生硬。以此推之，亦思过半矣。此亦如人学射，久久方
中，学力未到，不可强为。虚承来问，略答如上，他日自
知。六日。

【编者评述】　论骨力。举书法为例，"骨力谓峻峭特
立，舒卷自如，如右军（王羲之）草书，体势雄强而使转灵
活，不可以粗豪刻露当之"。举诗为例，"试观义山（李商
隐）近体，学少陵（杜甫）非不温婉致密，然骨力终逊。山谷

（黄庭坚）、后山（陈师道）力求矫拔而不免生硬"。举射为例，"如人学射，久久方中，学力未到，不可强为"。

十

　　尊患盖由心神不宁，静坐摄心少思虑可已。既云食鸡卵稍安，似可服阿胶鸡子黄汤，仲景原方有芩连，今无邪热，可去此苦寒之品，但用阿胶三钱，以黄酒少许，本可全用酒炖，以贤不能饮，或全用水炖亦可，但稍加酒或无碍，若恶酒则不必加。和开水炖烊，入鸡子黄一枚，去白。趁热以箸搅之，仍温服，加冰糖少许则味佳亦无碍。若服药可用熟枣仁一钱、白芍二钱、茯神一钱、远志八分、北五味三分、炙甘草一钱，仍加阿胶、鸡子黄。鄙意单服阿胶、鸡子黄已彀。神静则气下，勿过虑也。如不验，可驰书告德钧拟方。仆意总重在养，但能收摄心神，百病自不能袭也。薪水津贴，都是假名，有何分别？沈先生既为贤留此，自可受。因贤病后须养，故未愿多劳以事，此自沈先生好意，不可却。

　　仆已不问事，亦不得与于此，因来问，劝贤受之，不必辞也。至云俟校书之日始受，今亦无多书可校，将来有书校时，或当分派，亦不是终日有事。如此闲暇，正好摄心，何为其不安也？黄先生批鄙造，又为慰长亦批一张，甚劳神虑，容当面谢，若致书时先为道意。昨日胡朗和先生过访，送之过坝，见其行步轻疾，自牛华溪徒步到此，仍由马路欲至八仙洞过江，了无疲劳之态，仆自嗟不及。盖古之仙者养性，今之仙者养形，养形之效犹若此，则养性可知矣。形乃气之所成，八字亦是气。理行则气自顺，万不宜使郁结也。伯尹足下。浮白。九日申。不必作复，免劳神。

【编者评述】　论养性。"尊患盖由心神不宁，静坐摄心少思虑可已"。"仆意总重在养，但能收摄心神，百病自不能袭也"。"昨日胡朗和先生过访，……见其行步轻疾，……仆自嗟不及。盖古之仙者养性，今之仙者养形，养形之效犹若此，则养性可知矣。形乃气之所成（八字亦是气），理行则气自顺，万不宜使郁结也"。

十一

伯尹足下：

　　来示具悉。肺疾若医药、疗养两得其宜，决定无患，西医之言未可尽信。十余年前仆患肠痛，西医断为盲肠炎，非割治不活。仆自处方，服六剂而愈。其后又患胃痛甚剧，西医数人共同诊断为胃溃疡。据彼医书言，患此证者至多不过五年活，今已逾十年，仆居然犹活，胃痛亦久不发，似已愈矣。此皆仆亲身所历，且所识西医俱有交情，其术亦非苟者。至其他见闻所及，类此者不可胜举。

大凡有疾当慎而不可忧，忧乃适足增病。累劝贤开拓胸襟，此实无上妙药。若服药调理，此自当然，并非劝贤屏药，转以相误，可自量宜治之。但勿因西医之言，更安一块石头在心内也。诸唯珍重，不宣。浮白。廿九日西。

【编者评述】 论中西医。马一浮以为西医重在用药，而中医强调情志调养，应该用药而不放弃自我调养。他举了自己以及所见经验，强调："大凡有疾当慎而不可忧，忧乃适足增病。累劝贤开拓胸襟，此实无上妙药。若服药调理，此自当然，……但勿因西医之言，更安一块石头在心内也。"

∷ ∷ **蔡禹泽**

周子言："水阴根阳，火阳根阴，五行阴阳，阴阳太极。"故又谓："阴阳之精，互藏其宅，阴中有阳，阳中有阴。"其实二气原是一气，一气原是一理。《乾凿度》曰："太初者，气之始；太素者，质之始。"以质言，则水、木为阳，火、金为阴；以气言，则木、火为阳，金、水为阴。《内经》又分三阴、三阳，太阳寒水，太阴湿土；少阴君火，少阳相火；厥阴风木，阳明燥金。其义亦谛当。然与四象之说不同，盖各有取义，须活看不可执泥也。

《讲录·洪范约义》中说五行章分析颇扼要，可参看。萧吉《大义》中虽多存古说，颇杂以方伎家言。阴阳家流为方伎术数，其末流亦不免支离害道。此须料简。江慎修有《河洛精蕴》一书，可看。邵子书《观物》内篇难明，《观物》外篇易解。乡间恐难得张行成、祝泌之书，书院拟刻而未就，不得佳本，似可缓看也。

【编者评述】 传统阴阳五行说是解释自然的基本理论，但指义却往往视对象而有变化，"盖各有取义，须活看不可执泥也"。"阴阳家流为方伎术数，其末流亦不免支离害道。此须料简。江慎修（永）有《河洛精蕴》一书，可看。邵子（雍）书《观物》内篇难明，《观物》外篇易解"。

∷∷ **马镜泉**

居室敬以和，持躬勤且俭。求学要虚心，作事务实践。庶能宜尔家，勉为国之干。

从侄镜泉与其妇士华新成婚礼，书此勖之。蠲戏老人。

【编者评述】 马镜泉是马一浮侄儿，因父母亡故，抗战后即随马一浮生活。此新婚题词中，敬和、勤俭、虚心、实践，实乃居内处外的要义。

图书在版编目（CIP）数据

马一浮论学书信选读 / 何俊编著. — 成都：四川人民出版社，
2020.9

ISBN 978-7-220-11970-5

Ⅰ.①马… Ⅱ.①何… Ⅲ.①马一浮（1883-1967）—书信集
Ⅳ.①B261.1

中国版本图书馆CIP数据核字（2020）第155995号

MAYIFU LUNXUE SHUXIN XUANDU

马一浮论学书信选读

何俊　编著

出 版 人	黄立新
策划统筹	封　龙
责任编辑	封　龙　冯　珺
封面设计	李其飞
版式设计	戴雨虹
责任印制	周　奇

出版发行	四川人民出版社（成都市槐树街2号）
网　　址	http://www.scpph.com
E-mail	scrmcbs@sina.com
新浪微博	@ 四川人民出版社
微信公众号	四川人民出版社
发行部业务电话	（028）86259624　86259453
防盗版举报电话	（028）86259624
照　　排	四川最近文化传播有限公司
印　　刷	成都东江印务有限公司
成品尺寸	140mm×210mm
印　　张	13.75
字　　数	240千
版　　次	2020年9月第1版
印　　次	2020年9月第1次印刷
书　　号	ISBN 978-7-220-11970-5
定　　价	68.00元